卓越理财顾问养成指南

原书第❷版

[美] 大卫·马伦 著　马刚　薛坤力　郑可栋 译

The Million-Dollar Financial Services Practice

A Proven System for Becoming a Top Producer

(2nd Edition)

中信出版集团 | 北京

图书在版编目（CIP）数据

卓越理财顾问养成指南 /（美）大卫·马伦著；马刚，薛坤力，郑可栋译. -- 北京：中信出版社，2025.8. -- ISBN 978-7-5217-7618-8

Ⅰ.F830.593-62

中国国家版本馆 CIP 数据核字第 2025MA8262 号

THE MILLION-DOLLAR FINANCIAL SERVICES PRACTICE: A PROVEN SYSTEM FOR BECOMING A TOP PRODUCER(SECOND EDITION) by DAVID J. MULLEN, JR.
Copyright © 2013 BY DAVID J. MULLEN,JR.
This edition arranged with HarperCollins Leadership through Big Apple Agency, Inc., Labuan, Malaysia.
Simplified Chinese edition copyright © 2025 CITIC Press Corporation
All rights reserved.
本书仅限中国大陆地区发行销售

卓越理财顾问养成指南

著者：　　[美] 大卫·马伦
译者：　　马刚　薛坤力　郑可栋
出版发行：中信出版集团股份有限公司
　　　　　（北京市朝阳区东三环北路 27 号嘉铭中心　邮编　100020）
承印者：　北京通州皇家印刷厂

开本：787mm×1092mm 1/16　　印张：22.75　　字数：295 千字
版次：2025 年 8 月第 1 版　　　　印次：2025 年 8 月第 1 次印刷
京权图字：01-2025-2807　　　　　书号：ISBN 978–7–5217–7618–8
定价：88.00 元

版权所有·侵权必究
如有印刷、装订问题，本公司负责调换。
服务热线：400-600-8099
投稿邮箱：author@citicpub.com

感谢亲爱的家人始终给予我无私的爱与支持。感谢辛西娅（Cynthia）、南森（Nathan）、大卫（David）、约翰（John）与卡蒂（Katie）。感谢我的父母，已故的大卫先生（David Sr.）与露丝玛丽·马伦（Rosemary Mullen），他们不仅是出色的父母，也是我的老师，他们让我体会到了与他人分享知识的乐趣。

译者序

2012年秋，我赴加拿大多伦多进修财富管理，与诸多大洋彼岸从事理财顾问工作的专业人士访谈交流。他们认为，证券投资理财需要确定收益的合理预期，做好理财顾问关键在于坚持，在成熟方法的指引下，持之以恒地为客户做好服务，能否坚守纪律、克服个人惰性，是理财顾问能否实现职业成长的核心要点，向客户传达能力与信任，是理财顾问与客户建立关系的重要基石。彼时，《证券投资顾问业务暂行规定》在中国券业实施不足2年，经纪业务平均佣金率尚在千分之一以上，相较成熟市场，理财顾问的工具、产品和客户认知较为匮乏，将北美理财服务的方法引入中国，仍面临诸多不确定性。

时光荏苒，近十年来中国多层次资本市场飞速发展，截至2024年底，中国资产管理市场规模达72.85万亿元，公募基金、私募基金和券商资产管理合计占比可观。其中，公募基金规模32.83万亿元，私募证券投资基金规模5.21万亿元，私募股权投资基金规模10.94万亿元，券商资产管理规模5.47万亿元，显示出客户投资需求的增长以及对专业资产管理机构的信赖。

2024年末，A股累计股票账户数达到3.7亿户，2024年A股股票账户新开户2 499.89万户，较2023年同比增长16.6%。在日益壮大的投资者群体中，年轻人积极投身投资理财，据中国新经济研究院和支付宝联合发布的数据，90后首次开始投资理财的平均年龄是23岁，绝大部分人在大学毕业的两年内接触理财，这要比其父母辈第一次接触理财提早了整整10年。在ETF（交易型指数基金）投资者中，80后、90后、00后合计占比47.06%，其中，80后以30%的占比成为ETF投资主力军，90后以22%的份额成为中坚力量，00后尽管仅占3.15%，但增速达到212%。与同年龄段股票投资者相比，26~35岁群体在ETF市场的占比高出6.4个百分点。中国财富管理已步入高速成长的新周期，为专业理财服务方法论的体系化落地提供了坚实的市场空间。

我有幸参与了《卓越理财顾问养成指南》的翻译工作，作者马伦是美林公司前董事总经理，曾亲自招募、培训和管理了数百名理财顾问，这本书更像是马伦从业30多年以来，以研究人员视角所记录下来的笔记。之所以形容他是研究人员，主要是因为马伦对数字很敏感，总喜欢用简单的数字去演算结果，从而揭示营销和服务的规律。从书的一开始，他就用数字说明年收入百万美元所需要管理的客户资产规模，随后又分析了需要多少位高净值客户以及每年需要新增多少位客户，才能达到理财顾问年入百万的目标。即使是在约见潜在客户这件具体的工作上，马伦也会阐述约见的成功率，细化到每周需要约见多少位潜在客户，才能在一定的成功率下达成目标。类似的例子在书中不胜枚举，简单的数字和30多年实践所提炼的逻辑相互结合，让很多看似不可能达成的目标，变得不再遥不可及。

在数字的基础上，书中还归纳了很多具体工作中的技巧，比如主动营造什么样的场景才会出现营销的最佳时机。这种工具化的技巧梳理，使得本书非常实用，可有效帮助理财顾问展业。作者将大量模板、范例、社交行动计划、清单列表、任务、营销计划、信件表单等直接放到了书中，随用随查。这些资料对于初出茅庐的新人来说非常友好，稍做个性化加工，就可以应用到财富管理的营销服务场景中，帮助顾问与客户有序互动，建立信任，了解客户需求与风险承受能力，匹配合适的投资组合与理财服务。

随着金融科技与 AI 赋能，数字化运营提升了为投资者提供理财服务的精细化程度，证券、银行等金融机构正在告别销售导向，由"以产品为中心"向"以客户为中心"转型。从买方投顾视角，真正重视客户需求的金融机构，所构建的顾问式服务商业模式必将拥有更深的竞争护城河，理财顾问的专业素养将是这道护城河的地基，从数量和质量两个维度并行提升其能力，是券商等金融服务机构正在实践的命题。作为职业能力养成提升类书籍，本书划分了理财顾问职业发展的不同阶段，贯穿了从新人入行到成为卓越理财顾问的全部过程，针对不同阶段分别给出了不同工作规划和安排，内容覆盖了理财顾问从客户尽调、客户服务到资产配置工作的方方面面。这为金融机构财富管理总部加强理财顾问体系化管理，建立买方视角的理财顾问绩效规则、工具产品、营销策划、培训晋升模式提供了作战地图，对商业模式的设计与构建给出了不同发展阶段的指南。

2021 年 7 月，昔日以证券经纪人行业标杆著称的国信证券，宣布证券经纪人数量"清零"，同一时刻，证券公司投资顾问数量达到 6.46 万人，超过 6.13 万证券经纪人跃升成为中国证券从业人员第一大岗位，一个以人海战术营销导流的时代悄然落幕。2024 年，证券公司买方投顾转型进入"深水区"，2024 年 7 月，证券公司投资顾问数量增长到 7.84 万人，超过 70% 的券商总部单独设立了投资顾问一级部门，全行业投顾收入 54.4 亿元，占总营收比例的 1.2%。在基金投顾业务方面，试点机构超过 80 家，管理规模从 2021 年的 300 亿元增长到 2024 年的 3 500 亿元以上，服务客户超 600 万户，客户人均委托资产从 2021 年的 6.2 万元提升到 2024 年的 8.5 万元。

有了梦想就要去捍卫，唯有坚守才能创造奇迹。回顾中国证券行业发展史，自 2010 年颁布投资顾问相关法规至今，开展投顾业务不过 14 年，新中国的证券市场发展至今不过 35 年，但财富管理领域的客户体验度、科技赋能度、服务精细度迅速追赶了境外百年成熟市场的水平。改革开放以来，中国经济发展几乎走完了许多发达国家百年才能走完的路，中国财富管理行业涌现卓越服务能力的理财顾问，已不再是遥不可及的未来。

今天，希望这本在理财服务赛道耕耘 30 多年的美林老兵笔记，能给高速成长中的中国理财顾问带来启发与升华。星光不问赶路人，让我们沐浴时代机遇，共创财富管理新征程。风行千里不问归期，云泊万里不曾停息，中国资本市场迎来繁荣发展之际，幸福也必将叩响每一位敢于坚持梦想的理财顾问之门。

马刚
华兴证券有限公司总经理

前言

你即将阅读一本可以改变你职业生涯的书。

打造一项年薪百万美元的金融服务业务并不复杂，但我不会妄称这很容易。如果打造百万美元收入的金融服务业务轻而易举，那现在赚取数百万美元的理财顾问将比比皆是。在我从业的32年里，我看到数以百计的人在职业生涯的前两年就失败了，能达到百万美元收入水平的人更是凤毛麟角，然而那些收入百万美元以上的人却认为这是最好的职业。

有许多书和培训项目都声称可以帮助你经营金融服务业务。本书却不一样，通过一步一步地指导，它让你可以运用经过检验的、全面而具有可操作性的方法，让你的事业更上一层楼。

《卓越理财顾问养成指南》覆盖理财顾问从客户尽调到客户服务工作的方方面面。无论你处于职业生涯的哪个阶段，它都会为你提供实用的工具，帮助你成就收入百万美元甚至百万美元以上的金融服务业务。本书提供的工具包括模板、话术、社交行动计划、清单列表、任务、营销计划、信件和各类资源，每种工具都被整合到整套方法中。本书会告诉你什么时候使用它们、如何使用它们以及使用它们的频率。我在书中提到的技巧，在32年的时间里让理财顾问受益匪浅。

无论你是在大公司工作，还是独自运营着自己的事业，你都可以从本书中获益。

本书涉及理财顾问职业生涯的三个阶段。第一阶段是打基础的阶段，指的是从业的前两年。在此阶段，顾问应将70%的时间花在营销上，目标是每周至少约见8位新的潜在客户，并拥有50位客户及100位潜在客户。

第二阶段指顾问从业的第3~5年。在此阶段，须平衡客户服务与营销的关系，客户的数量应该增加到100位，已有客户和100位潜在客户投资资金的最低限额应该有所提高，超过你现有客户资产规模的平均水平。顾问至少需要将50%的时间用在客户营销上——裂变式获客、细分市场营销、挖掘现有客户存放在其他地方的资产并试图管理这些资产。在这个阶段，顾问每周至少约见4位新的潜在客户。

第三阶段指顾问从业5年后。在此阶段，顾问应持续更新自己的客户名单，只留存排名前100位的客户，并专注于"引进"更为富裕的客户。潜在客户的数量不能低于50位。在此阶段，顾问至少应该花25%的时间在市场营销上，每周至少要约见1位新的潜在客户。

打造百万美元收入的业务并非一蹴而就，而是循序渐进的。新手顾问需要明白，打下良好的业务基础将大大增加成就百万美元业务的机会，并大大缩短实现该目标所需的时间。顾问在其职业生涯的任何阶段都可以开启百万美元收入的业务，但最快和最简单的方法是在一开始就采用正确的策略。不管业务如何发展，基本要素都是不变的，只是时间如何分配不同而已。

本书结构

本书分为三个部分。

第1部分"基础篇"，包括第1章至第8章。这部分很合适新手顾问学习，它概述了实现百万美元收入的业务基础，阐明在通往百万美元收入的路上应该先做什么。我建议每名顾问，不管你有多少经验，都要重温这部分的内容。自我驱动力的重要性（第3章）和营销方法（第3章到第7章）介绍的内容既适合经验丰富的顾问，也适合新手顾问学习。

第2部分"提升篇"，包括第9章至第19章。这部分对于经验丰富的顾问特别适用。你将在本部分学习到打下良好的基础后需要做的事。如果你是一名新手顾问，同样也可以学习这部分内容。因为这部分的内容将呈现一个愿景，告诉你打好基础之后如何实现百万美元收入的业务。

第3部分"营销行动计划篇"，包括第20章至第34章。这部分介绍了50多种针对15个不同市场的营销方法。每个营销行动计划都为你提供了在该市场取得成功所需的各种工具：采用合适的行动计划、如何实施计划、致电话术、邮件范例以及案例研究。

第2版新增内容

自2007年我写作本书以来，行业发生了很多变化。我写第1版的时候，我们这个行业的大多数人都不知道一年后会发生金融危机。2008年本书第1版发行，随着金融市场的动荡，金融服务从业者的工作也充满了挑战。但这并不意味着你不能打造百万美元收入的业务，相反，你需要适应这个行业的变化，并学会改善你的业务，与时代共同发展。

在新版中，为适应时代的变化，我彻底更新了写作模式。我访谈了几十位收入百万美元以上的从业者，汲取了他们成功和失败的经验教训，特别是他们度过金融危机的经验。总的来说，我发现在经济衰退前建立起来的百万美元收入的业务现在仍都欣欣向荣，这让我对这个行业的未来非常乐观。

我仔细地阅读了每一章的内容，并做了相应的调整，包括我的采访片段和他们对我问题的直接回应。此外，我还制作了一份特定的市场清单，更新了潜在客户的相关内容，包括不同类型专业人士的转介绍、人脉拓展、房地产经纪人以及校友营销的相关信息。

新版本还阐述了如何制定和实现新目标的最新观点，其中最重要的方法是实施有效的社交媒体营销计划。我发现学会使用社交媒体，尤其是领英，对每一名理财顾问而言都非常受用。互联网已成为我们不可或缺的工具，充分利用互联网将大大促进业务的增长。

最后，我对财富管理流程进行了更深入的研究，我坚信财富管理流程是所有百万美元级别的金融服务的基石。第 10 章是每个从业者的必读内容，不管你从业 5 个月还是从业 15 年。你越早采用这些流程，你就越成功。

我希望你能像我一样，认为这个行业是让人心驰神往的。最成功的理财顾问都全身心地投入这项业务中。简而言之，这不仅仅是一份工作，更是他们的事业。秉承积极的态度并认真学习本书，就是最好的开始。我们可以共创一个常青的平台，百万美元收入的业务在未来几年将大放异彩，充满挑战。让我们开启学习吧。

目录

第 1 部分 基础篇

- 003 第 1 章 卓越理财顾问的特征与业务发展原则
- 009 第 2 章 自我驱动力
- 018 第 3 章 想要成功必须完成的数字
- 026 第 4 章 细分市场营销
- 036 第 5 章 争取约见
- 052 第 6 章 约见
- 064 第 7 章 把潜在客户转变为客户
- 083 第 8 章 新手理财顾问的时间管理

第 2 部分 提升篇

- 095 第 9 章 平衡客户与潜在客户的比例：下一阶段的工作
- 102 第 10 章 财富管理
- 125 第 11 章 引入现有客户更多的资产
- 132 第 12 章 裂变式获客
- 149 第 13 章 深化你的客户关系
- 162 第 14 章 你的自然市场
- 173 第 15 章 客户留存
- 182 第 16 章 时间管理和客户助理
- 193 第 17 章 团队
- 206 第 18 章 百万富翁需要什么
- 217 第 19 章 超过百万美元收入的业务

第 3 部分
营销行动计划篇

233	第 20 章	讲座
242	第 21 章	活动营销
249	第 22 章	利用社交媒体开展市场营销
261	第 23 章	建立关系网
270	第 24 章	人脉与工作经验
276	第 25 章	城镇营销
280	第 26 章	企业家
287	第 27 章	房地产经纪人
292	第 28 章	企业高管
302	第 29 章	有影响力的人士
310	第 30 章	校友营销
319	第 31 章	养老金计划
327	第 32 章	退休人士
331	第 33 章	流动资金
338	第 34 章	非营利组织
346	**致谢**	

第1部分

基础篇

第 1 章　卓越理财顾问的特征与业务发展原则

构建百万美元收入的业务首先要了解成功的基本要素。在写作本书的时候，我访谈了几十位顶尖的理财顾问。他们在开展业务的方式上有许多显而易见的共同点。作为一名顾问及一名专业导师，多年的从业经验使我找到了五种有效促进金融服务业务发展的方式。了解百万美元收入成就者的"五大特征"和业务发展的"五项基本原则"十分重要，它们共同构成了百万美元收入业务的基础。这两个主题将是本章的重点。

卓越理财顾问的五大特征

通过对跌宕起伏的金融服务业进行观察，我总结出，卓越理财顾问（百万美元收入成就者）其实并不具备任何异于常人的技能。但他们的五大特征，使他们遥遥领先于那些未达到百万美元收入的顾问：

（1）他们设定业务及活动目标并持续跟进。
（2）他们具有高度的自我驱动力。
（3）他们坚持不懈地进行市场营销。

（4）他们有效管理时间。

（5）他们把与富裕人士建立关系作为第一要务。

这些特征适用于任何想要开展百万美元业务的顾问，无论他处于职业生涯的哪个阶段。

设定业务及活动目标并持续跟进

关于成功人士与一般人士之间差异的研究表明，越成功的人越会设定目标。要获得百万美元以上的收入，你必须设定目标并持续跟进。

首先，你需要了解手头业务对应的富裕家庭的数量（可投资资产25万美元以上）及所管理的资产总额。基本上与我合作过的百万美元收入成就者大约为100个富裕家庭管理着至少1.2亿美元的资产。用100万美元除以当前的资产回报率（ROA），可以确定需要管理多少资产才能获得百万美元的收入。例如，如果你的ROA是80个基点（0.8%），用100万除以0.8%，你会发现需要管理1.2亿美元才能实现百万美元收入的目标。

接下来，用富裕家庭的数量（100个）及资产总额（1.2亿美元）或根据ROA计算出的资产数目，减去当前所管理的家庭数量和资产数额（如果有的话），算出的结果就是为打造百万美元收入的业务还需的家庭数量和资产数额。如果将这些数字除以你想要打造这项业务的年限，你将看到为在预期的时间内达到目标而需要新增到业务中的家庭数量和资产数额。

我想告诉新手顾问的是，花10年时间创建一项百万美元收入的业务并不容易，但这个时间范围的设定比较实际。当然，这个目标可以在更短的时间内完成，但我很少看到有人能做到——大多数达到百万美元收入的顾问需要花上10~20年的时间。然而，如果一名新手顾问接受了培训，从始至终遵循本书中的指导原则，并且能够理解与付诸实践，那这名顾问便有望在 10 年内达成获得百万美元收入的目标。

那些想要达到百万美元收入目标与已在行业工作了一段时间的顾问如果采用本书的方法，有望每年增加至少 10 万美元的收入。举个例子，目前你的年收入为 50 万美元，如果你遵循并执行本书介绍的基本原则与方法，那你的年收入在 5 年内将达到 100 万美元。

设定了整体的业务目标后，你还须围绕以下两方面进行目标拆分：

（1）为获得百万美元的收入，你已设定了所需富裕家庭的数量及管理资产的数额，现在你应该将这些目标拆分为每日、每周、每月和每年的目标，并且每周检查进度，监控目标与实际情况间的差距。

（2）你应该设定每周的活动目标，列出需要联系的现有客户数与潜在客户数，以及与潜在客户会面的次数。

具有高度的自我驱动力

一旦确定了目标和实现目标的时间点，就必须保证自己有足够的自我驱动力推动目标的实现。仅仅了解构建百万美元业务的五项基本原则是不够的。要想每天执行这些任务，你必须有高度且可持续的自我驱动力。

自我驱动力不够的顾问执行百万美元业务的基本原则并不容易，而能够执行这些基本原则的顾问才可以获得成功。即使遭到拒绝，如果业务需要，百万美元收入成就者也会激励自己执行更困难的工作，但一般的顾问则会逃避这些工作。记住我开始说的话：构建百万美元收入的业务并不复杂，但也不容易。如果你想在这项业务中有所突破，获得成功，那么具有高度且持续的自我驱动力至关重要。

坚持不懈地进行市场营销

在下定决心（有动力）并设定目标（以及达成目标的时间点）后，你必须明白最重要的特征是持续营销。与我共事过的获得百万美元、数百万美元甚至数千万美元收入的顶级顾问都从未放弃过营销。他们的营销方式可能有所差异，但他们一直这样做。获得百万美元收入的唯一方法就是了解并始终进行有效的营销。

本书将提供行之有效的营销策略及 15 种营销方案，任何顾问在其职业生涯的任何阶段都可以采用。当然这不是唯一有效的营销策略，但它们已被数百名顾问采用，并被证明十分有效。

有效管理时间

掌握有效的时间管理技巧十分重要，尤其是每一天都要执行五项基本原则（这将在下一节中进行讨论）。你的一天将被分为拓展性活动（proactive activities）与日常性活动（reactive activities）两部分。拓展性活动包括我所说的"三大任务"：

- 制定投资政策、投资策略及实施方案。
- 主动与客户联系和会面。
- 组织营销活动。

顶级顾问每天至少花 50% 的时间执行这些活动。

日常性活动是指除此之外的其他工作，包括管理及运营工作、线上交流、研究、回访、内部会议和演示工作。利用客户助理的帮助合理安排一天的时间，可以确保你能够服务好现有的客户。

业务的开展应基于一定的流程：根据你所做的大部分工作搭建一个流程，每天根据制定的流程开展工作。工作流程需要提前规划与制定，以确保最大化地利用时间。

你必须熟练掌握时间管理的三大要素：优先级、授权和划分时间段。

把与富裕人士建立关系作为第一要务

这主要是一种关系业务，比起一般的顾问，百万美元收入成就者更关注他们与富裕人士的关系。如果没有牢固的关系以及支撑这种关系的基本要素，就很难达到百万美元级的收入水平。泰勒·格洛弗（Taylor Glover）是我曾经合作过的最成功的顾问，他完美地总结了这一特征："我与客户及潜在客户建立的关系，是促使我成功最重要的因素。"

业务发展的五项基本原则

业务发展的五项基本原则（缩写为LEARN）是：

（1）借力（Leverage），利用现有客户获取新客户。

（2）扩展（Expand），扩充每个客户使用的产品和享用的服务。

（3）资产（Assets），管理客户所有的资产。

（4）留存（Retain），通过提供极其优质的服务留存现有客户，为通过这些客户进一步发展业务创造条件。

（5）细分（Niche），开发你的细分领域（又称利基市场），并围绕它们构建一个营销体系。

开发一个细分领域意味着在特定行业、专业领域或某类投资者的工作领域内掌握一定程度的专业知识或具备一定的经验，并将营销工作集中在此细分领域。潜在的细分领域可能包括企业主、企业高管、养老金计划持有者、医疗专家或法律专家、销售专家、退休人士或准备退休的人。

细分领域营销的过程应该：

- 为不同的细分领域制订1~5个营销计划。
- 把面对面约见作为第一要务。
- 根据每位潜在客户的需求定制后续工作进程。

为了拓展新客户，构建百万美元收入的业务，你需要为50~100位客户提供服务。很多潜在客户都没有得到其顾问周到的服务，如果你能提供更好的服务，他们就会转换成你的客户。这就意味着需要为他们提供持续、量身定制的服务以满足他们的个人和财务需求。

一旦与至少 50 位富裕的客户建立关系，且每位客户至少拥有 10 万美元，你便可以开始执行业务发展的其他四项基本原则。了解五项基本原则，将每天的计划与这些原则进行结合，便是在最短的时间内获得百万美元收入的方法。

这一切意味着什么

获得百万美元和千万美元收入的公式并不复杂。它包括先打下良好的基础，开展持续性营销，与客户建立牢固的关系，以及提供出色的服务。这个公式看起来简单，执行起来却不容易。下定决心并有足够的自我驱动力去开展各项活动才能建立这样的业务。这需要强有力的组织能力与时间管理技巧，将各项活动融入日常生活，搭建高效的团队，建立支撑业务的工作流程。而与客户建立关系则是重中之重。

所有原则可总结为以下公式：

良好的基础 + 营销 + 牢固的客户关系 + 出色的服务 = 100 万美元的收入

达成百万美元甚至千万美元收入的顾问可谓是凤毛麟角，并不是因为成功的公式有多复杂，而是因为要每天都完成该做的活动是很难的。如果你有决心，学习百万美元收入成就者的特征，并遵循我在本书中提到的基本原则，那么你将获得百万美元的收入。

第 2 章　自我驱动力

我在第 1 章提到的**五项基本原则**构成了百万美元业务的基础。这五项基本原则是基础，自我驱动力则是它们的基石。

每一个进入金融服务业的人都希望成功。然而，要想真正成功，一名理财顾问必须具备的不仅仅是想要成功的欲望，他们必须有更深层次的自我驱动力。理财顾问的自我驱动力将在你的职业生涯中受到多次考验，你的自我驱动力必须足以推动你。或许你能记下实现这项业务的所有流程和技巧，但没有深度的驱动力，它们都不起作用。

自我驱动力有两个组成部分：

（1）培养和保持自我驱动力。

（2）时间分配。

培养和保持自我驱动力

为了实现百万美元收入的金融服务业务，你必须进行市场营销。而一旦开始市场营销，你就必须准备好面对被拒绝。这在你职业生涯早期阶段尤为重要。市场营销是困难的，在你的整个职业生涯中，你可能会感觉自己的自我驱动力不足以坚持到底。不过，你不会迷失，因为你可以随时更新或增加你的自我驱动力。为了培养和保持你的自我驱动力，你需要做两件事：

（1）你必须了解这项业务高拒绝率/高回报率的动态。

（2）你必须清楚地明白你为什么想拥有百万美元收入的业务。

高拒绝率/高回报率的动态

金融服务业的一个基本特点是，它是一项高拒绝率/高回报率的业务：为了赚取收益（高回报率），必须面对大量拒绝（高拒绝率）。请注意我用了"必须"这个词：为了获得高回报，你必须面对大量的拒绝。回报越高，被拒绝的次数也就越多，两者密不可分。

每位高净值客户都有自己的理财顾问，他们之间的现有关系很难改变，这需要时间。你将面临一场争夺高净值客户的艰苦战斗，这意味着你必须尽可能有效地营销才能成功。我见过的最有效的营销方式是"罗乐德斯①名片盒法"（给你多年积累的个人通信录中的人打电话），这会产生50%的电话约见率（50%的电话会产生约见）；发送邮件的效果最差，成功率大约是1%。陌生拜访（Cold Calling）的成功效大约是5%。这些数字反映出成功率很低，这意味着每天做这些工作需要非常强烈的自我驱动力。然而，这项工作的回报很高：想要拥有百万美元收入的业务，一名理财顾问需要大约30个资产百万美元以上的家庭，虽然想要找到一个资产百万美元的家庭很难（高拒绝率），但每年只要3位客户就能让你走上百万美元收入业务的道路了（高回报）。

你如果了解这个趋势，接受拒绝就容易得多。你已经做好了被拒绝的准备，因为你知道只需成功获得几个家庭，就会对业务增长产生重大影响，为了取得这些成功，你一定能经受住大量的拒绝。请注

---

① 即Rolodex，是美国市场占有率最高的名片盒品牌。——译者注

意：被拒绝比失败更容易接受。换言之，失败比被拒绝付出的心理代价更大。

你想要获得百万美元收入业务的理由

仔细想想，甚至写下来为什么达到百万美元以上收入的业务对你很重要。你的理由可能是：

● 职业素养与地位。

● 收入可以给你带来额外的东西，例如一辆梦寐以求的新款车、一次欧洲度假、一幢更大的房子、重新装修你的家、一个乡村俱乐部的会员，或者是一艘船以及一架飞机。

● 尽早财务自由经济独立。

● 慈善捐助。

● 为你的孩子提供一流的大学教育。

你的理由应该非常明确和清晰。明确实现目标意味着什么，才能为自己提供更深层次的动力。在很多情况下，理财顾问设定一个目标，却并没有花太多时间思考他们为什么要达到这个目标。设定总体目标而不考虑细节，没有真正的期望。不思考自己的期望，只会产生外在驱动力，却不足以激发内在驱动力。

一旦你的目标确定而且你的志向高远，你就有足够的"弹药"在时间管理上做出正确的选择。当你工作一整天，选择是否冒被拒绝的风险时，你必须能够依靠储蓄的驱动力做出正确的选择：你必须清楚地回忆起为什么发展这项业务对你很重要，你必须唤起强烈的印象来激发你成长的欲望，你必须记住完成困难的任务比失败或没有成长更值得。

每一天，你都将面临是否做那些让你遭受拒绝的事的决定，每一刻，你的深层驱动力将会促使你做出促进业务增长的选择。让你遭受拒绝和构建经营业务的任务是营销任务，因为当你在营销的时候，你正将自己处于向客户或潜在客户要更多报酬的境地。营销活动是需要深层自我驱动力的活动。

你应该事先决定一天中的什么时候开始营销活动。令人意想不到的是，一旦你开始营销，它们实际上会变得更容易，需要的自我驱动力也更少。一旦你把营销作为一种日常的工作实践，并且至少持续一个月，开始营销将不再需要那么多自我驱动力。其中一个原因是，你做这些事会越来越得心应手，驾轻就熟。和其他任何事情一样，"熟能生巧"。

你必须有很强的驱动力去从事那些很有可能遭受拒绝的活动。你必须有很强的驱动力从事营销活动。与此同时，如果你不做这些营销活动，你将不会达成百万美元收入的业务。

时间分配

许多从事金融服务的人的自我驱动力仅仅只停留在表面。这种表面的自我驱动力只是单纯地做好事情，努力工作。光是这一点不会给你带来百万美元以上收入的业务。你需要更加深层的自我驱动力：这种动力不仅是每天努力工作，而且还要花大部分时间冒被拒绝的风险。

积极进取的理财顾问会花时间完成能够高效达成业务的任务，而且他们很少花时间做不需要的事情。你怎么安排时间是一个检验积极性的好指标。从另一个角度看，当你选择如何安排时间时，你就在选择让自己获得多大程度上的成功——如何安排时间是成就百万美元收入业务的最重要选择。

成就一项百万美元收入的业务是没有捷径的。说到底这就是一个简单的数学问题。想要拥有百万美元收入的业务，你需要拥有：

- 可投资资产在1亿~1.5亿美元。

- 至少有 100 位客户，每位客户拥有超过 25 万美元的可投资资产。
- 在这 100 位客户中，至少有 30 位可投资资产超过 100 万美元。

为了建立一项百万美元收入的业务，你应该引入：

- 每年至少新增 1 200 万美元的净资产（净资产是指总资产减去流失资产后的资产）。
- 每年 9 位 25 万~100 万美元以上资产的客户。
- 每年 3 位 100 万美元以上资产的客户。

这看起来是一个很简单的公式，确实如此，但每年完成这个数字指标也是很难的。每月引入 100 万美元的新增管理资产和一个 25 万美元以上的新家庭的唯一方法就是把精力放在营销上。这是一种因果关系：做那些能有效地带来新增收入的工作，其结果是你将建立一项百万美元收入的事业。

最有效的市场营销手段是约见潜在的高净值客户，跟进这些潜在高净值客户，然后挖掘现有客户更多的资产。对于大多数理财顾问而言，消耗在营销上的时间是"艰难时刻"，因为他们把自己置于被拒绝的境地。

你的自我驱动力如果很高，你就会完成这些任务；如果不高，你就不会完成，同时你也不会成功地建立一项百万美元收入的业务。当你选择如何度过你的时间时，你每天所做的选择将是显而易见的。

当你开始一项新的业务时，你必须花更多的时间在营销上。但无论你在职业生涯的哪个阶段，如果你想让你的业务以高于平均水平的速度增长，你都必须做营销。作为一个指导原则，在头两年，你每天应该花 10 小时的 70%，或者说 7 小时，直接在营销活动上。在第 3 年~第 5 年，你每天应该花 10 小时的 50%（每天 5 小时）；在第 6 年及以后，你每天应该花 8 小时的 25%（每天 2 小时）。随着你的经验和专业知识增加，你将能够更充分地撬动你的客户，这意味着获得每个新增高净值客户家庭所需的时间将更少。把一个家庭升级为可投资资产为25万美元的家庭，把它作为你需要的12个家庭中的一个，对于一个有经验的理财顾问来说，会比一个新入行的理财顾问要容易得多。

当你每天都在选择如何安排时间时，自我驱动力就成了成功的基石。有些任务会让你面临被拒绝的风险。这些都是艰巨的任务，需要高度的自我驱动力。这些也是最有效地促进你的业务的营销任务。这些艰巨的任务会让你面临被拒绝的风险，但也会带来高额回报——建立一项百万美元收入的业务。正如我前面所说，高拒绝率和高回报率是密不可分的。

经验丰富的理财顾问的自我驱动力

许多有经验的理财顾问在他们的职业生涯早期就有较高的自我驱动力，为百万美元收入的业务奠定了基础。然而，当他们取得早期成功，达到了一个舒适的水平时，就放慢了步伐。这很简单，甚至很容易去理解，就是一旦达到一定的收入水平，完成艰巨任务所需的持续动力就会减弱。这种舒适的程度，加上害怕被拒绝，使大多数有经验的理财顾问无法成就百万美元收入的业务。因此，如果有经验的理财顾问想达到百万美元收入，并最终达成千万美元收入的业务，其必须稳定保持在职业生涯初期的高度自我驱动力。

重新获得所需自我驱动力的第一步，是有足够强烈的愿望去实现百万美元以上收入业务的目标。对于许多经验丰富的理财顾问来说，他们都想成为业内最成功的理财顾问之一。对于一些人来说，成功可能是一个金钱目标，能够为他们提供某种确定的生活方式；而对另外一些人来说，成功可能是一种实现自我潜能的满足感。但无论目标是什么，它都必须是强烈和真实的，你必须有实现目标的信念。

好消息是，作为一名理财顾问，百万美元的收入是完全可以实现的。任何市场的任何理财顾问，都可能获得足够的财富和机会达到百万美元收入的水平，只要你有足够的自我驱动力来推动所需的活动。与花时间在正确活动上的决定同等重要的是，不花时间在错误活动上的决定。安排时间在正确活动上的决定与不安排时间在错误活动上的决定同样重要。白天的错误活动包括花时间与其他理财顾问相处、书面工作、管理任务、准备工作和阅读。并不是说这些任务是不必要的，而是它们不应该被安排在最佳营销时间去做，它们可以被安排在非最佳营销时间（比如下午晚些时候、晚上或周末）完成。正确的活动包括与老客户的主动联系和约见、与潜在客户的主动联系和预约以及与潜在客户渠道联系。

理财顾问可以向奥林匹克运动员学习，他们不仅要花时间为自己的运动进行训练，而且要想象成功以增加他们的自我驱动力。心理学家训练奥林匹克运动员在心理上为成功做好准备，其中一部分是想象获胜的情景以及获胜时的感受。有经验的理财顾问应该像优秀运动员一样做好心理准备，想象达到百万美元收入目标时的感受。想象一下你所在的办公室、你的收入，以及你在精英理财顾问中的自豪感。这种想象会激发你的潜意识，让你专注于那些能实现你目标的事情。

最成功的理财顾问是被他们的目标"拉着"走而不是被他们的目标"推着"走。当你被"拉着"向你的目标前进时，你会对那些能让你实现目标的活动充满动力和兴奋，而不是感觉被"推着"去做你不想做的事情。被"拉着"走，你就不会恐惧，因为实现一个对你很重要的目标的兴奋抵消了做这个活动的恐惧。

作为一名成功的理财顾问是需要勇气的。你必须愿意面对拒绝，愿意花钱，如果你达不到目标，你必须愿意接受失败，以及愿意尝试新鲜事物。但是，那些有勇气和动机设定挑战性目标并从事有助于实现其目标的活动的顾问，都具备实现建立百万美元金融服务业务所需的所有要素。

金融服务业的高流动性与其说与缺乏人才有关，不如说与缺乏深层自我驱动力有关。从长远来看，大多数人不愿意面对这项业务的高拒绝率/高回报率的态势，他们无法忍受长时间被拒绝的痛苦来获得巨大的回报。理财顾问必须极度渴望取得这种成功，并且要非常清楚为什么这种成功如此重要——这种渴望是你必须面对拒绝和确保成功的动力的本质。

金融服务业的信息过载使得人们很容易分心，不专注于正确的活动和数字。无论你处于建立百万美元收入的业务的哪个阶段，了解能够通向最终成功的数字化标准是至关重要的。这种理解将使你专注于正确的活动并设定正确的目标。在第3章中，我将对这些数字化标准和目标进行阐述。

小结

- 要在金融服务业取得成功，你必须做营销，而要做营销，你必须有深度的自我驱动力。
- 你如何安排时间表明你的自我驱动力有多大。
- 建立一项百万美元收入的业务所需的活动使你处于被拒绝的境地，你会面临很多困难。
- 金融服务业是一个拥有高拒绝率/高回报率的行业。
- 你必须每天花时间在直接营销活动上，才能建立一项百万美元以上收入的业务。
- 你为被拒绝而付出的代价一定小于害怕失败所付出的代价。
- 保持深层驱动力的关键是清楚地知道成功对你有多重要，以及你将获得哪些实际的结果。
- 你每天都在为如何安排时间而艰难地做选择。你必须有很强的驱动力才能做出正确的选择。

- 你花在营销上的时间越多，营销就变得越容易。
- 对于成功的理财顾问来说面对拒绝并不容易，但他们可以让自己做到。
- 有经验的理财顾问必须重新建立在他们职业生涯的早期所具有的高水平的自我驱动力，以走出他们的舒适区，达到百万美元收入事业的目标。
- 想象实现目标是开展必要活动所需的自我驱动力的一个基本要素。
- 设定具有挑战性的目标和从事百万美元收入业务的相关活动都需要勇气。

第 3 章　想要成功必须完成的数字

金融服务业的任何理财顾问都可以建立一项百万美元收入的业务。然而，只有大约 20% 的理财顾问能在头两年生存下来，而在那些幸存下来的顾问中，只有 5% 的人能达到百万美元或更高收入的目标。这意味着，只有 1% 的理财顾问能够达到百万美元收入的目标。

如果大多数理财顾问都渴望实现这个百万美元收入的目标，为什么很少有人能实现呢？有两个原因：

（1）缺乏深层次的自我驱动力——不愿意付出遭受拒绝的代价去实现百万美元收入的业务。

（2）不知道如何建立一项百万美元收入的业务，或建立的业务没有发展的潜力。

我要讲述的是，如何在开始职业生涯的 10 年内建立一项百万美元收入的业务，或者，对于那些已起步的理财顾问来说，如何每年增加 1 200 万美元的管理资产和 10 万美元的收入。你想要达到百万美元收入的业务水平，首先要了解六个数字要素。

成就百万美元收入业务的六个数字要素

要素1：你至少应该有1.2亿美元的资产管理规模。

要素2：你应该与100位高净值客户（可投资资产在25万美元以上）建立服务关系。

要素3：你应该设置需要维护的客户关系的最低门槛，并随着业务增长不断提高这些最低门槛，最终将你的客户总数限制在100位。

要素4：在25万美元资产等级的客户中，每3位客户至少应该有1位的资产在100万美元以上。

要素5：你应该开发并维护一个有50~100位合格潜在客户（有3年或3年以下经验的理财顾问需要100位，有3年以上经验的理财顾问需要50位）的渠道。

要素6：你应该从你的核心高净值客户（在你的业务和管理资产中占比80%~90%的50~100位客户）那里争取100%的资产份额（wallet share，也称钱包份额）。

如果你具备这六个要素，那么你可以开展合适的业务以达到百万美元收入水平。在大多数环境和市场条件下，你应该为管理的所有资产提升大约80个基点。理财顾问应该做到在大多数的金融周期里通过保守投资的方法，仍然增长80个基点。

以下是这六个要素的工作原理。

要素1：你至少应该有1.2亿美元的资产管理规模

获得100万美元的业务收入需要大约1.2亿美元的资产（ROA为80个基点）。

要素2：你应该与100位高净值客户建立服务关系

要有效地维护100位以上的客户关系几乎是不可能的：如果你每月与每位客户联系一次，并且如果与其中3位客户的联系包括季度检视，与一位客户的联系包括年度检视和理财规划会议，且如果你每年与客户们一起参加一到两个活动，那么你每年将至少在每位客户关系维护上花费10小时。假设要维护100位客户的关系，这需要每年1 000小时。

如果你有50~100位潜在客户，并且把他们当作你的存量高净值客户对待，那么你每年将花10个小时与每位潜在客户相处。这样服务所有潜在客户每年需要500~1 000小时。所以你需要花费在目前的高净值客户和潜在客户身上的时间大约为1 500小时。每个理财顾问平均每年工作约2 300小时，这样就只剩下800小时用于其他的行政工作、客户服务和其他营销活动。

在白天，理财顾问没有足够的时间适当地维护超过100位现有客户和50~100位潜在客户关系。理财顾问的客户助理面临的情况也是如此。为了留住这100位客户，你应该提供"狂热的粉丝"（raving fans）服务，这限制了你和你的客户助理能够维护的客户总数。

要素3：你应该设置需要维护的客户关系的最低门槛

作为一个指导原则，每一位客户都应该至少有25万美元的可投资资产或潜在资产。如果你是一名服务年限在5年或5年以下的理财顾问，那么当你争取与100位客户建立稳定服务关系时，客户账户资产少于25万美元是合理的，只要这些账户资产超过10万美元。每位客户每年至少应该产生1 000美元的业务。资产在百万美元以上的客户应该每年平均产生10 000美元或至少5 000美元的业务。如果你每年联系客户12次，并且让每位客户接触到广泛的产品和服务，那么这些数字应该相对容易实现。如果一位客户在一年内没有产生最低水平的业务收入，那么你需要考虑用另外一位有意愿的客户来代替他。

要不断提高资产和业务的最低限额。你的客户数量应该始终保持在100位，但你应该不断提高资产和业务的最低限额。

要素4：在25万美元资产等级的客户中，每3位客户至少应该有1位的资产在100万美元以上

你需要确保约有70位客户的可投资资产不到100万美元但不低于25万美元，即资产平均在50万~70万美元。你至少需要拥有30位可投资资产不少于100万美元的客户，即资产平均为250万美元。

要素5：你应该开发并维护一个有50~100位合格潜在客户的渠道

为了使你管理的资产每年增长1 200万美元，在任何时候都要确保客户渠道有100位活跃的潜在客户（有3年或3年以上工作经验的理财顾问需要50位潜在客户）。你应该每天白天花时间联系这个渠道的潜在客户，并为他们安排新的约见。随着每年最低限额的提升，这些潜在客户最终将取代存量100位客户中贡献度最低的人。你的目标应该是拥有50~100位潜在客户，这些客户都比你现在最小、贡献度最低的客户更有实力。理想情况下，你的潜在客户的资产规模高于你现有客户的资产平均水平。为了让你的业务迅速达到百万美元收入的目标，你需要每年更新你的现有客户名单和潜在客户名单。

- **基本事实：**

你的业务收入增长是通过提高客户最低资产水平，而不是通过增加客户数量达到的。

要素6：你应该从你的核心高净值客户那里争取100%的资产份额

我们的目标是获取前100位客户100%的资产份额。你可能永远无法实现这一目标，但你不应停止努力实现这一目标。获取100%资产份额的关键是不断向前100位客户提供适当的金融产品和服务。在许多情况下，如果你为客户提供的产品和服务翻一番，则可以将客户产生的业务收入扩大到3倍。如果一个客户的资产超过25万美元，并且使用了6项或更多的产品和服务，那么客户的留存率通常超过98%。

注意：以上六个要素是相互关联的。拥有这种资产规模的客户，你服务的客户总数就会受到限制。处于这种富裕水平的客户想要也需要更多种类的产品和服务，需要更多的联系和更高水平的服务。

新手理财顾问应该如何起步

如果你是一名新入行的理财顾问，想在最短的时间内建立一项百万美元收入的业务，你需要从一开始就了解这些数字是如何奏效的。这会增加你建立百万美元收入业务的可能性，并减少你所需的时间。

作为一名新手理财顾问，你有两个首要目标：
- 目标1，快速建立拥有100位合格潜在客户的渠道。
- 目标2，每月新增100万美元的净资产。

目标1：快速建立拥有100位合格潜在客户的渠道

首先也是最重要的一点，你需要尽快建立一个由100位合格潜在客户组成的渠道。合格（或"合适"）潜在客户的定义是：
- 与你见过面。

- 达到你设定的可投资资产的最低限额。
- 同意第二次约见和/或接受你的后续服务。

建立这个渠道需要6~12个月的时间。记住，一旦你建立了这个拥有100位潜在客户的渠道，你将在整个职业生涯持续优化它。100位潜在客户的数量不应该改变，直到你的服务年限达到6年或更长，你的目标那时应该是至少拥有50位合格的潜在客户。

6个月后，作为一名新手顾问，你应该设定一个目标，在一年内，每月获得一位25万美元的新客户，其中一位客户资产应该至少为100万美元。这意味着在你工作第一年的第12个月工作结束时，你应该拥有：

- 100位合格潜在客户。
- 5位25万美元以上的客户。
- 1位100万美元以上的客户。
- 6位10万美元以上且有可能超过25万美元的客户。

目标2：每月新增100万美元的净资产

另一个重要的目标是资产管理规模，你的目标应该是在第一年工作的6个月后每月新增100万美元的资产净值（新增资产减去任何资产流失）。你在不到6个月的时间里获得的任何高净值客户或大额资产都是不可预测的，因为在大多数情况下，培养潜在客户的信任需要约6个月时间，之后他们才会让你管理他们的资产。因此，12个月后，你应该至少拥有600万美元的管理资产，这样你才能步入在10年内达成百万美元收入目标的轨道。

在12个月后，新手理财顾问的数字化指标基本保持不变。你需要平均每月增加一位新的高净值客户（资产在25万美元以上），其中3位在12个月后的资产应该在100万美元以上。此外，你需要每年新增1 200万美元的净资产。请注意，如果现有客户移交给你的新增资金超过 25 万美元或 100 万美元，那也可被计入新增资产和新增高净值客户中；经验更丰富的顾问更有优势，因为这些目标中的 50% 可以通过升级现有客户得以实现，这比新增客户要容易得多。

这一切意味着什么

任何一个下定决心要赚取百万美元收入的顾问都需要设定一个目标，即每月新增一个资产大约 25 万美元以上的家庭（每年需要其中 3 个达到 100 万美元以上）和每月新增 100 万美元的资产。这将促进百万美元收入的业务达成。

请注意：客户的升级和额外的客户资产都有助于实现这些目标。

现在你已经了解了这些数字，接下来要做的就是通过一个良好的整体营销流程来达成这些数字。没有一个良好的流程，你所拥有的就只是目标和自我驱动力。第 4 章将介绍营销流程的第一步，称为细分市场。

小结

- 建立一项百万或千万美元收入的业务需要有深度的自我驱动力。
- 有了正确的重心和自我驱动力，一个新手理财顾问有望在 10 年内达成百万美元收入业务的目标。
- 有了正确的重心和自我驱动力，一个新手理财顾问每年可以有望增加 10 万美元的业务收入。
- 为了支撑百万美元收入的业务，你需要每年引入 1 200 万美元的新增净资产，每年至少净增加 10 个 25 万美元的家庭，其中 2~3 个资产在 100 万美元以上。

- 将客户的总数限制在 100 位。如果你在一个团队中工作，每个团队成员的客户不要超过 100 位，理想情况下，每个团队成员的客户总数不超过 50 位。
- 争取让每一位客户的资产不低于 25 万美元。
- 深入了解每一位客户是很重要的，将每位客户享有 5~6 种不同的产品和服务作为目标。
- 为了达到百万美元以上的收入，你应该将高净值客户的数量限制在 100 位，但需要提高最低资产限额。
- 在大多数市场条件下，遵循所有六个要素，良好管理的金融业务应使管理的资产产生 80 个基点增长。
- 为每一位客户设定一个最低业务收入标准，使其能够有资格成为你的 100 位客户之一。作为指导原则，对于资产在 25 万~100 万美元的客户，设定最低收入为 1 000 美元；对于资产超过 100 万美元的客户，设定最低收入为 5 000 美元。
- 根据你的经验水平，在你的渠道中始终保持 50~100 位活跃的潜在客户。
- 如果你服务年限在 0~3 年，将你的潜在客户的最低资产限额设定在 10 万美元，并把资产超过 25 万美元作为目标。如果你的服务年限在 3 年（含）以上，将最低资产限额设定为 25 万美元，并不断提高直到你实现百万美元收入的目标。潜在客户永远不要超过 100 位，但是要不断提高最低资产限额水平。
- 把现有客户的资产提升到 25 万美元或 100 万美元和引进一位新的客户一样有价值。在建立百万美元收入的业务时，两者一样重要。

第 4 章 细分市场营销

要想达成百万美元以上收入的业务，你就必须制订有效的营销方案。第一步是识别需要关注的市场。一旦识别出市场，第二步就是深思熟虑，制订营销行动计划（market action plan）。这两个步骤打造了所谓的细分市场营销计划，该计划聚焦于一小部分特定市场。

本书在第 3 部分提供可供理财顾问选择的营销行动计划，包括话术和客户名单来源。

为什么细分市场营销最有效

细分市场营销之所以有效，是因为每个市场都需要高水平的专业知识和经验才能被有效抢占。越了解具体市场的动态，就越容易约见到该市场的潜在客户与转介绍人。仅仅选择少数几个（较窄的）市场，深入理解并开展营销——细分市场营销窄且深——将能最有效地抢占该市场。随着对市场的熟悉程度和专业知识的增加，你也会日益有信心、有能力同潜在投资者建立信任。随着富裕程度提高，个人投资者也日益坚信自己的情况是独一无二的，希望同兼具专业知识与经验的理财顾问打交道。你的竞争也将减少，因为大多数理财顾问既没有专注于细分市场,也不具备同特定类型或职业的投资者合作的深度经验和专业知识。潜在的细分市场包括:企业主、企业高管、养老金计划持有者、准备退休的人、股票期权持有者、律师、医疗专业人士和退休人士等。

既然目标是在你选定的市场中深耕细作,那么如何去做呢?

- 加入他们的专业协会。
- 订阅他们的行业期刊。
- 与目标市场的影响力中心建立专业与私人联系。

这些活动能使你谈起目标市场来头头是道,而且具备与之匹配的积淀。你的可信度与曝光度将由此提升,你同这些市场中的潜在投资者更容易建立信任。通常,每个市场都有领袖或影响力中心。只有在相应市场具备一定的专业知识,并了解谁是具有影响力的人物,才能识别并联系上这些核心人物。如果细分市场超过四五个,就很难做到这些。

有效营销行动计划的要素

一个有效的细分市场营销行动计划应该包括四个方面。

1. 途径

所谓途径,是指关于如何最好地接近目标市场的描述或一系列点子。可以从以下方面展开这一描述:

- 采访该市场最成功的理财顾问,请教他们做过什么从而能够成功。
- 涉猎关于目标市场的书籍。
- 从当地的管理人员、批发商、居家办公培训等来源搜集信息。

你的目标是在你的细分市场中约见富裕的投资者。但凡可能,应该借助于熟人间的亲切攀谈,而不是来自陌生人的推销电话。可以尝试以下方法以使初次接触更加融洽：

（1）潜在客户认识的转介绍人。

（2）找到你与潜在客户的共同点作为连接。

（3）了解潜在客户的专业领域。

为了获取这些信息，一种方法是在联系之前通过搜索引擎搜索潜在客户的名字。或者，你如果按照第22章的指导原则与潜在客户建立了一定的联系，也可以在领英上查看他的"资质"（Credentials）栏目，其中的信息可以提供一些有趣的背景，让你们之间的交流更加顺畅。温暖的聊天比冷冰的问候更有益于营销，建立温暖的联系就是细分市场营销的主旨。

2. 专业知识

接近目标市场之前，你必须培养一定的专业知识。你应该认识到，公司提供哪些人员和资源可用以支持你的目标市场。此外，阅读书籍等可以提供目标市场的专业知识。为积累专业知识而投入的时间终将获得回报，当接近目标市场时，你会立即发现自己能够了解目标市场的独特需求。当你努力聚焦于一个特定的目标市场时，你将从你的经验中学习并获得领悟与专业知识。

3. 话术

营销行动计划的第3个方面是话术。话术将营销行动计划的理论与争取约见的现实联系了起来。

你可以基于第1个方面中收集的市场情报设计话术。本书的第3部分"营销行动计划篇"提供了针对每种营销行动计划的话术范例。

4. 名单

营销行动计划的第4个方面是目标市场的潜在客户名单。这些名字可以来自图书馆、互联网。目标是找到 3 000~4 000 个名字，代表你所选定的所有细分市场。尝试筛选此列表中的每个人，以确保其在首次联系前符合你的条件（参见第 5 章）。编制和预筛选名单的时间越长，每次联系的效率就越高。在目标市场中，预先筛选后的合格名单具有无与伦比的价值。

一旦 4 个方面都准备妥当，营销行动计划便已完成。剩下的工作，就是——联系合格名单上的名字，逐步执行。要做好这些，你还需要足够积极进取，忍受不可避免的回绝。

制订营销行动计划示例

假定你选择律师为目标细分市场。在营销行动计划的第 1 和第 2 个方面中，你可能会发现，律师是按工作时间收费的，所以通常太忙而无法拿出太多时间投资。你可能还会发现，多数律师自己管理养老金计划，于是你通过成为养老金计划的专家，将变得对这一市场更有价值。熟悉公司为支持养老金计划提供了哪些资源，将有助于培养你的专业知识。在营销行动计划的第 4 个方面，你可以通过商务电话黄页（这只是律师名单的众多数据源之一），找到相应市场上所有律师的名单，然后用搜索引擎搜索或浏览个人官网，将名单缩小至市内最资深、最成功的律师。你还可以找到并阅读当地律师阅读的本地刊物或行业杂志，参加其所属律师协会的会议。这样一来，你将迅速找到该市场的影响力中心。假设你与影响力中心的一位人士建立了联系，那他就可以给你提供关于这一市场内律师的见解，而且有可能把你介绍给其他合格的律师。这样，基于你搜集的信息，你可以准备几份话术（第 3 个方面），用来联系名单上的律师（第 4 个方面）安排初始会面。

新手理财顾问的营销方案

我建议，新手理财顾问一开始关注 4~5 个市场，并为每个市场分别制订营销行动计划。新手理财顾问处在职业生涯的早期阶段，可能无法确定自己更适合哪些市场，因而相较于更资深的前辈，需要关注更多的市场。试试看才知道自己适合哪些市场；之后，根据头两年的工作经验，视成功与否，可以将初始的 5 个营销行动计划缩减至 1~2 个。此外，我还想建议新手理财顾问在最初的 5 个营销行动计划中考虑以下两个：

（1）基于过往经验的营销行动计划（参见第 24 章）。作为新手理财顾问，你的首批营销行动计划之一应该基于过去的相关经验。例如，如果你以前从事过软件业，那么你的一个营销行动计划就应该关注软件业的人员。你知道那个行业最适合的潜在客户是谁，用好你的内行知识与人脉联系这些潜在客户。

（2）基于个人通信录的营销行动计划（参见第 24 章）。你的第二个营销行动计划应该基于个人通信录，基本上也就是所有可能合格的联系人名单。这种方法也被称为罗乐德斯名片盒法，它的联系/约见转化率最高，50% 的联系人会同意约见。关于如何通过实物或电子通信录最有效地开展营销，本书将在后文有关社交媒体营销的章节（第 22 章）分享更多的思路。

根据你感兴趣或擅长的市场类型，再挑选另外 2~3 个营销行动计划。本书的第 3 部分包含了 15 个营销行动计划和 50 多种途径。在正式开始之前，找到吸引你的营销行动计划，充分展开进行设计，附上名单的来源。你的全部营销行动计划应该包含至少 3 000 个名字。尽可能提前完成以上工作，这样的话，在收到证券从业许可证的那一刻，你就可以立即开始执行计划了。

记事本

维护好包含每个目标市场计划的记事本或电子表格，并用选项卡分隔每个市场计划。在记事本的每个部分，列出你计划联系的客户，并附上所有联系方式、调查得到的任何相关信息、你计划使用的话术。记事本里应该总共有 3 000～4 000 个条目，代表所有的各色市场计划。坚持调查潜在客户，练习话术，管理目标市场的记事本，这样，当你开始执行计划联系潜在客户时，成功的概率会大增。每天上班前准备好细分市场记事本，这样你当天需要做的就只剩下执行计划了。

有经验的理财顾问的营销方案

有经验的理财顾问可以从以下 7 个营销行动计划中选择（你不一定需要所有 7 个方案才能成功，你也可以选择其他更适合自己的方案——参见本书第 3 部分中的 15 个营销行动计划）。这 7 个方案的出发点是你当前的客户关系和外部利益。本书的第 2 和第 3 部分涵盖了这 7 个营销行动计划的更多细节，在此仅做概述。

（1）**转介绍人**（参见第 12 章）。每位有经验的理财顾问必须准备积极的转介绍人计划。积极的转介绍人计划是必不可缺的，因为大多数新的客户关系来自转介绍。何况，当理财顾问请求转介绍新客户时，大多数客户会予以配合。只不过，客户大多表示从未遇到类似的请求。

（2）**专业人士的推荐人脉网**（参见第 23 章）。所有有经验的理财顾问都应该维护一个注册会计师和律师的人脉关系网，借由专业人士将自己推荐给潜在客户。对一位高净值客户而言，理财顾问的首选来自其注册会计师或律师的推荐。建立这个人脉关系网络的最佳方式，就是通过现有客户的注册会计师和律师——把共同的熟人作为支点好好利用。很多成功构建了类似人脉关系网的顾问发现,需要5名注册会计师或律师才能得到大量的推荐。为了支撑并强化这一人脉关系网,可以为这些人提供继续教育课程和有意思的活动,分享信息资源,教他们了解投资和财富管理,尤其是当他们打理税收事务时,展示你的业务长项。

（3）**讲座**（参见第20章）。大多数客户参加了一些外部组织,比如商会、花园聚会和商业服务俱乐部,如"扶轮社"① 和"同济会"②。主动为这些现成的听众提供投资方面的讲座,并在讲座结束后跟进反馈卡片。这样一来,你每年可以触达数百个新的潜在客户（例如,12个组织,每个组织20人规模）。

（4）**潜在客户活动**（参见第21章）。有经验的理财顾问应该针对客户的兴趣主办客户活动,邀请客户带朋友一起参加。这些活动可以是教育性的,可以是休闲性的,也可以兼而有之。人们喜欢与同道中人来往,通过这样的方式请客户转介绍,也不会让客户感觉受到胁迫。

（5）**自然市场与细分市场**（参见第14章）。查阅一下你的客户统计数据,你会发现很多客户都集聚于同一个行业或同一个人生阶段,这些客户集群就是你的"自然"市场。可以找来这个自然市场的客户,组建一个营销私董会,然后询问如何向他们这样的人营销。你会从他们这里收获很好的点子,也可以利用这个理想的机会请求他们转介绍他们认识或合作的人。

利用在细分市场中既窄且深的策略,你可以进一步拓展你的自然市场:阅读出版物,加入当地组织,在自然市场中建立人脉网,成为该市场中人尽皆知的理财服务专家,并联系市场内合格的潜在客户。

---

① 扶轮社（Rotary International）是一个国际服务性组织,旨在团结商业与专业服务领袖,致力于世界亲善与和平。——译者注
② 同济会（Kiwanis International）也是一个国际服务性俱乐部。——译者注

（6）**非营利组织**（参见第 34 章）。在这个营销行动计划中，你可以领导一个自己热爱的组织。这个组织可以是慈善、市政或社交性质的。该计划生效的关键，在于担任领导角色，并致力于为该组织服务。这个组织里还会有具备同样热情的合格投资者，他们将被你吸引。

（7）**合适的地点 – 合适的人**。通过参与社区、团体、乡村俱乐部、儿童学校以及你感兴趣的其他社交或慈善活动，你可以见到高净值人群——这是与高净值人群建立联系的最富成效的方式之一。一旦建立了联系，你就需要制定转化策略，将这些人吸纳为私人关系的一部分。加入理想客户所加入的组织，并与这些理想客户建立关系。这一过程可能需要 12 个月或更久。通过这种方式，你可以把他们从私人关系转变为商务关系。

营销的有效性

表 4.1 展示了不同营销方法对应的联系/约见率，即每成功约见一位客户所需联系的客户数。

表 4.1　不同营销方式对应的联系/约见率

营销方法	联系/约见率
邮件	100∶1
陌生推销电话	20∶1
影响力中心社交*	10∶1
讲座跟进	5∶1
得到转介绍	2∶1
私人通信录（罗乐德斯名片盒法）	2∶1
人脉网社交**	2∶1

* 每得到一个转介绍需要拜会影响力中心的次数。
** 人脉网成员的转介绍。

做成百万美元级业务的关键在于，每年新增12位富有投资人（可投资资产达25万美元以上）和1 200万美元的资产，以此扩张你的业务。为了实现这一目标，第一步是确定具体的细分市场，并为此制订营销行动计划。每个行动计划应当包括深思熟虑的途径、专业知识、话术与合格名单。在你职业生涯的各个阶段，细分市场营销都极富成效。

制订行动计划后，下一步就是联系每份计划中的名字。在此过程中，要非常清楚联系的目的，你的目标是争取到面对面的约见；否则，你所有的辛勤工作就白费了，无法取得成效。第5章将会介绍，有了名单之后，如何跟你联系的每个人成功争取到约见。

小结

- 发展业务的第一步是确定3~5个细分市场，并为每个市场制订营销行动计划。
- 每个营销行动计划都应包括：如何接近细分市场的详细方案、培养专业知识的计划、同该市场中的潜在客户约见的话术以及名单来源。
- 在每个细分市场中既窄且深地开展营销工作，有利于达成规模经济。在每个市场中，认识当地的影响力中心，极其有助于有效渗透该市场。
- 你必须日复一日积极主动地坚持执行营销行动计划。
- 每个营销行动计划的关键在于约见该市场内新的潜在客户。
- 所有有经验的理财顾问应当在7个营销行动计划中做出选择，并考虑使用本书第3部分中的一个或多个其他营销行动计划。这7个营销行动计划包括转介绍人、注册会计师/律师等专业人士的人脉网、为客户所在组织举办讲座、客户/潜在客户活动、在自然市场和细分市场中发展客户、领导非营利组织、通过业余爱好结识富裕人士并借助策略将私人关系转化为商务关系。

- 在新的或现有的社交圈子中建立人脉网,将其发展为不同的目标市场。

第 5 章　争取约见

为了给百万美元收入的业务打好基础，新手理财顾问的首要任务就是争取尽可能多与富裕潜在客户约见的机会。事实上，争取富裕潜在客户的新约见也是理财顾问整个职业生涯中最优先的事项之一。

你必须面对面会见潜在客户

打造百万美元收入业务的能力，更多地在于心理层面，而不是金融层面。这是一项聚焦于人的业务，你的成功取决于跟人——在这个行业里就是富裕投资者——培养关系，在合理的时间范围内（6~12个月）让他们开办账户。

- **基本事实：**
  除非面对面会见，你无法与潜在客户发展关系。

对于大多数人而言，除了身体健康，财务健康就是重中之重。富裕投资者有很多理财顾问的人选，因而只会选择他们信赖且乐于合作的人。通常来说，大多数富裕投资者正在同另一名理财顾问合作，那么他们在更换理财顾问时就更慎重了。

必须认识到，没有同合格投资者的首次面对面会见，什么好结果也不会有。实现营销成功并打造百万美元收入业务的首要技能，就是能争取到与合格潜在客户的首次面对面约见。任何拖延面对面约见的事情都会推迟与潜在客户培养关系，而这层关系直接决定了你们之间的业务合作。约见富裕潜在客户应当是一号工程。

大多数理财顾问会竭尽全力从潜在客户那里争取一个"感觉不错"的答复，并会尽可能地推迟对方的拒绝。这种争取好印象答复的偏好倾向，就好像在橄榄球场上进攻一码①的距离——球的确是在朝着对方底线移动，但是在4次这样的一码进攻之后，你可能就失去球权了。② 在同潜在客户会面之前寄材料或者打电话，都是"一码进攻"的例子。相较之下，争取约见更有难度，但终究更为高效。这就好像完成了首攻——你正在向前移动球，并且掌控球权。

你如果专注于争取约见的话，第一次联系潜在客户时就应该完全清楚自己想要什么。大多数理财顾问营销时的常见错误是，他们并不知道要从首次联系中得到什么。他们希望获得正面回应，但不清楚这次联系的目的。如果你非常清楚你希望首次联系要取得什么成果，那么成功的概率就要高得多。当你同潜在客户联系时，对方是不知道这次会话的导向的；如果你开门见山地有力说明约见的价值，就更难被潜在客户拒绝。

你可能会以为，优先争取约见仅仅适用于陌生推销电话。但事实

---

① 码，长度单位。1码等于3英尺或0.914 4米。美式橄榄球运动中，中线与得分线相距50码。——译者注
② 美式橄榄球运动中，持球方至少有4次进攻机会，分别称为首攻、二攻、三攻和四攻。每当持球球员触底或跑出边界，则计一次进攻结束。如果4次进攻将球推进总计超过10码，则可以重新获得4次进攻机会，继续攻势；否则，双方交换球权，原进攻方转为防守方。——译者注

第5章　争取约见

绝非如此。无论是何种营销行动计划，第一要务一定是争取面对面的约见。记住刚刚摆出的基本事实，它适用于人脉网交际、讲座、潜在客户活动、注册会计师转介绍、罗乐德斯名片盒法或任何其他营销行动计划。当你无法通过其他方式获得会面预约时，再考虑把陌生推销电话作为最后的选择。

预审核潜在客户的资质

在联系潜在客户以争取约见之前，必须对潜在客户进行资质预审。与不合格的潜在客户约见完全是浪费时间。在制订营销行动计划并整理支持该计划的名单时，应花费尽可能多的时间预审核名单上潜在客户的资质。这包括以下不同的方式：

- 确定潜在客户的工作头衔，拥有副总裁或更高头衔的高管是最有可能合格的。
- 如果潜在客户是位企业家，调查其名下的企业年收入是否达到100万美元，或者该企业是否经营了5年以上且持续盈利。
- 调查潜在客户的住所，如许多合格投资者住在房屋较大、年代较久的社区。
- 如果潜在客户是专业人士（律师或医生），调查其是否是执业单位的所有人或合伙人，调查其执业年限。
- 查看企业和专业人士的网站。这些网站通常涵盖了你需要了解的所有信息，包括收入、经验、经营或执业年限等。
- 使用领英或其他社交网络。如果潜在客户是你的好友或者好友的好友，那么你可以查阅其过往经历与当前职位，这是审核潜在客户资质的绝佳信息源。有关社交媒体营销的更多信息请参阅第22章。
- 登录搜索引擎也有助于审核潜在客户的资质。通过搜索，你通常可以了解潜在客户在不同组织中的参与程度、慈善捐款的数量以及成功事迹、兴趣和活动等其他信息。

- 如果潜在客户是上市公司的高管，可查阅其持股与薪酬的公开信息记录，尤其是年报中的"董事、监事、高级管理人员"部分。

预审核被转介绍人的资质

努力尽可能巧妙地预先审核受人转介绍的潜在客户的资质。为此，你可以通过提问向转介绍人打听，例如：

- "您觉得，您说的这位潜在客户净资产跟您差不多吗？"
- "您觉得，这位受到您推荐的潜在客户有至少［最低资质］的可投资资产吗？"
- "我发现我最适合拥有［最低资质］以上可投资资产的潜在客户。您觉得您推荐的这位潜在客户有至少那么多身家吗？"

在首次联系中预审核

如果你尚未对潜在客户的名单进行资质预审，或者想在约见之前就确认潜在客户的资质，那你不妨在首次联系中进行。以下是此类操作的例子：

- "我非常期待与您会面，我发现我为具有［最低资质］或以上的投资者提供的帮助最大，这是否适用于您的情况呢？"
- "会面之前，如果可以初步了解一些信息的话，会对我的工作帮助很大。您估计自己的可投资资产是否超过［最低资质］呢？"
- "为了准备与您的约见，如果可以对您的可投资资产有一个估计的话，会对我的工作帮助很大。您愿意告诉我一个概数吗？"
- "为了准备与您的约见，如果可以对您的情况做一些初步了解的话，会对我的工作帮助很大。目前，您是否投资共同基金或接受不同的客户经理服务？您是否投资市政债券？您有集中的股票头寸吗？"

● "我的服务是非常尽心尽力的，所以我的业务主要面向拥有至少［声明最低值］可投资资产的客户。这对您适用吗？"

我建议，尽可能多地进行资质预审，如果首次联系时才不得不审核潜在客户的资质，情况可能会很尴尬且可能冒犯他人。你应该在约见之前就审核潜在客户的资质，但如果只能安排在首次联系期间，那就必须这么做，以免在不合格的潜在客户身上浪费时间。

归根结底，在联系潜在客户之前花费越多的时间审核名单资质，你就越能避免会见不合格的潜在客户，从而节省越多的时间。你对客户进行资质预审核的能力，仅仅受限于你为了调研资质水平愿意付出的时间。

如何确定最低资质

基于当前客户的规模确定最低资质水平。按照经验，潜在客户的可投资资产应该至少达到你所有客户水平的下限，而目标潜在客户的资产应该比现有客户人均资产水平更多。新手理财顾问的客户关系即便有也非常少，因此最低资质水平应该至少为10万美元的可投资资产，而且有增长的可能。另一个指导原则取决于你的工作年限，如表5.1所示。

表5.1 工作年限与对应最低资质指导

工作年限	原则上的可投资资产最小值/万美元
0–2*	10
3–5	25
6+**	25

* 有可能增长至25万美元。

** 如果业务收入超过了100万美元，潜在客户的最低资质应该上调。

如果潜在客户不合格，则取消约见

如果因为潜在客户不符合最低资质要求而不得不取消约见，这是无可指摘的。以下话术给出这样做的一些沟通思路：

"［潜在客户］先生/女士，根据您所述的投资情况，我不确定约见是否还有必要。我将给您发送一些信息，介绍我们现有的资源。如果您感兴趣的话，欢迎给我来电。"

联系并争取约见

与潜在客户联系的目的，就是争取与其约定会面，以便你与其面对面地发展关系，讨论其投资事宜——只有面对面地讨论投资才算数。你应该明白并始终记住这一点。

一方面，与富裕投资者的联系存在一些障碍。一个障碍是，大多数富裕投资者都会收到投资建议的狂轰滥炸——邮件、报纸和杂志、电视、电话推销员等不同渠道的投资请求。另一个障碍是，富裕投资者很可能已经有理财顾问了，而且这些投资者往往是大忙人。

另一方面，你也要保持信心，因为大多数投资者没有被服务好，并且将在某个时点更换理财顾问。而且，尽管有障碍，争取约见有些困难，但并不复杂。当你联系潜在客户请求约见时，如果做到以下几点，你约见成功的可能性将显著增加：

- 牢记首要任务是争取面对面的会见。
- 说明你在潜在客户所属的特定细分市场的经验和专业知识。
- 快速说明为什么花时间同你见面符合潜在客户的最大利益

("增值")。

- 无论何时,尽可能给予真诚的赞美。
- 请求约见。

记住,约见的目的是建立私人联系,这将为与潜在客户发展牢固的关系奠定基础;反过来,这也将成为一个催化剂,让潜在客户将至少部分资产转交给你打理。为了在约见中建立联系,关注潜在客户的需求以增加服务的附加价值。这就是为什么细分市场营销、细分市场背后的研究以及你的专业知识如此重要的原因。当潜在客户与你会面时,你为其带去的价值是建立在你对其需求的理解之上的。

你在会面前对潜在客户了解得越多,就越有理由证明潜在客户应该同你会面。如果你同潜在客户有共同的熟人,那将进一步增加约见的价值。以下是一些话术,当你联系潜在客户安排约见时,你可以增加潜在客户的价值获得感。

争取约见的话术示例

"[企业主]先生/女士,我是XYZ金融机构的理财顾问乔。打这个电话是想说,我知道您是一位成功的企业家,一直在努力增加资产,而我专门致力于帮助企业家挣得更多利润。我知道您非常成功,如果有幸能与您会面,我确信我可以向您展示,我将如何增加您的收益。您下周四有空见我吗?"

"[企业主]先生/女士,我是XYZ金融机构的理财顾问简。之所以打这个电话,是因为我专门与像您这样成功的干洗店企业家合作。我注意到,您的企业被商会认证为所在社区中的顶级企业之一,恭喜您了!我了解您的业务,并且我确信,如果有幸见到您并了解到更多您的情况,我可以向您展示一些增进收入的方法。下周四我会拜访宝地,我们可以安排一次简短的见面吗?"

"[潜在客户]先生/女士,我是XYZ金融机构的理财顾问乔。之所以打电话,是因为我曾经做过跟您现在一样的工作。如果我当时就明白我现在懂的这些,那么我的业务和投资都会更好。我知道您很成功,并且可以受益于我这样了解您的职业/业务/行业动态的人。如果您能给我一点时间,我相信我可以给您提供价值。下周四您是否方便?让我面对面地为您简短地介绍一下。"

如果你是对应的某特定行业的前企业主,可以采用以上话术。

"[企业主]先生/女士,我是XYZ金融机构的理财顾问简。之所以打这个电话,是因为我专门与像您这样事业成功且收入丰厚的高管合作。我明白您的递延薪酬、股票期权、养老金计划非常复杂。如果有机会,我知道我会为您提供有价值的信息,帮您最大化收益同时最小化税负。您周四有空听我做一个简短的介绍吗?"

"[曾经的联系人]先生/女士,我是理财顾问乔。我希望有机会与您重新建立联系。无论是您的专长还是您的为人,我一直都很敬重。我现在就职于XYZ金融机构,这家公司为员工提供的培训以及为客户提供的独特的财富管理业务令人印象深刻。我希望有机会拜访您,从而更加了解您的情况,看看我是否可以为您提供价值。您愿意见面并借此机会恢复联系吗?"

"[潜在客户]先生/女士,我是XYZ金融机构的理财顾问简。公司任命我来服务您所在的社区。您作为成功的企业家/专业人士/个人而一向享有盛誉,所以我希望与您见面,向您请教,如何最好地融入贵社区。我也可以为您提供我司以及我司所有资源的联系渠道。下周四我会拜访贵社区,您是否有时间让我做一个简短的介绍?"

"[投资者]先生/女士,我是XYZ金融机构的理财顾问乔。之所以打这个电话,是因为我知道您是一位成功的投资人,因此自荐成为您与我司的联系人。我们拥有出色的研究、丰富的可投资债券以及非常广泛的产品线。我知道，长远看来我会成为您很棒的资源，再不济我也可以提供另一个角度的意见。下周四我将拜访宝地，并希望安排一次简短的介绍会，届时您方便吗？"

"[注册会计师/律师]先生/女士，我是XYZ金融机构的吉姆·史密斯。我正在发掘市场上最好的注册会计师，并与其建立职业关系。随着我的业务不断发展，与合适的专业人士建立人脉网络成为我的重中之重。我也相信，将来我们有可能共享彼此的客户。我希望有机会与您见面，增进对您业务的了解。什么时间方便让我们聚一聚来一场介绍性会面呢？"

话术必需的四大要素

这些话术有四个共同点：

（1）**专业化**。理财顾问将潜在客户的需求或情况与理财顾问的专长、专业知识、经验联系了起来。

（2）**认可**。理财顾问称赞了潜在客户的成功或声誉。

（3）**价值**。基于潜在客户当前的情况，理财顾问迅速阐明了其如何为潜在客户提供价值。

（4）**承诺**。理财顾问寻求一个简短的介绍性约见的承诺。

这是大多数首次联系为了争取到约见而应该具备的四大要素。需要注意的是，某些营销行动计划需要更柔和、更渐近的方法；这些行动计划的例子包括"合适的地点－合适的人"人际社交法，主要通过参与组织团体或领导非营利组织实现。

如果在联系中融合了这些要素，结合经验和练习，你应该平均每联系10个人就能约见1人次。这将是你使用的技能包的平均成果。例如，罗乐德斯名片盒法大约每联系10个人就能约见5人次，而陌生销售电话每联系 20 个人就只能约见 1 人次。如果就像你在实际生活中那样使用多种技术，你的联系/约见比率平均在 10∶1 左右。

- **基本事实：**
  你为了争取约见而联系的人越多，你的联系/约见率就越高。

获得首次约见的经验越多，成功率就越高。我们的业务与其他事情一样，熟能生巧。经验多了，技巧、流量也就水涨船高了。如果理财顾问联系了多人争取约见，其争取或获得约见时自然也会更加放松舒适。重要的是，牢记这份业务的高拒绝率/高回报率的动态（参见第 2 章）。如果你组合不同的细分市场计划，得到的联系/约见比率只有 10∶1，那也可以接受；为了给百万美元的业务奠基，每周必须要约见 8 位新的潜在客户；如果是 10∶1 的联系/约见比率，你得每周联系 80 次，或者每天 16~20 次，才能发展一项百万美元收入的业务。

自信的风格让结果更好

练习和经验会改善结果的原因之一是，你的信心会与日俱增，并养成更流畅的风格。这些电话联系应该友善、轻松、充满折中让步，并在可能的情况下保持幽默。自信的风格能够体现出经验，而经验正是潜在客户梦寐以求的。紧绷、背台词一般、紧张的风格会折射出经验与安全感的缺乏，这并不符合潜在客户对未来的理财顾问的要求。只有苦练培养经验才能放松与自信。

对于大多数理财顾问而言，如果你勤奋练习，已经联系了几百次，那么你在 3 个月内将具备足够的信心。如果为了发展百万美元业务而每周有效联系 80 次，那么在 3 个月内你将联系大约 1 000 位潜在客户，在 6 个星期内大致 500 位。

当被拒绝

你需要知道如何面对被拒绝。你应该像黑带武术大师一样,提前预判并以训练有素的手法挡开对手的招式(在这个情境下就是拒绝)。潜在客户总是以可以预见的方式拒绝,你可以提前准备如何接招。

"不"是一种常见的拒绝,但你会碰上不同形式的拒绝。遇到陌生人约时间见面,大多数人的回答是"不"。就好像走进一家商店,店员问:"我能帮您吗?"即便需要帮忙,我们第一反应也是:"我就是看看。"在金融服务业,一开始联系潜在客户也是一样的。很多情况下,无论是否有需要,潜在客户都会条件反射性地回答:"不,我不感兴趣。"关键是你应针对拒绝做好准备,并论证为什么在尽可能短的时间内与你会面对他有用。

在某些情况下,潜在客户很难直接表示拒绝,所以暂时松口而转移你的注意:他们会要求你发送材料或过会儿再打。所有这些潜在客户在做的都是在推迟拒绝。理财顾问陷入这样一个陷阱,他将宝贵的时间浪费在跟进毫无兴趣的潜在客户身上,他们永远不会应允约见。你应该要么争取约见,要么继续联系下一位你可以争取约见的客户。以下是最常见的拒绝形式以及应对方法:

潜在客户:我现在没时间见你。

理财顾问:我知道您很忙,大多数成功人士都是。因为与您会面是我的首要任务,我的工作会围绕您的时间表开展。请告诉我一个日期和时间,我会尽可能按照您的时间表安排我的日程。哪天的哪个时段最适合您?

潜在客户:我现在没钱投资。见面只会浪费你的时间。

理财顾问:我没有期待您会立即投资。我唯一的目的就是开个简短的介绍会，让我们彼此见面，以便我进一步了解您的情况。日后如果您认可我提供的价值，而且您也觉得合适的话，我希望我能在您的业务中占有一席之地。

潜在客户：我已经有人服务了。我有理财顾问。

理财顾问：如果您这样的成功投资者还没有理财顾问，我才会惊讶。我只是想开一个简短的介绍会，让我们面对面建立联系，以便我更了解您，看看我是否能为您当前的情况增加价值。至少，我也可以对您目前的情况提出另一个角度的意见，听一听是个比较审慎的做法。我同时还能提供我司的大量资源与才智，所以我自信可以为您当前的情况提供价值。

潜在客户：我现在不想见你。

理财顾问：我只是想快速建立联系，详细了解您的情况，以便我完全免费地为您提供我的时间、资源、研究和才智。我相信，随着时间的推移，我可以为您当前的投资情况增加价值。

这些答复会涵盖你将收到的 90% 的拒绝。潜在客户不会事前就想好拒绝，这仅仅是条件反射。做好准备并练习回复拒绝，你可以经常扭转拒绝并将约见率提高 25%。如果潜在客户对你的回复再次拒绝，结束通话前可以询问潜在客户是否认识其他人，可能有兴趣结识诚实、勤奋的你。

回到我们的零售店员的例子，应用"拒绝"章节中说明的原则，想象这样一个场景：顾客走进商店，听到店员问"我能帮您吗"，便回答"不，我只是看看"。店员事前就知道，这是 99% 的进店顾客都会回复的话。有鉴于此，店员为该回应做好了准备，便说："那您慢慢看，但如果您感兴趣，我可以给您介绍一下降价和打折的商品。"于是顾客回答："好啊！"店员因此有机会与顾客进行对话，并增加了完成一单的销售概率。

重新联系不愿会面的潜在客户

在你尝试扭转拒绝之后，如果潜在客户仍然不感兴趣，则应该请求转介绍，然后继续推进。通过精心排练过的联系，你向潜在客户请求最短的会面时间，以便为其提供价值，但如果仍未说服对方，那对方就不再是潜在客户，你应该收回他的名字，几个月后再联系。之所以之后你可以再次联系他，是因为其环境可能已经变化，且接受度法则（即随着环境变化，同一个潜在客户可能变得更加乐于接受他人）可能适用；因此，有充分的理由在几个月后重新联系潜在客户，再次争取约见。合格的人太少，所以不要轻易放弃一个优质的潜在客户。

但是，与不给约见机会的潜在客户保持跟进是毫无用处的。对于未承诺约见的潜在客户，在约见之前发送跟进邮件或开展任何其他跟进活动都是浪费时间，除非潜在客户对约见流露出兴趣，但确实无法在未来数周内约见。这种情况下，最好重新联系潜在客户，找个更方便的时间（30日以内）安排约见。太多潜在客户将要同你会面，你不能在那些不会见面的人身上浪费时间。请继续前进。

遵守约定见面

在约定见面到实际见面之间，很多潜在客户会改主意，但因为见面已经约定，大多数潜在客户还是会遵守约定——他们之前承诺如此。一旦潜在客户承诺了面对面见你，大多数情况下，他会恪守约定。

不要重新确认见面的约定，因为这样可以给潜在客户轻松毁约的借口，对方可能会取消约见。

会见多少位潜在客户

你应该预测，见到你的潜在客户中有一半会转化为合格的潜在客户，也就是见了面、承诺再次约见和/或回电。合格的潜在客户是你未来的客户，如果你以正确的频率跟进，其中25%的人应该会在12个月内成为客户。

在你的潜在客户渠道中，合格的潜在客户人数总计不能超过100位。你无法合理地联系并服务超过100位潜在客户。一旦你的潜在客户渠道中凑齐了100个人，就应该用更合格的潜在客户替换可投资资产最少的和最不可能开展业务的人。如果你是一名资深的理财顾问，你的潜在客户渠道最多只能容纳50个人，因为这些潜在客户通常更有资格，而你对潜在客户的最低资质要求也会更高。

在你从业的前2年，每周应该至少会见8位新的潜在客户。这个目标有挑战性，但完全可以实现，没有放弃的借口。正如我之前所述，基于10∶1的联系/约见比率，需要每天联系15~20个人（不是打电话次数）才能达到该目标。

在从业的第3~5年，理财顾问的目标应该设定为每周约见4位新的潜在客户；至于从业6年或以上的有经验的理财顾问，目标应该设定为每周约见1~2位新的潜在客户。基于10∶1的联系/约见比率，这两类理财顾问分别需要每天联系大致10个与5个人才能达到该目标。

重要的是，你要知道，许多富裕投资者没有被服务好，其对现任理财顾问也并不完全满意。你的目的是争取约见投资者，论证为什么最好舍弃现任理财顾问而选择你，以及你如何为其当前的投资状况增加价值。你要将自己定位为理财顾问序列中"强有力的第二名"。即便投资者在短期内不会开设账户，你也要把自己定位为下一个为其开设账户的人,紧紧排在潜在客户的现任理财顾问之后。要知道,第二名的位置很具竞争力。

既然约定了会面,在会面中怎么做呢?这是你千载难逢的机会,借此你可以与潜在客户建立联系,从而未来使他成为客户。怎样做到这一点呢?答案请参见第6章。

小结

- 从职业生涯的第一天起,尽可能多地与新的富裕潜在客户约见,目标是每周至少8个人。
- 除非面对面会见,否则你无法与富裕的投资者建立合适的关系。
- 发展新客户的首要任务是争取约见。
- 推迟首次面对面会见的任何营销活动都是浪费时间。
- 如果你立即专注于争取约见,你的联系/约见比率将高得多。
- 大多数潜在客户没有被服务好。关键的第一步是要通过约见使自己一只脚踏进门,并将自己定位为潜在客户业务线上理财顾问的第二名。
- 联系前,花时间预审核潜在客户的资质。如果那样不现实,或者你想验证其资质,可以在首次联系期间进行。
- 除了争取约见,不要被任何话术支开。如果不能说服潜在客户见面,就暂且从名单上收回该客户的姓名并继续前进。
- 潜在客户的最低资质是资产额大于10万美元,如果客户超过100人,最低资产额应当大于按资产额降序排列的第100位客户。
- 陌生推销电话请求约见可能见效,但这是所有直接营销方法中联系/约见比率最低的方式之一。
- 与潜在客户的首次接触都应具有四大要素:专业化(针对潜

在客户的情况）、认可（潜在客户的成功）、价值（潜在客户与你会面能获得什么好处）和承诺（会见）。

- 你应当预见并准备好应对潜在客户可能表达出的拒绝会见。如果你的应对不起作用，则请求转介绍，然后继续推进。愿意见你的潜在客户多着呢。
- 放松、自信的风格对于成功争取到约见至关重要。这一素质来自练习和经验。
- 每周约见目标：

从业年限2年以内，每周最少约见8位潜在客户；

从业年限3～5年，每周约见4位潜在客户；

从业年限6年或以上，每周约见1～2位潜在客户。

- 你约见到的联系人中，大约一半会满足你的最低资质要求且同意第二次约见。这些人是真正的潜在客户。
- 潜在客户渠道中的合格人数不应超过100人。（这是针对从业年限2年以内的顾问；从业年限3～5年的理财顾问不超过75人，而从业年限6年或以上的理财顾问仅需要50人。）
- 潜在客户渠道满员后，只有从渠道末端剔除一人，才能向其中新添一位潜在客户。

第 6 章 约见

首次面对面会见像金子一样宝贵：很难得，但非常有价值。鉴于每次面对面会见的潜在价值，你必须最大限度地用好这难得的良机；为此，你应该确切地了解首次会面需要涵盖的内容：

- 你应该营造融洽的关系，从而建立积极的联系。
- 你应该尽可能收集有关潜在客户的所有信息，并在重要的后续行动中用上。
- 你应该争取再次约见的承诺。

你可以用同样的技巧——多提问题——实现所有这些目标。

正确地开始

作为潜在客户的客人，你要请求向她提问的权利，因此应该以简短的介绍开场，从而让潜在客户了解议程。以下是一些开场的话术：

"［潜在客户］先生/女士，感谢您抽空接见我。从我的角度来说，这次见面是为了有机会更好地了解您，尽可能多地分析您当前的投资情况。希望通过增进对您情况的了解，我能够顺利跟进，并为您提供切切实实的价值。正如我在电话中提到的那样，我自信可以为您的现状增加价值。对我而言，实现这一目标的最好办法就是问您一些问题。我知道您很成功，您可以同我分享一下您的故事吗？"

"[潜在客户]先生/女士，我知道您很成功，而且我知道您的时间非常宝贵。通过加深对您情况的了解，相信我可以为您当前的财务状况增加价值。为此，最好的方法就是向您请教关于您现状的一些问题。您可以同我分享您的故事吗？"

"[潜在客户]先生/女士，我知道您是位成功人士，而且还是个大忙人。通过为您付出我的时间和我司的资源，我希望，一段时间之后，我可以接手您的一部分业务。对我而言，开始服务的最好方法就是向您请教财务现状相关的问题，在您不介意的前提下尽可能多地提问。我可以问问您的故事以及您是如何成功的吗？"

"[潜在客户]先生/女士，感谢您今天的宝贵时间。我知道，既然您是成功人士，您的时间肯定非常宝贵。我的目标是，假以时日，成为您现任理财顾问之后、理财顾问序列中强有力的第二名，并向您免费提供渠道以联系我和我司的资源，从而在将来接手您的部分业务。为此，我要问您一些问题，了解下您的财务现状和长期目标。"

重要的是，你的方法不能看起来跟审讯一样。可以从更温和、更笼统的问题开始，逐渐过渡转换为直接的问题。在此过程中，确保掌握场面上的动态，并根据需要有所妥协。让潜在客户来决定节奏。如果潜在客户想要多说或者细说，那就给他充足的自由。在整个会面期间保持专注，并维持轻松、自信的风格。这必须通过练习和积累经验才能做到。

在适当的时候，可以请求参观潜在客户的业务或企业。潜在客户通常会应允，并且自豪地向你展示他的企业。这是个很棒的建立关系和发掘信息的技巧，你应该尽可能用到。如果谈得顺利，可以请教潜在客户是否认识你应该联系的其他人，并询问如果这个人也在同一处办公，潜在客户有无可能亲自当面转介绍。

提问

　　会见的使命是发掘事实。你所收集的事实将成为后续过程至关重要的基础。如果你专注于向潜在客户提问，你将与其发展出融洽的关系并搜集到业务所需的背景信息。如果让潜在客户多说话，他就会喜欢你；如果你说得多，就会适得其反。大多数成功人士都喜欢讲他们的经历，但往往没人对此真正感兴趣，他们也就没有机会讲个够。把二八定律当作指导原则：80%的时间让潜在客户说话，剩下20%的时间留给你自己说话。这是你留下良好第一印象的机会，尤其是当潜在客户觉得你不仅有经验、自信，而且同时真诚、有同理心。成长为提问大师，你就可以完成以上这些工作。

　　注意，初次会面的两个首要目标就是建立融洽关系，同时收集用来布置后续活动的信息。如果将我推荐的50个问题（见本章末尾）用作指导，就应该能够体察到会见的是否是合格的潜在客户以及其最优先考虑的投资需求何在。自己判断一下，初次会面时应该探讨得多么具体，如果你所建立的关系特别融洽，你可以更具体一些。

　　但如果不是这样，具体的交流不妨稍晚一些。再次提醒，初次会面的第三目标是争取约定下一次会面；如果潜在客户同意再次会面，那你将在下次会面时向他展示你的财富管理业务，并解释其在哪些方面不同于潜在客户大概率投资的方式。如果你合理行事，大多数情况下，你会让潜在客户开始对现状疑惑，促使其开始考虑同你合作是否更加正确。这种情况下，我建议在第二次会面中，你可以概述下之后的步骤，并征求其同意，请求获取一些更具体的信息，如资产金额、具体投资标的、净资产规模、在其他投资公司的投资业务报表，以及确认开展你为其规划的投资业务。

了解潜在客户的个人情况和兴趣

记住我在本章开头声明的三大目标：融洽关系、信息和承诺。实现这三个目标的一种方法是，尽可能多收集有关潜在客户投资状况和个人兴趣的信息，这为后续业务跟进提供了重要资料。弄清楚潜在客户的家庭、婚姻状况和配偶，有多少子女与孙辈，以及这些孩子们的兴趣和活动。弄清楚潜在客户的业余爱好，比如表演艺术、烹饪、打猎、打高尔夫、飞钓或者打网球。所有这些信息将在后续跟进阶段非常有用。个人信息在后续业务跟进中与投资信息同等重要。

随着提问的深入，我强烈建议你注意观察潜在客户的周围环境。照片、奖杯和奖项都是重要线索，透露出潜在客户的兴趣。在诸多问题里面，你可以提及这些兴趣相关的领域，以此建立融洽的关系。这也将帮助潜在客户放松，感觉更容易敞开心扉。每个人都喜欢聊他的个人兴趣爱好。你没法在整个会面过程中一直给予赞美，某些最融洽的关系往往开始于你与潜在客户分享共同兴趣的时候。

陷阱

如果潜在客户问你对市场的看法，你要回答得概括而简短——这还不是打动潜在客户的时候。一定要重回你的目标，收集有关潜在客户的信息。如果潜在客户一直坚持，问了你不擅长回答的问题，可以回复说自己得先找时间研究或思考，之后再回来找他交流。

所有新手理财顾问都会担心，潜在客户会询问他们的经验水平。对此，最好的回应就是诚实，但需要强调公司的资源、研究、知识资本、培训及其独具特色的财富管理业务，而且你将全心全意花时间服务潜在客户。记住，大多数有经验的理财顾问精力很少但收费很贵。新手理财顾问反而有足够的时间向潜在客户提供迫切需要的服务，而且这些服务是潜在客户通常无法获得的。

你如果在会面期间发觉潜在客户的资质不符合最低要求（尽管你已尽全力预审资质），那么就该礼貌地缩短会面时间。如果潜在客户不合格，那么长时间的会面对你或者潜在客户都没有价值。

见面时长

一场成功的会见可以持续 30 分钟到 1 个小时以上。切忌缩短与合格的潜在客户的会面时间。毕竟，机会太宝贵，信息太丰富，很多信息都是无法通过其他方式获取的。

如果在同一天约定了多个见面会，要确保在会与会之间预留缓冲时间，以防会面时长超出预期。你应该永远不迟到，但如果每个小时都约了见面会，你可能不得不做出取舍：要么下一场会见迟到，要么压缩不错的上一场会面（甚至最终两者均未能避免）。

结束会见

结束会见的最好方法是，感谢潜在客户愿意付出时间并分享信息。重申会面的目的，即发掘尽可能多的信息，以便你可以定制理财建议和公司资源，从而为潜在客户的情况增加价值。重申你的观点，你相信假以时日，你将为潜在客户增加价值并希望接手潜在客户的部分业务——再次强调，你的目标是成为潜在客户理财顾问序列中强有力的第二名，免费为其服务。分别前，建议安排第二次会见，彼时你将提出初步想法和建议。要记住，初次会面的一个主要目标是争取与潜在客户的第二次约见，那个时候，你就可以展示为该特定潜在客户定制的财富管理业务。如果你尚且不能安排第二次会面，可以尝试安排一次后续电话联系。

回到办公室以后，为了后续流程的顺利，请务必将潜在客户写入联系人管理系统。

糟糕的会面

你应该预料到，大概半数的会面不会很顺利。在不顺利的会面中，潜在客户会粗鲁莽撞，不论你是真的需要询问还是只为建立融洽关系，就是不给你时间提问，或者可能不配合你的做法。但是，仅仅需要50%的顺利会面就能够让方案奏效。如果遭遇一次糟糕的会面，你应该选择止损，并尽快参与到下一个可能顺利的会面中去。在糟糕的会面中，最好的策略就是感谢潜在客户付出时间，然后抽身离开。

如果潜在客户没有出现，缺席了原本约好的会面，那就留下名片，赶赴约定的另一场会面，事后再回来非正式地拜访一下，看看能否碰上潜在客户。潜在客户的缺席，赋予你在当天随时造访的权利。你如果一整天都碰不上潜在客户，就在次日致电并尝试再重新安排一次会面。

立即跟进

会面的次日，给潜在客户发出一封跟进信。感谢潜在客户，重申约见的目的，并再次确认后续约见。

跟进信

尊敬的［潜在客户］先生/女士：

我衷心感谢您抽出宝贵的时间在周四见我。您和您的成就给我留下了深刻的印象。我知道您的时间非常宝贵，但是借由您付出的时间，我得以了解未来可以如何帮助您。

感谢您愿意再次见面，给我机会同您分享我关于改善投资现状的建议和思路。我的目标是，通过为您提供有价值的点子和出色的服务，日后争取您的一部分投资业务。

再次感谢您给予我拜访的机会。我非常期待下次会面。

真诚的
理财顾问乔

跟进电话

如果在初次会见期间未能得到再次约见的承诺，可以使用这份话术：

"[潜在客户] 先生/女士，我是 XYZ 金融机构的理财顾问乔。再次感谢您昨天拨冗接见。根据您提供的信息，我想向您提供一些建议，我相信这些建议具有价值。"

当你说完最后一句话之后，立即做出以下表示：
- 愿意为其免费设计一个方案。
- 分享最合乎时宜的一两个行动步骤。
- 建议再约见一次，以更详细地检视其情况。

大多数潜在客户不会在首次约见中就成为你的客户。你已经设置了最有可能成功的条件，以使他们成为客户；但是之后还得做适当的事情，才能让他们最终完成转变。第 7 章将包括：这些事情有哪些、该如何做，以及何时做。

50 个样本问题

以下问题仅作为概要准则，供设计会见期间的问题参考。你可以而且应该做一定修改,以适配个人风格及首次会面的环境。把这些问题当作一个"问题池",可以视你所会见的潜在客户的具体情况从中选择。尽管非必须,我仍建议你记住要问的问题,因为你如果自然地发问而非照本宣科,就会看起来更加轻松且没么正式。同时自然地把你收集的信息当作笔记记下来。

我建议,问到不同大类的问题时,按照大类问题的给定顺序提问。个人信息问题更容易回答,有助于建立融洽的关系,使潜在客户之后更容易回答财务问题。我还建议,在特定类别的问题中,先问一些不太个人而偏笼统的问题,然后再问一些个人的更具体的问题。

基于不同环境和潜在客户,尽管可以添加更多具体问题,但如果潜在客户正在丧失耐心或者好像在赶时间,完全可以少问几个问题。你需要依靠你在目标市场中的专业知识,来设计更具体的新问题。可能需要新问题的对象包括:企业主、高管、退休人士和专业人士等。

个人信息

(1) 您在哪里长大?您是怎么来到 [这个城镇/城市] 的?

(2) 您住在哪里?您在那里生活多久了?

(3) 您在哪里上学?

(4) 您是如何投身于这个事业的?

(5) 您是否参与了什么社区、服务或慈善团体?

(6) 您是否属于任何社会组织(如乡村俱乐部)?

(7) 您在业余时间做什么(业余爱好)?

(8) 您是否有您乐于合作的注册会计师和房地产规划律师?

投资信息

（9）您投资的哪些方面令您彻夜难眠？

（10）您的长期个人投资目标是什么？

（11）您的短期目标是什么？

（12）关于投资现状，您喜欢哪些方面？

（13）关于您的投资，如果可以的话，您会改变什么？

（14）您如何评价自己的风险承受能力？

（15）您最优先考虑的投资是什么？

（16）您认为可接受的长期回报率（年化的百分比）是多少？

（17）您目前的资产配置是什么样的？

（18）您是否已经有一个成型的理财方案？您有没有照做？您对最近一份理财方案怎么看？

（19）为了满足短期现金流需求，您是如何投资的？

（20）您对自己的投资有多满意？

（21）您目前的理财顾问在哪些方面能做得更好？

家庭信息

（22）同我谈谈您的家庭。

（23）您结婚了吗？

（24）您有子女吗？孙辈呢？

（25）他们多大了？

（26）您预计您的子女/孙辈会上大学吗？您希望他们上哪所大学？

（27）您是否为他们的教育设立了基金？您对相关的成本了解吗？

（28）您的父母还健在吗？您预计需要赡养父母吗？

（29）您有什么为孩子送礼物的计划吗？

（30）您的投资决策，您的配偶怎样参与呢？

（31）您的配偶投资的目标和风险承受能力跟您一样吗？

退休信息

（32）您预计什么时候退休？

（33）您办理了什么养老金计划为退休后的生活做准备吗？

（34）贵公司有养老金计划吗？您参加了吗？

（35）您参与个人退休账户（IRA）① 或罗斯个人退休账户（Roth IRA）了吗？您的配偶呢？

（36）您是否偏离了您的退休目标呢？

（37）从现在到您退休的时候，您要求多高的保本投资回报率？

（38）您预计退休后每年需要多少钱来维持生活品质？

保险与遗产规划信息

（39）关于死亡或伤残的风险，您办理过什么保险产品吗？

（40）您拥有什么类型的寿险保单呢？

（41）您最后一次检视您的寿险保单是什么时候？

（42）如果您或您的配偶遭遇不测，您是否制订了遗产分配计划？

（43）您是否准备了家族信托或遗嘱？您上次检视是什么时候？

---

① 即 Individual Retirement Account，这里指美国为个人提供的一种税收优惠型退休账户。——编者注

(44) 自从您上一次检视寿险保单和养老金计划的指定受益人以来，已经多久了？

(45) 您或您的父母（若健在）有长期的医疗保险吗？

(46) 您是否致力于某个慈善基金？如果是，您是否有慈善捐赠的计划？

负债信息

(47) 您有房贷吗？贷款期限多久？自打您贷款以来已经多久了？

(48) 您有房屋净值信贷额度①吗？利率是多少？

(49) 您还有其他信贷额度吗？您需要按什么利率支付？

(50) 您有二套房吗？如果暂时没有，您有计划买吗？

备选：净资产

(51) 您愿意告诉我您的净资产额度吗？

(52) 其中有多少是可投资资产（权益、固定收益、现金）呢？

(53) 您的房地产投资权益值多少钱？

(54) 您其他类型的投资值多少钱？

(55) 您的负债有哪些？金额是多少？

最后，询问潜在客户，是否还有他想讨论但您未提及的事宜。

小结

- 会面的目标是建立融洽的关系、建立联系，收集个人信息与

---

① 指美国的一种抵押贷款形式，申请人以自己拥有的房屋净值做抵押，向银行申请信用额度，申请到的额度没有贷款目的限制。——编者注

投资信息并争取下一次会见。

- 实现会面目标的最佳方法就是，先陈述一个简单的框架，然后提问。
- 轻松、自然、自信的风格对约见很重要。您需要实践和经验以实现这一目标。
- 预见到半数会面是顺利的，要接受已发生的糟糕会面。如果会面糟糕，就准备好迅速礼貌地离开。
- 在任何情况下，都不应该在首次会面时做流程展示。第二次会面时，你才能展示你的财富管理流程，并介绍与你一同投资将获得什么样的体验。
- 如果合适，参观一下潜在客户经营的业务。
- 注意周围环境——这是潜在客户主要兴趣的线索。尝试与这些兴趣领域建立联系，并在提问时提及它们。
- 个人信息可能与投资信息一样有价值，并且可以发现重要的后续跟进领域。
- 一个顺利的会面将持续半小时到一小时。如果与合格的潜在客户谈了更长的时间，也不用急于收场。
- 如果潜在客户不合格，就尽可能缩短会面时间。
- 请求潜在客户同意在一周内再次会面跟进，根据你收集的信息，提出你的想法，并提供初步建议。
- 次日发出一封邮件，感谢潜在客户付出时间，回顾会面的目的，承诺继续推进，并向潜在客户提醒后续会面。
- 将潜在客户写入后续跟进流程的联系人管理系统。
- 准备好你的50个问题，无论何时尽可能记住它们，这有助于营造更轻松自然的气氛。

第 7 章　把潜在客户转变为客户

在第 6 章，我已经说明，你在首次约见过程中要达到的目标之一就是争取接下来的第二次约见。如果你已经搭建了良好融洽的关系，提了问题，你就已经为第二次约见做好了铺垫。

第二次约见

第二次约见是你的机会，可以展示你能如何改进潜在客户的投资体验。在第二次约见中，你可以使用首次约见时收集的所有信息，向潜在客户做一次定制化的展示，解释为什么他转而与你合作更好。记住以下几点：

- 展示不应该太久——理想的时长是大约一个小时。
- 展示可以是正式的，也可以是非正式的，只要你觉得对特定的潜在客户合适就好。

在这一展示中，简要地介绍一下：

- 你的身份背景以及你如何与客户合作。
- 你向客户提供的价值以及你在哪些方面与众不同。
- 你的财富管理流程。

- 你拥有的可改善潜在客户投资体验的工具和资源。
- 之后的可能步骤，在多数情况下应该包括实现一项理财规划。这一理财规划使你能够开始深入的尽调过程，并搭建重要的情感联结，以为长期信任关系打好基础。

另外，但凡可能，请求查阅潜在客户的投资账户清单。这样，无论之后是要为潜在客户开办账户，还是定位后续跟进流程，都为相关的工作打下了基础。显然，不是所有潜在客户都会愿意继续采取下一步行动并开办新账户。事实上，大多数人一开始都不会愿意——就在此时，你要用到我在本章列出的方案，将潜在客户转化为客户。这一方案的重点是月度联系以及非正式拜访。然而，我不得不提醒一下，必须保持耐心：正确地执行完这个方案，可能需要 6~12 个月的时间，从而将 12%~25% 的潜在客户转化为客户。

怎样算一位合格的潜在客户

我告诉新手理财顾问，潜在客户应该有至少 10 万美元可投资资产，而目标潜在客户得有至少 25 万美元。你当前的业务越多，这一阈值就应该越高；而有经验的理财顾问的首要原则就是，相较于其按可投资资产降序排列的第 100 位客户，每个新的潜在客户都应该拥有更多的可投资资产，并且至少要高出 10 万美元才能视机会转为客户。

当你相较于其现任理财顾问提供了更好的服务且搭建了更好的关系时，潜在客户将转变为你的客户。营销的目标就是，在尽可能短的时间内完成这一转化。如果你每月与每个潜在客户联系至少两次，你就会实现这一目标。

- 基本事实：

如果一位合格的潜在客户信任且欣赏你，相信你将会比其现任理财顾问做得更好，那么他就会成为你的客户。

每月联系每个潜在客户 1~2 次足够搭建关系，但又不至于频繁得过于激进。有时，潜在客户会请你每月进行 1 次以上的跟进或交谈；如果潜在客户已经准备好立即采取行动，则更加频繁的联系就是合适的。每月与每个潜在客户的两次联系中，一次是与潜在客户的月度联系，另一次是非正式拜访。

与潜在客户的月度联系

与潜在客户的月度联系很可能是营销方案中最重要的部分。在深入探讨这些联系的机制之前，重要的是要花时间了解正确的思维方式和目标。

这些联系的目的是与潜在客户搭建关系，并培养这样一种观念，即相较于现任的理财顾问，你将提供更高水平的服务并且更能量体裁衣地协调潜在客户的需求。联系方式可以是打电话，也可以是发送电子邮件或纸质邮件之后电话跟进。（个人造访属于非正式拜访。）

同潜在客户见面后，你就已经能够判断出其投资与个人目标。比方说，假设你同潜在客户首次会面时发现以下情况：

潜在客户是一家上市公司的男性高管，有意于 5 年内退休。他有 3 个十来岁的孩子，尚未设立大学教育基金。他是个狂热的滑雪爱好者和高尔夫球手，也喜欢棒球。基于这些基本信息，你就可以为他定制一个有效的 12 个月联系机制。第二次会面后，你可以致电他说：

- "打这个电话是想说，我想给您介绍敝公司对贵公司的最新收益预测。"
- "打这个电话是想说，我想同您交流一份新研究报告或观点，有关您所持有的一只股票的评级上调/下调。"

- "打这个电话是想说，我想鼓励您参与我们的理财规划流程并与我们一起制定理财规划。"
- "打这个电话是想说，我想邀请您参加一个讲座，叫作'退休一览表——需要做什么？'。您还认识其他可能有兴趣参加的朋友吗？"
- "打这个电话是想说，我想给您介绍一个大学教育储蓄的方案：529计划①。"
- "打这个电话是想说，我想邀请您下周观看大联盟/小联盟棒球比赛。"
- "打这个电话是想说，我想跟您聊聊刚刚发给您的《高尔夫》杂志上的一篇文章，我认为您可能感兴趣。"
- "打这个电话是想说，我要祝贺您儿子荣登优秀生名单，表彰名单刊登在社区报纸上。"
- "打这个电话是想说，我有个好点子想和最好的客户分享，我觉得您可能会感兴趣。"

这些电话中的每一个都提供了有价值的信息，并戳中了潜在客户的兴趣点。通过倾听和理解潜在客户、响应其需求和兴趣，理财顾问与潜在客户彼此间的关系得以搭建。除非潜在客户的现任理财顾问是最好的理财顾问之一，否则他不会再花时间去做这些他曾经做过的事情——现任理财顾问会认为，大多数客户理所当然会留下。相反，你全心全意为潜在客户服务，而且你的思路一直都在"适配"潜在客户的需求。

任何时候，如果你看到或者想到什么潜在客户感兴趣的，那就给潜在客户发邮件、打电话，或非正式拜访交流一下。假以时日，通常在6～12个月内，潜在客户中的很多人都会断定，对他们而言，离开

---

① 529计划，即一项具备节税功能的金融产品，以储蓄计划为形式，专为投资人应对家庭成员的教育花销而设计。——译者注

现任的理财顾问转而同你合作更好。你为其提供关心与服务，从而赢得了这层信任。

作为通过投入时间跟进潜在客户而致力于成长的理财顾问，你可以利用好另一个基本事实。

- **基本事实：**
  大多数富裕投资者都很清楚，不同竞争者在所提供的产品与服务方面没有太大差异。

投资组合的表现很重要，但并不是全部。服务和关系也很重要：没有良好的关系和服务，只有良好的投资组合表现是不够的；而没有良好的表现，只有良好的服务和关系也不够。成功的营销需要三者兼备。

多数理财顾问以相似的方式管理投资，而富裕投资者往往深谙这一现象。那么，最大的区别就在于关系（信任）和个人服务。紧密的关系、绝佳的服务和良好的表现三者结合，可给予开拓客户的理财顾问相当大的优势。

我共事过的那些非常成功的理财顾问们能够认识到，是信任和服务使他们脱颖而出。他们也因此给予信任和服务最高的优先级。毫无疑问，这些理财顾问已经设计了财富管理流程，并纪律严明地遵行，但他们也深知，根本的差异不在于财富管理流程，而在于关系的深度和服务的水平。大多数顾问并不重视相应的关系与服务；他们的轻视反而给拓展客户的潜在理财顾问带来优势，后者与潜在客户进行月度联系和非正式拜访，切实关注着关系与服务这两个方面。

- **基本事实：**
  多数理财顾问都没有付出足够的时间为其客户服务。

这两个基本事实表明，相较于潜在客户的现任理财顾问，如果你能提供更好的服务，发展更好的关系，你将更有可能成功。对于时间较多、客户较少的新手理财顾问来说，尤其如此。通过付出时间，服务最大管理规模以内的潜在客户，新手理财顾问利用了自身的优势（时间充裕）和潜在客户现任理财顾问的劣势（时间不足）。这一动态是驱动客户开拓的引擎，其将显著提高潜在客户转化为客户的速度。经验更丰富的顾问可能没有那么多时间，但只要专注于最大管理规模以内的富裕潜在客户，这一方案仍然足以奏效。

非正式拜访

非正式拜访指的是，就潜在客户的具体兴趣领域，准备一些研究或纸质材料，通过拜访潜在客户的寓所或办公室，亲手递交给他。每个月对每个潜在客户进行一次非正式拜访。这便将潜在客户能感知到的服务提升到了最高级别。我建议，理财顾问可以查找一些报告、文章或其他有趣的信息，以供非正式拜访时使用。可以在赴约或上班前后，顺道进行非正式拜访。在你拜访时递交的材料上用彩笔做标记、画下画线或加注，从而让潜在客户感受到你为其定制了这一趟拜访。

将潜在客户按地理位置分组管理，这样一来，当你身处特定区域时，就很方便顺道拜访。如果潜在客户在的话，就亲手把材料交给他，并简单地致意："我刚刚正巧想到了您，所以想亲手把这份及时的信息递交给您。"如果潜在客户不在，就附一张便笺纸写上基本相同的话，然后给潜在客户的助理，请其转交送达。这一行动的影响是相同的：潜在客户能够感受到，你花了时间关心他，你找到有关他兴趣的有用信息，然后你亲自把信息递交给他。这是一个强有力的信息，体现了你提供给客户的服务等级。潜在客户会比较从你这里以及从其现任理财顾问那里获取的关注和服务；时间一长，这将让他信服地承认，你是更好的服务者，而且也是时候做出改变了。

我的经验表明，除了环境的变化，服务和关系是最常见的转换催化剂。潜在客户无法比较投资业绩，因其尚未在你这里开办账户；但是，你提供的服务、搭建的关系是可感知的，其可以与现任理财顾问的相应方面进行对比。

我建议，每月为潜在客户渠道中的每一位做一次非正式拜访。对于有经验的理财顾问而言，这将是更大的挑战。在这种条件下，我建议你在可行的时候进行非正式拜访。如果你要拓展一位远距离的潜在客户，这可能也是一个挑战。在这种条件下，可以通过纸质邮件或电子邮件发送信息，但要确保针对该潜在客户定制信息并添加私人问候按语。电子邮件或纸质邮件毕竟不同于亲自拜访，只要可行，非正式拜访仍是首选。

同时储备多少潜在客户

这里的关键是，聚焦于最大管理规模以内的潜在客户。为了尽可能又快又好地经营业务，你必须同时凑齐足够多的潜在客户，以便每个月将 10 位潜在客户转化为客户；但是潜在客户也不能太多，以至于你无法充分跟进服务以搭建坚实的关系。

要想每个月争取到 10 次潜在的机会，每次将至少 1 位潜在客户切实转化为客户，你始终需要在潜在客户渠道中储备 100 位潜在客户（这个数字主要适用于新手理财顾问，有经验的理财顾问至少应储备 50 位）。要记住，对于每一位潜在客户，你需要每月联系两次，一次是非正式拜访，一次是对潜在客户的月度联系。每个月服务触达全部 100 位潜在客户的话，每人 1 次拜访和 1 次联系，则平均每天要进行 5 次拜访和打 5 个电话。我建议的潜在客户的最大管理规模是 100 人，因为这是理财顾问可以处理的数量极限。多于 100 位潜在客户，你根本没有足够的时间来做每一件事情：为首次约见而联系、对现有客户的电话联系、对潜在客户的跟进电话以及对潜在客户的非正式拜访。

新手理财顾问需要大约 6~8 个月的时间将潜在客户渠道的规模积累至 100 人。理财顾问越资深，面临的客户服务需求就越高，因而有精力打交道的潜在客户也就越少；同样，有经验的理财顾问可以更有选择性地挑选客户。但是，我建议，在任何情况下，潜在客户都不要少于 50 人。

一旦有了 100 位潜在客户，就可以在添加新潜在客户时剔除资质最弱的潜在客户。随着时间的流逝，你会提高潜在客户的最低资质水平，以此对潜在客户群进行升级；这将进一步加速你业务的发展，使之成长为百万美元收入的业务。

根据我的经验，一个理财顾问可以维护 100~150 位客户和潜在客户的关系。在这些关系中，50~100 位应该是你的客户，而剩下的 50~100 位应该是你的潜在客户。

潜在客户转化为客户的时间点与原因

- **基本事实：**

  资金划转很容易，现任理财顾问犯错误的机会也很多。如果你是理财顾问序列中的第二名，假以时日，你将有机会"转正"。

潜在客户的现任理财顾问是第一名，而觊觎其业务的你则是第二名。如果你是个强有力的第二名，并且没有其他的竞争对手，那么当不可避免的问题发生时，你就有机会接手潜在客户委托给第一名的全部或部分资产。采纳我所建议的潜在客户发展方案，你会完成所有需要的工作，以便你接手潜在客户与原有理财顾问之间的关系。这就需要耐心和有条理的行动方案，但多数竞争对手却往往缺乏这两项法宝。对于业务成熟的理财顾问，这也应成为其强烈的动力，促使其一直持续发展客户，因为客户流失是不可避免的。

不同于其他行业，在金融服务业，将账户从一家公司迁到另一家易如反掌——大多数情况下，也就是签署转账申请单这么简单。这对开拓客户的理财顾问有好处：如果潜在客户能够确信同你合作更有利，则迁移账户的便利就使其容易给你机会。

金融服务的特殊本质会导致体验上的误区，也就是说，时间一长，现任理财顾问不可能不失去部分富裕客户。最常见的原因包括：

- 每个组织中都有运营上的问题，客户迟早会碰到这些问题。
- 我们这个行业里，客户助理的流动性很高，但客户助理的层次水平也会或好或坏地影响客户体验。
- 公司本身可能会遇到不好的宣传报道，从而影响顾问和客户双方的关系。
- 费率上调可能削弱彼此间的关系。
- 现任理财顾问跳槽、退休或转行。
- 客户受到的关注不如其预期。
- 投资表现不理想。

所有这些因素都可能令潜在客户对其现任理财顾问产生一定不满。

如果你将自己打造为强有力的第二名，随时服务50~100位潜在客户，你就会在某一时间点有机会取代第一名。一方面，对于大多数潜在客户而言，理财顾问序列中第二名的位置没有其他竞争对手，因为其他发展客户的理财顾问早已放弃。另一方面，当第一名犯错时，通过对潜在客户进行的月度联系、非正式拜访和对潜在客户需求的持续关注，你将处于有利地位。

把潜在客户当作客户一样服务

你应该像在意客户一样在意潜在客户,也应该像对待客户一样对待潜在客户。潜在客户是你未来的客户,唯一的区别是其尚未在你这里开展业务。就像问你的客户一样,去问潜在客户请求转介绍,比如他们的注册会计师是谁等。把潜在客户看作客户,这是你对潜在客户进行月度联系与非正式拜访的基础。

- **基本事实:**
  对待潜在客户就好像他们已经是你的客户一样。

当你致电潜在客户进行联系时,最有效的方式之一,就是把你提供给客户的想法提供给他们:

"[潜在客户]先生/女士,我有一个投资方案正在同我最好的客户分享,同时我也想到了您。这个方案是[提供详情],我想知道您是否感兴趣。"

正确的态度

这是指与潜在客户打交道时出现"风格"或态度的重要问题。打从关系建立起,重要的是,你得一直自信、专业、有同理心、响应迅速。如果潜在客户感觉到你的信心,就会做出最好的回应。对于那些汲汲于业务收入而毫无自信的理财顾问,没有多少潜在客户愿意与之合作。

切记,你的目标是拥有50~100位潜在客户。一旦实现这一目标,你的事业成败就不会完全依赖于每位潜在客户。这将予你以信心,成为潜在客户想要与之合作的专业人士。

当你第二次尝试联系而潜在客户仍未回电时,同样的信心也会支持着你。如果你还能联系上这位潜在客户,那就以友好、职业的方式,向其确认是否仍然对你的电话感兴趣,这一点很重要。如果某位潜在客户没有回电话,或者潜在客户说不希望接到你的电话,那就将其从100位潜在客户的名单中删除,然后以新的潜在客户替换。拥有100位合格的潜在客户,你绝不会依赖于任何一位潜在客户。如果潜在客户不合格或没有回电,完全可以放弃他。

在将潜在客户转化为客户的过程中,心理适应非常重要。首次会面后,理财顾问往往激动不已,不只是因为又增加了一位潜在客户,也是因为想到这位潜在客户最终将成为多么优质的客户。这个行业中的多数理财顾问天性乐观,相信事情会往好的方向发展。然而,如果几次跟进电话联系之后,潜在客户仍未成为客户,他们往往容易灰心。在灰心的初期阶段,多数理财顾问都放弃了;而那些采纳我所建议的方案的人,则更容易跻身至潜在客户的理财顾问序列第二名。

快速建立坚实和信任的关系几乎是不可能的。大多数潜在客户会无意识或在某些情况下有意识地试探你,从而寻得下列关键问题的答案:

- 我真的可以信任这个人吗?
- 他会可靠地进行后续跟进吗?
- 我转同他合作会更好吗?
- 他愿意保持耐心吗?
- 他愿意争取我的业务吗?

你应该认为你正在打下基础,将潜在客户转化为客户,而不是感到灰心。如果你正确地奠定了基础,那么你应该在 6~12 个月内将 12%~25% 的潜在客户转化为客户。

替换潜在客户

如果已经付出超过 12 个月的时间,且你也一直执行着对潜在客户的月度联系与非正式拜访的方案,那么你就得确定是否要用新的潜在客户替换当前的潜在客户。切记,极限是 100 位潜在客户。一旦达到 100,必须先完成以下两个选项之一,之后才能添加更多内容:

(1)将相应的潜在客户转化为客户。

(2)放弃相应的潜在客户。

在下列条件下,我建议你放弃相应的潜在客户:

- 如果他不再或不常回复你的电话。
- 如果你确定不想同他合作。
- 如果发现他不合格。
- 如果自你们首次会面以来已经超过 12 个月。

在某些情况下,你可能认为某潜在客户值得保留超过 12 个月。如果你认为他非常合格,并且喜欢同他合作,那么他很可能值得保留。但是,如果你还有其他合格的潜在客户,且你相信他们更有可能在你这里做业务,那么在 12 个月后放弃该潜在客户是有意义的。

你如果考虑在名单里保留潜在客户超过 12 个月,可以通过以下三个问题之一来确定这是否是一个好主意:

"[潜在客户]先生/女士,我们已经合作了一年多,希望我已经让您看到我是怎样把您当作客户一样致力于争取您的业务的。如果是您的话,您认为我应该如何服务您才能更进一步?"

"[潜在客户]先生/女士,一年多以来,我一直在努力争取您的业务,而且我相信作为您的理财顾问,我会做得非常好。为了让我们在业务上一同合作,还需要做些什么呢?"

"［潜在客户］先生/女士，在过去的 12 个月中，我一直很享受与您的合作，并且我相信您也能感受到，我非常希望您能成为我的客户。我希望您可以坦诚地告诉我：您预计我们可以合作吗？如果可以的话，您预计什么时候可以开始？"

关系搭建 12 个月后，所有这些问题都是合适的。如果你已经按照方案执行了 12 个月，那么就已经建立了一种关系，使你有权利坦诚地提出这些问题。潜在客户的答案将决定，在这 12 个月后，你是否要把他继续保留在潜在客户的名单上。

为新手或有经验的理财顾问定制方案

只要愿意拓展客户，处于职业生涯任何阶段的任何顾问都可以运用该方案。然而，具体的数字可以随着理财顾问的经验水平而变化。

（1）刚开始从事该职业（包括从业第 2 年）的理财顾问应该每周约见 8 位新的潜在客户，每人拥有至少 10 万美元可投资资产，且目标潜在客户的可投资资产达 25 万美元以上。这样应该可以促成每周获得 4 位新的潜在客户。前 6 个月之后，理财顾问应该可以每年增加 12～25 个新客户关系。

（2）从业 3～5 年的理财顾问应该每周约见 4 位新的潜在客户，每人拥有至少 25 万美元可投资资产，或多于该理财顾问的排名前 100 位客户的可投资资产，以较高者为准。这将促成每月获得 4 位新的潜在客户与 1 个新的客户关系（每年 12 个新的客户关系）。

（3）从业 6 年或以上的理财顾问需要花时间服务于现有客户，因而只剩下相对而言更少的时间用以开拓客户。不过，仍应该每周约见至少 1 位，理想情况下则是 2 位新的潜在客户，每人拥有至少 25

万美元可投资资产，且目标潜在客户的资产多于现有客户的平均水平。通常，这将促成每年建立 12 个新的富裕客户关系，其中 8 位客户拥有 25 万美元以上的可投资资产，另外 4 位拥有 100 万美元以上的可投资资产，这将带来 1 200 万美元增量资产规模和 10 万美元的增量业务收入。注意：这些新富裕客户中的许多人，将由当前的非富裕客户升级而来。

相较于新手理财顾问，有经验的理财顾问可以花不到一半的时间来开拓客户、约见不到一半数量的新潜在客户，并且仍旧可以与 12 位新的富裕客户建立关系。这主要出于三个原因：

（1）一般来说，理财顾问的经验越丰富，他完成签约的技巧就越高超。

（2）有经验的理财顾问的新潜在客户往往来自客户与影响力中心的转介绍，而这些潜在客户的签约率要高得多。

（3）有经验的理财顾问可以将客户在其他地方持有的资产转入，从而将低资产水平关系升级为高资产水平关系（参见第 11 章），这与导入新的高资产水平关系差不多。

在金融服务业开拓客户是一项低成功率/高回报率的业务。我描述的客户开拓方案将提高潜在客户转化为客户的成功率。这个方案没有魔法，只是建立在构筑良好的关系、服务于最大管理规模的合格潜在客户、定位自己为理财顾问序列中最强有力的第二名之上。该方案必将奏效，应该促成 12%～25% 的潜在客户在 12 个月内转化为客户。假以时日，这些成果将孕育出百万美元收入的业务。

你在金融服务中销售的实际上是一份财富管理流程。对于新手理财顾问而言，财富管理可能是充满不确定性的领域。但其实没必要这么认为。在第 10 章中，我将向你展示如何将财富管理变成让你放心的有条不紊的流程。

与潜在客户进行月度联系的话术

信件（首次跟进联系）

尊敬的［潜在客户］先生/女士：

　　我衷心感谢您周四抽出宝贵的时间见我。您和您的成功给我留下了深刻印象。我知道您的时间很宝贵，但是借助这部分时间，我明白了未来我可以如何帮助到您。

　　我期待我们的第二次会面，从而我可以与您分享一些初步想法和建议。

　　再次感谢您给我这个登门拜访的机会。我希望不久之后可以与您详谈。

真诚的

顾问乔

关于理财规划会议的联络

"［潜在客户］先生/女士，我是XYZ金融机构的理财顾问简。打这个电话，是想请您允许我为您安排一次免费的理财规划会议。我坚信，最成功的投资者不仅清楚自己的财务现状以及理财目标，也会通过一份清晰的计划来实现这些目标。这次初步规划会议将是开启理财规划的绝佳起点（即使您之前已经参加过类似的会议，更新规划也是很有必要的）。如果您愿意，我将花一点时间向您了解一些问题，并在下周与您分享规划结果。您对这样的安排感兴趣吗？"

关于研究的联系1

"［潜在客户］先生/女士，我是XYZ金融机构的理财顾问乔。希望您一切顺利。我最近给您发送了一些研究材料，我觉得您会感兴趣。您觉得如何？［让潜在客户回答。］还有什么其他信息我可以为您提供的吗？您的投资环境有变化吗？您有什么急需我提供的服务吗？［让潜在客户回答。］顺便说一句，我在跟我最好的客户交流一个思路，您可能会感兴趣。［详细信息，例如：'有一个市政债券基金，免税收益率 $x\%$，并且平均久期 X 年。'］您想听听具体细节吗？"

"［潜在客户］先生/女士，您知道我一直希望有朝一日争取到您的部分业务。如果您可以让我知道有什么能帮上忙的，我将非常感谢。感谢您的宝贵时间。下个月我会再跟您聊聊。"

关于研究的联系 2

"［潜在客户］先生/女士，我是 XYZ 金融机构的理财顾问乔。我想为您提供一个好机会，可以从我们的一位顶级投资策略师那里获取周度研究报告。他对市场的见解很深刻。报告通过邮件发送，完全免费。您感兴趣吗？［让潜在客户回答。］顺便说一句，我有一个好点子，想跟您分享一下。［提供具体细节。］"

关于活动的联系

"［潜在客户］先生/女士，我是 XYZ 金融机构的理财顾问乔。我想邀请您参加［有意思的活动、日期及时间］。我觉得这是让彼此增进了解的好机会。我还邀请了一些优秀的客户和朋友。您愿意加入吗？"

关于讲座的联系

"［潜在客户］先生/女士，我是 XYZ 金融机构的理财顾问简。我正准备为优秀潜在客户和客户举办一个讲座，以提供 XYZ 金融机构对当前投资环境的最新看法。我知道我们会涉及您感兴趣的若干领域。[提供日期、时间和地点。] 您愿意参加吗?"

关于投资组合分析的联系

"[潜在客户] 先生/女士,我是XYZ金融机构的理财顾问简。打这个电话是给您免费提供研究分析,覆盖我们在您的投资组合中涉及的所有股票/共同基金。XYZ金融机构提供广泛的研究覆盖范围,我想您可能想知道我们这儿最好的分析师对您当前持股的看法。您感兴趣吗?[让潜在客户回答。] 顺便说一下,我想分享一个投资思路,我觉得您可能感兴趣。[提供详细信息。]"

关于退休分析的联系

"[潜在客户] 先生/女士,我是XYZ金融机构的理财顾问乔。我们可以提供临近退休/退休研究分析,这些分析可用作进度检查清单,以确保您最大限度利用现行税法和保障利益。该研究分析还将检视您的受益人指定情况,以确保相关安排符合您的最大利益。您有几分钟的时间容我问点问题吗?完成对您具体情况的分析后,我将很高兴为您提供相应的分析结果。您感兴趣吗?[让潜在客户回答。] 顺便说一句,我想分享一个投资思路,我觉得您可能感兴趣。[提供具体细节。] 有什么其他信息或服务我可以为您提供的吗?我的目标是尽可能给您提供最好的服务。"

关于赠送图书的联系

"[潜在客户] 先生/女士,我是XYZ金融机构的理财顾问乔。我给您寄出了一本书,我觉得您可能会喜欢,因为这本书为成功的投资提供了绝佳的视角。等您读完,让我听听您的想法吧。顺便说一下,我想分享一个投资思路,我觉得您可能会喜欢。[提供详细信息。]"

推荐书目：

（1）本杰明·格雷厄姆所著的《聪明的投资者》。

（2）艾丽斯·施罗德所著的《滚雪球》（内容有关沃伦·巴菲特）。

（3）杰里米·西格尔所著的《股市长线法宝》。

（4）罗伯特·席勒所著的《动物精神》。

（5）李·艾森伯格所著的《数字》。

小结

- 潜在客户应至少有 10 万美元可投资资产，目标潜在客户则至少应有 25 万美元，或超过你按可投资资产降序排列的第 100 位客户，以金额较大者为准。
- 潜在客户转化为客户的关键是，聚焦于搭建关系并提供比当前理财顾问更好的服务。
- 潜在客户的理想规模在 50~100 人，这取决于你的经验和所服务客户的数量。
- 大多数客户都没有被现任理财顾问服务好，你应该利用这一点。
- 作为新手理财顾问，可以将弱项变为强项：客户人数的缺乏意味着有更多时间服务潜在客户。
- 第二次约见是你进行展示的机会，向潜在客户展现与你合作会更好的前景。这也为后续发展客户奠定了基础。以一份理财规划建议作为第二次约见的跟进项。
- 为了向潜在客户证明你对高水平服务的承诺，非正式拜访是宝贵的技巧。
- 仔细倾听潜在客户的目标和兴趣。保持与其目标和兴趣的联系，从而持续跟进。

- 你将通过关系和服务把潜在客户转化为客户，而不是通过投资业绩方面的竞争。
- 行胜于言。在潜在客户转化为客户之前就满足其需求，从而向潜在客户表明你对服务的承诺。
- 至少每月通过电话与潜在客户联系一次，并在可能的条件下，每月通过非正式拜访与潜在客户联系一次。
- 将自己定位为理财顾问序列中强有力的第二名。在很多情况下，第一名都会犯错误。
- 把潜在客户当作客户一样对待。保持自信，并在不确定的投资环境中发挥领导力。
- 对于从业 0~2 年的理财顾问，本章提供的方案每年应该至少为他们带来 25 位 10 万美元以上可投资资产的高潜质新客户，其中的 12 位还是 25 万美元以上可投资资产的新客户。

第 8 章 新手理财顾问的时间管理

"时间就是金钱。"这句话用在金融服务行业比用在其他任何行业都更贴切。你如何安排你的时间决定了你有多成功。这个行业中有太多的干扰因素和繁杂的信息,你需要强烈的自我驱动力和自制力才能使自己专注于正确的工作。专注于正确的工作可以推动理财顾问实现百万美元收入的业务。正确的工作包括:

- 约见新的、合格的潜在客户。
- 潜在客户电话跟进与会面。
- 非正式拜访潜在客户。
- 致电客户。
- 会见客户。

你应该将大部分时间投入这些工作中,这些工作要求你大胆尝试、拥有强烈的自我驱动力,因为你随时会遭到拒绝,而被拒绝会让你感到挫败。对于新手理财顾问来说尤其如此。新手理财顾问必须将大部分时间用于约见与跟进潜在客户,而在开展这两项工作时,新手理财顾问非常有可能遭到拒绝。

制订每日、每周计划

制订每日、每周计划将帮助新手理财顾问充分利用好营销时间，这是打造百万美元收入业务的重要基础。营销时间是指用于执行营销工作的时间，不包括为营销而做准备工作的时间，这部分时间只用于执行营销计划。下面是制订计划的4个关键要素。

1. 先做最困难和最重要的事情

首先，你必须把完成最困难和最重要的任务视为重中之重。只有意识到这一点，你才有动力安排一整天的工作。把优先级最高的工作完成之后，你就会产生一种成就感，让你知道无论接下来发生什么事，最重要的任务已经完成。因此，每天最先要做的，是能够争取到新的会面。

2. 做一份时间日志

做一份时间日志，记录每一天是如何利用时间的。时间日志是管理时间最有价值的工具，让你清楚地知道自己是怎么花掉时间的，这可能跟你自己以为的并不一样。

我建议你在一天结束时，把这一天中每个小时所做的事情记录下来。在工作日的上午7：30到下午5：30这段时间，你应该至少将70%的时间用于营销，包括执行营销计划、约见潜在客户、赴约、拜访客户和处理潜在客户的跟进工作。

3. 划分时段

你如果在某一段时间内持续做某项工作，就可以熟能生巧，建立持续的动力，而困难的事情也会变得容易起来。这些时间划分称为时段，设定时段，可使你避免被破坏持续性的事情干扰。

最好把这类时段的时长设定为 1 小时。在这个时间段里，全身心投入营销工作中，不要让任何事情打断这项工作。只有非常自律才能做到全身心投入，你必须高度自律，鞭策自己，才能取得成功。

这样的时段之所以让你取得成功，是因为如果你在某一时段只专注于营销工作，你联系的人数会比任何时候都多，能争取到的会面也是最多的。在两个时段之间留下一些空隙，做其他需要做的事情。

4. 提前准备

你需要做好大量的准备才能有效利用时段开展工作：你应该提前准备好即将联系的潜在客户和客户的电话号码，写下并记住所有重要事项，在进入时段前，你需要清楚即将与潜在客户沟通的内容。你可以根据第 4 章的内容，制作一个营销行动记事本，帮助你做好这些准备工作。

新手理财顾问的日程表

建议新手顾问安排 3 个时长为 1 小时的营销时段，每个时段之间休息 10~15 分钟。下面是上午日程表的示例：

```
7：30—8：30    争取新的会面
8：30—8：45    休息
8：45—9：45    争取新的会面，联系客户
9：45—10：00   休息
10：00—11：00  争取新的会面
11：00—11：30  回电话，处理日常行政工作
11：30—1：00   赴约、拜访客户或开展非营销工作，尽量每天安排一个午餐会
```

下午安排大部分时间跟进潜在客户，预约更多的会面，与客户见面，并使用相同的时段原则。以下是下午日程表的示例：

> 1：00—2：00　潜在客户跟进
> 2：00—2：15　休息
> 2：15—3：15　与客户见面和非正式拜访，跟进潜在客户或者争取新的会面
> 3：15—4：30　与客户见面和非正式拜访，回电话，处理日常行政工作
> 4：30—5：30　与客户见面和非正式拜访，电话预约新的会面

按照这个日程表，你至少需要花 4 小时进行营销以获得新的会面，其中实际会面与非正式拜访约占 2～3 小时，潜在客户的跟进约占 1 小时。按照这个日程表，你进行必要的营销活动的时间将占 70%～80%，这样你才能高效地利用时间。

按照这个日程表，一天中你至少可以争取到两次新的会面，赶赴两场会面（去赴约的路上和会面结束后可顺路拜访客户），与 5 位潜在客户开展跟进联系。需要注意的是，通常情况下你需要预约 8 次以上才能与 8 位潜在客户会面。如果潜在客户爽约或取消了会面，你可以把与他们的会面安排在下一周，这样下一周与 8 位潜在客户会面的目标会比较容易实现。此外，你也需要留出一些时间跟进现有客户，我建议你把现有客户的跟进安排在下午，或者在午餐时与他们会面，开展跟进工作。

一个月安排 100 次非正式拜访可能会比较困难。我建议你把非正式拜访与目前的日程结合起来。例如，每次去赴约的路上、上下班的路上都可以进行非正式拜访。把每次非正式拜访的时长控制在 10 分

钟以内，这样你就可以灵活规划，在你做其他事的路上顺便完成拜访。很多时候潜在客户可能会不太方便见面，这时你可以给他们留下一张告知你到访的便条。

按照这个日程表，你有2~3小时回复来电、休息以及处理一些必要的非营销工作。晚上、早上或者周末，你可以做一些诸如撰写投资建议、投资者教育、处理行政事务、规划日程以及为营销提前做准备的工作。按照这样的日程安排，想要打造收入百万美元的业务，在从业的前几年，你每周至少需要工作50~60个小时。看起来你需要投入的时间非常多，然而，任何一个成功的企业家打造自己的事业所付出的时间都不止于此，而你只不过才刚刚开始。

每天都按照这个日程表开展工作是不现实的，因为你可能还要开会、参加培训，完成其他必要的工作，因此你需要灵活地安排自己的工作。然而，不管怎样，你都需要在当天或安排其他时间把落下的营销活动补上。

为了筑牢百万美元收入业务的基础，在从业的前两年，每周你至少需要安排与8位潜在客户会面。在从业的前两年打好基础意味着你需要将大部分时间用于营销。每周至少将35个小时用于电话预约新的会面，安排与新的潜在客户及老客户的会面，电话跟进潜在客户以及进行非正式拜访。

给客户打电话

将潜在客户转化为客户之后，每个月你至少要跟这些客户联系一次，这样你才能实现在从业第2年结束时获得50位客户（每位客户的可投资资产不少于10万美元）的目标。你如果每天要联系3位客户（每个月50位客户），那每天就要花1~2小时联系客户。

你最好在上午9点到11点之间安排两个"1小时时段"打电话

联系客户。当你的客户足够多时,你就可以直接电话联系部分客户,不用特地与他们见面了。在从业的第 1 年,你可能还没有那么多客户,那你就只能安排一个这样的"1 小时时段"。在第 2 年,你预约客户的效率会得到提升,完成 8 次必要会面的时间也会更少,到那时,你已经建立起了自己的人脉网,可以从现有客户那获得转介绍,安排与客户的会面也会容易得多。

每周五的工作

如果周一到周四你按照我推荐的这份日程表开展工作,通常情况下,你的工作内容会包括完成 8 次会面,电话跟进所有的潜在客户。因此,你可以把周五作为一周"拾遗补阙的一天",周五上午最好用来赴约和进行非正式拜访。

另一种日程安排:全天会见

还有一种日程安排是将一周中的某一天全部用于会面。这么做的好处是:

- 你进入"会面状态",通常这会让会面更为高效。
- 时间更加灵活,因此能完成的会面是最多的。
- 这种安排更容易将非正式拜访穿插在赴约的途中。

这种安排减少了赴约途中花费的时间,所以会更加高效。如果你 5 天都需要赴约,那每天都要离开办公室,开车去会面,然后再开车回到办公室。如果客户爽约,你就浪费了路上的时间,而当天的日程也被打乱了。

把所有会面安排在一天需要充分的准备。建议你提前对会面当天的日程进行详细规划:

- 尽可能将会面安排在上午或下午，这样如果会面的氛围不错，你可以灵活地延长会面的时间。
- 把会面安排在相近的地点，这样你就只用在一个区域内活动。打电话安排会面时，可以打给那些彼此住得比较近的潜在客户，这样会面就会比较集中了。
- 查看一下你的潜在客户中哪些人住在同一区域，这样在两场会面的空隙你还可以去非正式拜访他们。
- 考虑把周四定为全天会见的日子，这样你可以根据周一到周三的工作情况安排周四的会面，而且也比较方便调整周五的日程，弥补落下的工作。
- 如果客户爽约，你可以赶赴另一场会面，在当天其他时间再去拜访失约的客户。
- 制作一份会面日志，写下预计会面的时间、谈话内容（提前写好）和可能进行非正式拜访的客户名单等。如果安排合理，可以在10小时内完成8次会面及4~5个非正式拜访。

处理行政工作

大部分新手理财顾问都没有可以协助自己的客户助理，所以要亲自处理很多行政工作。行政工作需要有条不紊地开展。在职业生涯的早期阶段，你还需要做一些基础的工作，如运营和账户开立等，因此你需要从现在开始学习井然有序地处理这些事情。

为了井井有条地处理行政工作，我建议采用下面的流程：

（1）**明确优先级**。与客户服务有关的任何工作的优先级都高于其他行政工作。

（2）**用字母来表明优先级**。每项任务对应一个字母，每个字母对应不同的优先级：

A——最重要的，必须当天完成。

B——重要，必须本周完成。

C——不重要，可以本月完成。

（3）**列清单与归档**。每周列出 A、B、C 等级的任务清单，将对应的资料放入标有 A、B、C 标签的文件夹中。你或你的助理需要将这些资料进行分类和归档。另外，还需要准备一个待办事项的文件夹，待办事项也要按照 A、B、C 等级进行分类和归档。这些文件夹也可以是电子文档。

（4）**审查和分配任务**。你需要与助理一起查看分配给他的任务，看看哪些任务是每周或每天需要做的。分配每项任务时告诉他截止日期，并给他相关文件的复印件。与助理开会时，你们还需要跟进待办事项，以明确这些工作的完成进度。

最好每周与助理开一次会，也可以根据需要每天都与他碰面。如果你没有给助理安排工作或没有助理，只能自己完成所有的事情，那你就需要按照任务的优先级在非营销时间完成它们。如果周五是拾遗补阙日，那就在这一天完成优先级 B 和优先级 C 的工作。

接听电话

接听电话有时也是个需要应对的挑战，语音信箱可以帮你解决这一难题，特别是在营销时段且没有销售支持时，它会十分有帮助。打电话的客户通常都会在语音信箱里留言，但你需要在营销时段的空档查看语音信箱，并确保能及时回电。

新手顾问可以考虑与另一位新手顾问建立"搭档"关系：如果两个伙伴有不同的营销时段，那么一人可以帮助另一人接听电话（假设你没有销售支持）。如果你们与客户会面的时间也不重合，那你的搭档也可以在你赴约时帮你接电话。

培训准备

从你被录用到开始工作之间的培训期，是你明确并制订行动计划的理想时间。需要注意的是：取得执业证书的新手顾问可以在晚上和周末为营销做准备工作。收集人名，进行尽调，练习并背诵会面沟通话术、异议应对和会面提问。

此外，你还要制定你的财富管理流程，制作第二次会面时的演示文稿、跟进潜在客户的流程，学习你选定的细分市场所需的知识，学习运营的基本技能和如何开立账户。用你的营销行动计划笔记本（详见第4章）记录这些信息。如果你在培训期做好准备，那你就有了先发优势——正式开始工作的第一天，你只需按照你的营销计划开展工作即可。

小结

- 为了打造百万美元收入的业务，你需要在开启职业生涯时就好好进行时间管理。
- 每天将大部分时间用于正确的工作：打电话争取新的会面、非正式拜访、赴约、潜在客户的电话与约见跟进，以及致电或看望客户。
- 每天先做市场营销相关的工作。
- "1小时"的时段划分是重要的时间管理方法。
- 你必须做好准备，确保营销时段工作正常进行。营销时段只能用于执行营销计划，不能用于准备计划。
- 新手理财顾问应在每天中午之前，划分3个"1小时"的营销时段，在下午至少划分两个"1小时"的营销时段（包括会面）。

- 如果你按照本章的日程表示例开展工作，那么每天你应该有2~3次新的会面邀约，2场要赶赴的约见，1次跟进潜在客户的会面，5位潜在客户的跟进电话，联系2~3位客户，几次非正式拜访。
- 新手顾问应将每天70%~80%的时间用于营销，每周至少花35小时进行营销。
- 如果每天记录时间日志，那么你就能清楚地知道每天把时间用于哪些工作。
- 按照本章的日程表示例，你可以灵活安排周五的时间，或者把它作为"拾遗补阙的一天"。非正式拜访最好安排在周五上午。
- 每周安排一天专门用于会面会非常高效。你必须很好地规划一天的行程。在这一天安排8次会面、5~10个非正式拜访（每个5分钟）。最好选择周四这天集中安排会面。
- 有时候，新手理财顾问必须负责自己的行政和运营工作。新手理财顾问需要做好规划来处理这些行政事务。
- 非正式拜访是重要的营销手段，但新手顾问必须合理规划才能在紧凑的日程中进行非正式拜访。最好在赴约的路上顺道进行拜访。

作为新手顾问，你现在拥有了为百万美元业务的实践奠定基础所需的全部要素。如果你遵循本书第1部分所述的所有方法和步骤开展工作，那你就为迈向百万美元业务下一阶段做好了全部准备。接下来是随着客户数量的增加，来平衡客户和潜在客户的比例。有经验的顾问也需要了解这种平衡。我们将在第2部分讨论这个问题。

第2部分

提升篇

第 9 章 平衡客户与潜在客户的比例：下一阶段的工作

基础积累阶段应该发展 100 位合格潜在客户，并获得至少 50 位客户，所有客户的可投资资产均超过 10 万美元。理想情况下，这些客户中至少有 25 位的可投资资产在 25 万美元以上。基础积累阶段管理资产的规模应在 1 500 万~2 000 万美元。如果你按照本书第 1 部分阐述的方法开展工作，那两年内就能打好基础，这段时期你最好将 70% 的时间用于营销。

顾问应该为自己打下良好的基础感到自豪，这一点很重要——你已经开发了 100 位合格潜在客户和 50 位客户，而且这些客户的可投资资产在 10 万美元以上，其中还有 25 位客户的可投资资产在 25 万美元以上。光是能成功获取 100 位合格的潜在客户就已经很了不起了，能取得如此成绩的顾问已经屈指可数。

一旦你打好了基础，你就可以采取下一步行动，迈向下一阶段了。现在你的工作重心已经从之前的营销转向营销与服务客户相结合。如果能顺利过渡，那实现百万美元的业务目标就会容易和迅速得多，其实它也不像听起来的那么遥不可及。在这一章中，我将告诉你如何规划。

如果没有奠定好基础，填补这一差距

如果你已经从业多年，但是基础依然比较薄弱，还没有成功开发100位合格潜在客户和50位客户，每位客户可投资资产不低于10万美元，其中25位可投资资产超过25万美元，那么你必须填补这一差距。统计可投资资产超过10万美元的客户，以及可投资资产10万美元以下但未来12个月内有可能达到这一数额的客户，这类客户可满足你在基础积累阶段的需求。我把他们称为你的合格客户。

如果你已经工作3年以上，那你现在的目标应该是结识50位潜在客户，每位客户可投资资产在25万美元以上。对于资深顾问，拥有这类客户的数目较少，因为他的客户的资产门槛更高。不管你从业多少年，目标潜在客户的资产门槛都应该高于现有潜在客户资产门槛的最低标准，可投资资产要在25万美元以上。

用基础积累阶段所需的合格潜在客户数和客户数减去你已拥有的合格潜在客户数和客户数，差额就是为奠定好基础所需填补的差距。你必须投入大量时间进行营销才能弥补这一差距，这是唯一的方法。

拥有合适数量的客户让工作更容易

记住你的客户和潜在客户的总人数应该保持不变——每类客户不超过100人，这一点十分重要。不过，潜在客户和客户的资产门槛都应该随着时间的推移而逐步提高。要达到百万美元收入的目标，你至少要有30位可投资资产在100万美元以上的客户，有70位客户的可投资资产在25万~100万美元，至少有50位合格潜在客户的可投资资产在25万美元以上。至少与25位富裕客户（可投资资产不低于25万美元）建立关系可以为业务带来极大的优势，因为你可以借助这些客户引进更多的资产，获取新的客户。

- **基本事实：**
  用心服务客户将会为你带来更多的资产与新客户。

如果顾问拥有 50 位以上的客户，那他就可以充分借助客户关系挖掘更多的客户。但是如果你没有这一基础，客户数达不到这一标准，那你就不能利用这一优势挖掘客户。你仍需努力工作，但现在你可能已经驾轻就熟，依托现有基础更上一层楼，相比打基础更容易。

以下是四种借助客户关系优势的方法：

（1）争取客户放在其他机构的资产。

（2）争取让客户为你介绍新的潜在客户。

（3）为客户提供更多的产品和服务。

（4）认识客户的注册会计师和律师，把他们作为潜在的转介绍资源。

为了能够充分挖掘客户关系所带来的价值，你必须与客户融洽相处，取得他们的信任，满足他们的需求。换句话说，你必须好好服务你的客户，而优质服务模式的核心便是持续与客户联系。

联系客户的方法

联系客户指带有特定目的定期地联系客户，这样你才能最大化地利用客户关系，深入挖掘客户，获取更多的资产，并获得开发新的潜在客户的机会。在第 15 章中，我将会进一步介绍联系客户的频率及其相关内容。

规划你的时间

如果你每个月要与50～100位客户及50～100位潜在客户联系一遍，那么每天你将联系2～5位客户以及2～5位潜在客户。在你从业3年后，你应该拥有100位客户和100位潜在客户，每天应该联系5位客户和5位潜在客户。如果你的从业经验在6年或6年以上，那你应该拥有100位客户和50位潜在客户，每天应该至少联系5位客户和2位潜在客户。如果你平均每小时可以联系2～3位客户或潜在客户，那你每天至少需要花费3小时联系客户。

- **基本事实：**
  先做最困难和最重要的事情。

牢记这个基本事实中所包含的原则，我建议你在上午8：30到11：30或者上午9：00到中午（根据你公司所在的时区）联系客户。每个工作日的第一个小时给客户和潜在客户打电话，并提前确定每通电话的沟通内容。对于理财顾问来说，根据这个日程联系客户与潜在客户是每天最重要的任务。

如果你在工作日的第一个小时联系完潜在客户和客户后还有时间，你可以做优先级最高的非营销工作。这样，你每天就能在午餐前完成联系5位客户和5位潜在客户的任务，完成最重要的非营销工作，并且可以利用午餐时间和下午与至少1位客户和1位新的潜在客户见面（有经验的顾问一周会见1～2位客户比较合适），准备新的营销会面，处理重要的行政工作。这是经验丰富的理财顾问理想的一天。

如果规划合理，联系和会面工作大概会花费5小时，占你一天时间的50%～60%。尽量把其他工作分配给职能型工作人员，并在日常办公以外的时间阅读和做研究工作。

按照这个日程，每月你至少可与50～100位客户以及50～100位潜在客户完成一次联系。如果联系的频率没有达到一月一次，那你就没有为客户提供周到的服务。这就是为什么客户数量不能超过100人、潜在客户数量保持在50～100人的原因。虽然客户和潜在客户数量保持不变，但客户和潜在客户可投资资产的门槛应该不断提高。

平衡营销工作和客户联系充满了挑战，但这并不是不能做到的。如果处理得好，维护好客户关系，那你的营销成果将会显著提高。

月度客户联系话术示例

"［客户］先生/女士，我是顾问乔，近来可好？希望您和家人一切顺利。您儿子在XYZ大学还好吗？今天打电话给您是为了能迅速地跟进一下您的投资组合［提供细节］。我还想建议您把存放在ABC公司的低收益资产转到我们公司，我推荐您投资我们公司的这些产品［提供细节］。另外，如果方便的话，我还想麻烦您介绍您的注册会计师与我认识，这对于我们俩来说都有很多好处。还有什么您关心的问题是我没有提及的吗？"

这类电话的时长应该在15～30分钟。注意电话内容应包含四个部分：

（1）开场寒暄。

（2）投资组合检视。

（3）开展营销。

（4）请客户提供帮助。

你如果按照这个日程表勤勉尽责地开展工作，那就朝实现百万美元业务的目标迈进了一大步。长此以往，你可能会取得以下成就：

- 新增资产至少1 200万美元。
- 新增6~8位可投资资产在25万美元以上的客户，其中至少两位客户的可投资资产在100万美元以上。
- 提高4~6位可投资资产不到25万美元的客户的资产门槛，至少将1位客户的资产门槛提高到100万美元以上。
- 每年的收入增加10万美元。
- 保持合适的联系频率，深度挖掘客户可以提高你的收入。
- 维系优质的客户，开发忠实的客户。
- 不断提高潜在客户的资产门槛，每年增加新的潜在客户。

随着客户越来越多，你用于营销的时间就会越来越少，因为你将投入更多的时间为客户提供服务，但这不意味着放慢了业务增长的速度。相反，你拥有的客户越多，资产规模越大，他们就越信任你，你的收入就会更高。通过现有的客户关系促进业务的增长有四种方式，我将在第11章介绍第一种。

小结

- 改变工作重点，从而将良好基础发展成为百万美元业务。
- 良好的基础指需要维护50位客户（可投资资产至少10万美元），其中25位的可投资资产在25万美元以上，拥有100位潜在客户（可投资资产至少10万美元）。大多数有经验的理财顾问应该维护50位潜在客户。
- 客户和潜在客户群的人数不应超过100人，但应该提高资产门槛。
- 你应该挖掘现有客户关系来获取更多资产并结识新客户。
- 每月与客户和潜在客户联系一次。最好在上午联系他们。如果你有50～100位客户以及50～100位潜在客户，那你每天应该联系3～5位客户和3～5位潜在客户。

- 每月与客户的联系应该包括3次季度检视和1次年度检视。
- 提前准备好与每位客户和潜在客户的沟通内容，使每次沟通的效果达到最佳。

第 10 章　财富管理

在过去 30 年①中，理财顾问这一职业已发生了翻天覆地的变化。20 世纪 80 年代，类似的工作被叫作"账户经理"，是一份"销售"工作。如今，这一行业的人都被称为"理财顾问"，他们的主要工作是教育和指导每个客户实现其终生财务目标。这项工作更加复杂，更像是患者与医生的关系。在最好的情况下，理财顾问是客户不可或缺的知己，能够对他们的生活产生深远的影响。

随着高净值客户财富的增加和投资成熟度的提高，他们对纯粹的"销售"也更加反感。理财顾问唯一能够销售的是"信任"，通过行动而不是语言来赢得信任。高净值客户期望顾问能深刻理解他们的个人投资目标，理解他们的风险承受能力，具备专业知识和同理心，能指导他们实现所有财务目标。

如果新手顾问在职业生涯的开始阶段便可以认识到高净值客户期待的是专业性、同理心和投资指导，那么他便能在这个行业生存下去。最好的顾问就像是客户的老师，他们吸收处理复杂、情绪化和多变的投资世界，总结出客户能够理解并信任的财富管理流程。客户愿意将资产委

---

① 本书英文原版出版于 2013 年，书中提及时间均以此为基准年度。——编者注

托给信任的顾问进行投资，但客户期望了解也必须了解财富管理流程。

高净值客户还希望他们的理财顾问发挥领导能力，当顾问获得高水平专业知识时，这些更高层次的能力也应相应提升。我们最好的顾问都是从"学生"做起，然后成长为财富管理领域的老师。身为财富管理师，他们从不放弃追求知识和积累经验，从而成功地指导客户。新手顾问从公司提供的知识和资源开始，他们真正关注的是客户的利益最大化。每个顾问的职业生涯都必须建立在这个基础上，因为随着投资者财富的积累，他们对解决方案的期望和要求也将随之提高，以满足他们更复杂的投资需求。

本章是我采访业界最成功的一些理财顾问后整理撰写的，旨在提供财富管理流程的"黄金标准"。无论你是新手还是资深人士，都希望本章能为你提供财富管理流程框架。执行此流程将满足高净值投资者的需求，客户将视你为"值得信赖"的顾问，这个流程框架能让你将工作提升到更高水平。

以下是本章将介绍的"黄金标准"财富管理流程的概述：

（1）信任——一切从这里开始。
（2）价值主张——你有何不同？
（3）投资管理流程——投资机制。
（4）财富管理服务——综合方法。

根据安德鲁·拉德（Andrew Rudd）的说法，财富管理是"一种建立在广泛基础上的综合的理财顾问关系，试图处理家庭财务的各个方面"。据拉德所说，最好的理财顾问知识渊博，能够很好地帮助他所服务的家庭。财富管理流程始于顾问和客户之间建立信任关系。

信任

顾问需要理解的最重要的问题之一是："客户如何选择他们的理

财顾问？"选择过程实际上是基于高净值投资者对特定顾问的信任程度以及客户对顾问所带来的价值的感知。每个人都知道"客户与他们喜欢和信任的人做生意"。

"喜欢"不难，但"信任"则比大多数人所意识到的要复杂得多。你可以制定优秀的业务规划，但要有效地吸引新的高净值客户，你必须首先能够回答一个基本问题："高净值投资者希望理财顾问提供什么？"这个问题的答案很简单："完全信任你的能力。"

根据我的研究和经验，该问题的答案建立在各种事项上，包括能力、道德水平、成为客户生活中的个人利益相关者。

能力

高净值投资者必须相信理财顾问在专业上足够胜任，足以担当起实现其财务目标的重任。这种信任来自顾问阐明财富管理流程，分享经验，向客户告知自己的执业资格，提供参考资料，以及展现领导力和信心的能力。这只能通过在职业生涯伊始便储备知识并致力于持续的专业提升来实现。最好的顾问是将自己的专业转化为可传递的价值，使高净值投资者有信心并信任顾问是能够指导他们实现其终生财务目标的老师。客户变得越富有，就越希望自己的理财顾问是能力出众的。

道德水平

大多数成功人士对自己认识和共事的人的道德水准都有很强的直觉。我相信这不是基于一个人的言辞，而是基于一个人的行为。在许多情况下，一个人的某些小动作，或许连他自己都没意识到，别人却会据此判断是否应该信任他。比如，未能如实告知全部费用，没有践行承诺，过度承诺等。

在金融服务行业中，有一些油滑的从业者损害了投资者利益，这种人的行为流传开以后让许多人对我们的行业产生了怀疑。大多数高净值投资者更加重视行为而非言辞。这些行为包括在客户关系中的付出和在此过程中的耐心，兑现承诺，提供参考案例，保持合规记录并提供透明的价格。特别是对于高净值投资者而言，以简单明了的方式解释费用特别重要。费用和定价的问题将在本章的后面部分专门介绍。

个人利益相关者

当高净值客户认为理财顾问与自己的切身利益息息相关，并深切关心自己的个人和财务目标时，他对顾问的信任度会达到最高。最成功的顾问都致力于与客户建立最深的关系。为了获得最高级别的信任，理财顾问与客户之间的关系不能仅仅局限于专业建议，还要成为客户生活的个人利益相关者。

优秀的理财顾问认识客户的孩子。这些顾问被邀请参加客户和亲人的婚礼、葬礼、洗礼、受戒仪式等。他们去医院拜访客户及其家人，在他们的生日和其他特殊日子致电问候。他们花时间和客户一起做喜欢的活动，在此过程中建立深厚的私人关系。客户遇到好事时会第一个打电话与他分享，需要个人建议或碰到挫折需要安慰时也会第一个给他打电话。理财顾问会升级为客户最受信任圈子的一员。

只有当顾问将客户的利益放在自己的利益之上，并每天通过行动来证明这一点，这种情况才会发生。这也需要花费大量的时间，但最终你会发现这些时间是值得的。一旦顾问成为客户的个人利益相关者，他就能得到想要的一切。顾问可以获得客户的所有资产、业务、转介绍和忠诚度，这是客户对理财顾问最为信任的结果。

费用

高净值投资者通常会质疑理财顾问及其公司对服务的定价。自2008年金融危机以来，尤其如此。收费披露的黄金标准是：从关系建立之初，在进行任何投资之前就完全公开透明。

根据我的经验，客户愿意为价值付出费用，但是缺少价值的定价是他们担忧的。在财富管理行业中，对比受欢迎的打折模式，理财顾问常采用提高定价的方案。但是，高净值投资者愿意为他们感知到的价值支付溢价。我最喜欢的例子之一是酒店业。酒店业提供的服务基本相同——可供你入睡的安全舒适的房间。但酒店的体验和价格却有很大差异。从提供基本房间的希尔顿花园酒店到提供特别体验的丽思卡尔顿酒店。高净值人士愿意为丽思卡尔顿的住宿支付高昂的价格，因为他们获得了有价值的体验。如果高净值投资者认为自己正在获得超值体验，那么像丽思卡尔顿酒店这样的理财顾问就可以收取更高的费用。

在采访一些业内最成功的顾问时，我问他们如何对服务定价。总体而言，一个普遍共识是在当今环境下收取1%的费用是可行的。小客户收费较高，最富裕的客户则较低。应该指出的是，1%是针对主动管理资产收取的费用。现金类资产、被动投资资产与主动管理资产混合在一起时，实际的资产回报率通常小于1%。

但是，业界有位最成功的理财顾问却按照下面的标准收费，而且从不还价：低于1 000万美元（1.5%），超过1 000万美元（1.0%）。

由于具有长期的业绩历史，他觉得自己的定价很合理。他认为，自己为客户提供了优秀的长期回报和出色的服务，这证明了许多人所说的高定价模式的合理性。根据这位顾问的说法，对他的客户而言，定价绝不是问题。在他的案例中，重点是高净值投资者愿意为优质服务付出溢价。

黄金标准定价模型是公开化、简单化和费用化的。收费模式已经取代了20年前流行的交易定价模式。它更符合客户和理财顾问的利益，并具有更高的透明度，这正是信任的基础。基于费用的定价使得顾问的报酬与其实际工作更加相符，即为实现客户的终生财务目标提供最客观的建议和指导。在许多情况下，这意味着不进行交易或将资产转移至最保守的资产类别（如果有保障）。有时也可能需要进行频繁的变动。客户的最大利益就是实现目标，而不应由产品费用或达到目标所需的交易次数来决定。

价值主张

在采访和观察行业中一些最成功的顾问时，我意识到这些顾问越成功，他们对能为客户的生活带来积极影响的信心也越强。这不是一种盲目自信。他们的经验、专长和持续的专业提升为其提供了信心。总而言之，这就是他们的价值主张。

与我共事过的最成功的顾问能够清晰阐明他们的价值主张。我为本书采访的最成功的顾问目前是美国《巴伦周刊》前50名顶级理财顾问之一，这使我对价值主张的重要性有了深刻的了解。当我问他为明确价值主张投入了多少时间时，他的回答是："这就是我每天都在思考的问题。我认为，理财顾问可以回答的最重要的问题就是他们如何带来价值，而且重要的是，他们必须能清晰阐述自己的价值，并说服客户相信他们所带来的价值。因此，我一直都在思考这个问题，对我来说，我带来了四种不同类别的价值。"

我相信他的价值主张可以为大多数顾问在明确自己的价值主张时提供参考：

（1）经验——描述他的经验和他的团队成员的经验水平。

（2）资历——描述他的专业认证和获得的行业认可。

（3）客户服务——描述他对客户服务的投入以及与他合作的客户会获得的服务体验。

（4）财富管理流程——描述客户与他合作时所经历的流程。他强调投资管理流程和模型化投资组合的业绩。他特别重视介绍现金流管理，为客户提供退休后维持其期望生活水平所需的现金流。

这位非常成功的顾问不仅思考了他的价值主张，而且表达能力很强。我敢说任何听到他价值主张的高净值投资者都愿意将所有资产交给他打理。在向我做自我介绍时，他称自己为"金融传教士"，因为他知道，如果客户与他一起合作，他可以为客户的生活带来积极的影响。那些致力于为客户创造高价值的顾问，之所以也能成功获得新的高净值客户与资产，与他们变成金融传教士有着直接的关系。

有主动性的理财顾问为了使自己的业务更上一个台阶，他必须为客户提供可感知到的、与众不同的核心价值服务。这必须包括高水准的服务，为客户全身心的付出，能够提供良好业绩的投资流程，为实现客户终生财务目标的持续建议和指导，以及最高水平的道德标准。一旦明确了核心价值服务，顾问必须能够通过其价值主张阐明他与竞争对手的不同之处，以及他为客户带来的价值。

至关重要的是，按正确的顺序完成这个流程：核心价值服务（财富管理流程），价值主张，业务方案。多数情况下，人们花费太多的时间将重点放在业务方案上，而没有花足够的时间思考核心价值服务（财富管理流程）和价值主张，其实这两者才是推动业务发展的内核动力，也是金融服务业务成功所必需的要素。根据我的研究和经验，我发现最好的财富管理者和最好的资产归集者之间有着直接联系，它们通常是同一个人，具有相同特质。

新手理财顾问可能会对价值主张流程感到担忧，但其实大可不必。在顾问职业生涯早期，其必须依靠公司资源、知识储备和声誉。其还应将资产管理委托给专业资产管理公司和经过验证的资产配置模型。我经常听到这样的表达：你们既是资产归集者又是资产管理者，但你们不能两者兼而有之。我完全不赞同这种说法：你必须能够胜任这两项工作。资产管理可以委托给全职的资产管理人，但是监督和甄选过程却不能委托给别人。

价值主张机制

在制定价值主张时,需要将许多不同的部分结合在一起。这些部分包括:

(1) 建立自我认知——描述你的工作经验、客户感受、人们与你合作的原因以及你的不同之处。

(2) 整理你的价值主张——梳理你的各项工作,并将其作为价值主张元素整合起来。

(3) 传递你的价值主张——概括你的特征,然后将其进一步精简为两句话的介绍性陈述。这通常被称为"电梯游说",因为只需要花费搭乘电梯的时间就能介绍清楚你的价值。

(4) 实施你的价值主张——确保通过已建立的业务流程兑现承诺。

(5) 分享你的价值主张——通过营销材料和业务开发活动传递价值主张。

建立自我认知

自我认知可以通过多种方式来实现。采访你最好的客户,并请他们从自己的角度描述对你的工作的看法。他们认为你最擅长什么,什么事情你可以做得更好,你与他们合作过的其他顾问比较怎么样。最重要的是,你有何不同。写下你收集的反馈,并在适当时与其他团队成员一起回顾分析。然后回答以下问题,这些问题的答案以及客户的信息将为你提供整理价值主张所需的信息。

(1) 我们有什么不同或我们希望有什么不同?

(2) 理想的金融服务是什么样的?

(3) 谁是我们理想的客户?

(4) 作为理财顾问团队,我们的核心价值观是什么(你们相信并坚持的是什么）？

（5）我们正在传递的是什么价值？

（6）我们的长期愿景是什么？

（7）当客户想到我们的团队时，他们首先想到的是什么？

（8）客户最需要我们提供什么？

整理你的价值主张

回想一下我早先在本章介绍过的《巴伦周刊》50强的那位顾问。他把他的价值主张梳理为四部分不同内容：经验、资历、团队与投资流程，以及成果。下列类别或组成部分可以帮你把"典型行动"整合进你的价值主张：

（1）经验。

（2）资历。

（3）投资流程与业绩。

（4）团队。

（5）服务。

（6）专业领域。

（7）道德规范。

（8）资源。

（9）专长。

（10）专注目标与计划。

（11）全面解决方案。

（12）代际规划。

（13）现金流与收入规划。

（14）沟通。

（15）收费制的公允定价。

（16）你的公司。

传递你的价值主张

这么做的目的,就是整合你所挑选的部分成为正式的价值主张,从而概括出你的不同之处,以及你将为客户带来的价值。在你同潜在客户首次会面时,就应该用上这一概括介绍,从而说明你的业务,并描述同你合作会带来哪些体验。你还应该将价值主张用于所有的营销材料(包括印刷品和网站)。你的两句话介绍性陈述也该由价值主张概括中提炼。以下话术包括价值主张概述与其扩展后衍生出的介绍性陈述。

价值主张陈述(例 1)

"我们团队乐意并倡导深入探讨形成一套全面综合的规划,满足客户全方位的理财需求。我们同时服务于客户的代际规划需求,从而为其家族创造宝贵遗产。

"我们团队拥有 50 年以上的丰富经验,团队成员致力于追求最高水平的专业能力,获得了国际金融理财师(CFP)的专业资格。我们团队不仅兼具经验与资历以帮助客户实现目标,而且积极致力于提供卓越的客户服务。

"至关重要的是,我们把客户当作家人一样合作,基于信任与最高水平的诚信构建合作关系。"

介绍性陈述从价值主张衍生而来。

介绍性陈述(例 1)

"我专注于全面解决方案和基于规划的服务,带领我的客户实现理财目标并为其提供代际规划。我们团队的丰富经验、专业技能与热忱服务,是我们为客户带来价值的基石。"

价值主张陈述（例2）

"我们为少数非常富裕的家族提供机构投资经验，构建信托与不动产的最佳配置比例，帮助客户实现财务、非财务和慈善目标。

"我们拥有20年的投资经验，见证了现代金融史上的繁荣和萧条。这一时期内，我们为客户提供了优秀的投资，取得了合理的回报。我们集丰富的经验、专业的技能和优质的服务于一身，为客户带来最优的风险调整收益。"

介绍性陈述（例2）

"我们为客户提供机构投资体验以实现其财务目标。我们积累了丰富的经验和专业技能，从而使我们能够为客户优化风险调整收益。"

价值主张陈述（例3）

"在与成功高管合作方面，我拥有高水平的专长与经验。我专注于为高管面对的独特而复杂的需求提供金融解决方案，包括集中的股票期权、限售证券、递延报酬与遗产规划策略等。

"我的团队致力于为高管客户提供礼宾级服务。我们的首要目标就是，帮助他们创造必需的收入以维持理想的退休生活方式，并为其后代子孙实现资产的保值增值。"

介绍性陈述（例3）

"我们具备经验和专长以帮助高管实现独特而复杂的需求。我们的目标是确保他们享有需要的现金流以维持理想的退休生活方式。"

价值主张陈述［例4（新手理财顾问）］

"我的专长是帮助高净值人士为退休生活做准备，完成从财富积累到财富分配的转变。我所在的公司拥有全面的资源、知识体系与服务，让我能够引领我的客户完成他们的财务目标，并帮助他们规划好退休后所需的现金流。

"我们致力于构建长期合作关系，用行动赢得客户的信任。每一天，我们都像打理自己的资产一样为客户理财。"

介绍性陈述［例4（新手理财顾问）］

"我们帮助客户确定未来所需的现金流以维持理想的退休生活方式。看到客户实现财务目标将使我获得最大的满足感。"

实施你的价值主张

你的价值主张的质量取决于你施行的能力。比如，价值主张中的一项内容是高水平服务，那么你和你的团队就必须致力于提供世界一流的服务规范。你必须定义世界一流的服务是怎样一种体验，然后设计一张清单，列出富裕客户将会体验到的服务。示例如下：

（1）客户来电决不会进入语音信箱，铃响4声之内一定有人接听电话。

（2）在1小时内回电。

（3）在48小时内解决问题。

（4）理财顾问每月同客户联系一次。

（5）客户助理主动通过服务电话联系客户。

（6）客户通话留有记录，每天在团队内共享，因此任何人接听电话都能快速进入状态。

（7）电子邮件在一定时间内回复。

（8）团队会议讨论客户可能遭遇的潜在问题。

（9）为客户提供及时的研究报告和最新的市场信息。

（10）理财顾问每年至少与客户会面两次，以回顾检视服务内容与业绩。

对于你的价值主张的其他部分，也要执行同样的操作，以使客户体验到他们为之签约的"价值"，达到并超越他们的预期。如果没有强有效的执行力，价值主张只会沦为空洞的承诺。言而无信、虚有其名，还不如不做承诺。

征询客户的反馈意见也很重要，可以问问他们能否感受到你在始终如一地施行价值主张，并请他们为你的施行方案提出改进建议。这些反馈可以不断给你指引，验证你是否在施行价值主张，以及如若不然，你应做出哪些改变来确保施行。最好的理财顾问从不满足于自我完善、适度承诺和超值服务。

分享你的价值主张

带上你的价值主张，以及你能够加以施行的自信，这是你营销策略的基础。最终的关键一步就是，有效地推销自己，令目标市场了解你的竞争优势、你带来的价值、你的不同之处。你的价值主张成为你的职业特征，体现在你业务活动的方方面面。你的网站、印刷品以及所有其他营销活动都以此为基础。

推介材料

是否使用推介材料，以及如何最佳地使用它，是成功的理财顾问们十分关注的一个话题。

这些理财顾问中的大多数都赞同，推介材料如果要用就应该更多地被作为参考材料，而并非作为一本逐页阅读的书。

一位顶级理财顾问描述了推介材料的使用方法，是我听过的最棒的介绍："推介材料的全部作用就是推动对话。最佳的会面就像是一场有商有量的交谈，推介材料在其中的唯一作用就是建立互信，从而让你在讲到某个概念的时候，可以翻到某一页具体量化出来，证明所言非虚。这就好像一位打官司的律师，一边面向法官据理力争，一边把一些证物呈上桌来，量化并论证观点有理有据。但如果你作为律师，只是对着法官手指各个图表，却没有展开立论，那多半不会成功。"

我认为推介材料的概念在很大程度上被滥用了。一些理财顾问使用的逾50页的推介材料完全没有起到作用。最有效的似乎还是幻灯片演示，提纲挈领地摘出你带来的独特价值主张。这通常可以被汇总成5~10页的文件。

投资管理流程

具体的投资管理流程是财富管理的核心或基础，是大多数理财顾问专注且耗时最多的工作部分。不过，从我的经验来看，不同理财顾问为其客户进行资产投资的方式迥异。本章的这部分内容，并非要深入讨论为客户投资的细节，而是提供一个投资管理流程框架，这是我合作和采访过的大多数成功理财顾问的共识。我认为，下边这个投资管理流程堪称"黄金标准"，可以用来引领客户实现财务目标。

以下是财富管理投资管理流程的概述：

（1）基于目标的投资——为未来的负债筹资。
（2）尽调——明确价值基准。
（3）规划——投资方针说明。
（4）资产配置和再平衡——风险管理。
（5）模型化投资组合——投资标的选择。
（6）业绩报告——监控并反馈投资回报。

成为成功的投资者

我发现，最富有的人有足够的智力和技能管理自己的投资，但他们认识到，他们想把时间和精力用在别处。他们或是打理自己的产业，或是享受家人陪伴的时光，或是追求特定的爱好。他们中的大多数意识到，开发并管理一套世界一流的投资管理流程是一份全职工作。

我采访并合作过的一位顶级理财顾问说过，最成功的投资者拥有四个共性特征：

（1）他们天生节俭。

（2）他们对自己的钱感兴趣——他们关心自己的投资组合。

（3）他们注重投资组合的质量。

（4）他们明白分散投资的重要性。

投资成功指南

行业里的一位顶级理财顾问同我分享了他长期投资成功的六大准则：

（1）在多数投资者高度悲观与恐惧时加仓股票。

（2）在多数投资者过度乐观与自信时减仓股票。

（3）长期来看，高股息股票的回报优于低股息股票，且风险更低。

（4）提高股息的公司股票回报，优于那些不提高股息的公司股票。

（5）实现超预期盈利的公司股票回报，优于那些没有实现盈利预期的公司股票。

（6）从一个完整的市场周期来看，低市盈率股票的回报优于高市盈率的股票。

投资管理流程：基于目标的投资

投资者被问到的最重要的问题是："您为什么需要钱？"正确答

案是为了实现特定的目标。所有顶级的理财顾问都是由此开始与潜在客户认真交流的,而这也正是他们区别于其他理财顾问之处。

根据著名教授与作家安德鲁·拉德的观点,每个投资者的财务目标是投资管理流程中至关重要的组成部分。拉德认为人们投资就是为了实现目标,他将这一目标定义为人们现在和未来的负债总和。他认为,应该根据这些未来债务管理投资者的投资和个人资产。例如,对大多数家庭而言,为退休生活筹资是最大的负债,其他需要筹资的主要负债包括子女教育、退休前了结债务等。

大多数成功的理财顾问关注其客户的现金流需求,以保证维持其理想的退休生活方式。他们明白,高净值投资者的首要目标就是有足够的钱维持退休后的生活质量。接下来是确认客户将来需要多少钱,以及在什么时间需要,从而确保满足现金流需求。同时,还得考虑购买力必须跟上通货膨胀的水平。一旦现金流的需求得以满足,剩下的就是超额资产,可以用于其他优先事项,包括赠与和遗产规划策略等。

尽管现金流目标一般是最重要的,但也存在其他可能需要涵盖的目标:

(1) 帮助子女购房。
(2) 资助孙辈上大学。
(3) 购买第二处房产或者其他休闲资产。
(4) 向母校或其他慈善机构捐赠。
(5) 支持子女创办企业。
(6) 还清房屋抵押贷款。
(7) 结清负债。

尽调:揭示风险承受能力

与发现客户目标同样重要的是:了解他们的风险承受能力以及想

要达成目标的期限。以上这些都应当在尽调的过程中明确。

尽调为构建理财规划和投资管理流程画出了底线。这一过程明确了目标、风险承受能力、投资现状以及其他财务需求（资产保护、教育规划、负债管理与遗产规划）。最好确保你在同潜在客户的首次会面中就处理好尽调工作。但凡条件允许，就应该通过当面对话来实现。

我发现，首次的尽调会面平均持续约 1 小时，有时候甚至长达 2 小时。我采访过的所有理财顾问都认为，客户全情投入、积极问答的会面最为成功。如果尽调会面变成单向的演示，则不太可能取得成果。尽调会面的目的之一就是确保双方适合彼此：理财顾问判断该潜在客户是否合乎其标准，同时潜在客户也要判断该理财顾问是否是个正确的选择。

我采访过的一位顶级理财顾问同我分享了以下高见：

"如果我们并不适合一位客户，比如说，这位客户想要沉浸在娱乐性的投资中，抱着玩玩儿的心态，在没有任何风险评估的前提下，寻求超高的收益率，看起来抱有不切实际的风险－收益预期。我们如果察觉到这些，就会极其坦诚地强调，我们认为那些期望可能与我们的能力不符，也不妨承认，他们想要的不是我们能够提供的服务，然后礼貌地结束会面。"

尽调最重要的目的就是确认客户的目标以及这些目标是否现实。一位顶级理财顾问说得很好："我们的尽调过程就是要识别我们客户的目标，以及为了实现目标，他们需要承担多大的风险。"

尽调的首要目的就是提出问题，以助你确认潜在客户的独特需求，以及确认他们的目标和风险承受能力。以下是一些可以提出的问题样例：

（1）您为什么需要钱？

（2）您的财务目标是什么？

（3）您过去投资遇到过什么问题？请您举个例子。

（4）什么对您最重要？

（5）您力求达成什么奋斗目标？

（6）您的投资现状如何？您的策略是什么？

（7）您为什么会考虑与新的理财顾问合作？

（8）请谈谈您认为的完美顾问关系。

（9）我们应该做到哪些事情，才能在 12 个月后，让您给我们打一个 A+，并把雇用我们看作您最棒的决策？

（10）在咱们 12 个月的合作中，有什么令您觉得与我们合作是一个错误？

（11）目前您实际可投资的流动资产有多少？

尽调会面的作用

顶级理财顾问明白，一场非常成功的尽调会面将多么富有成效。其可以为理财顾问提供掌控客户关系所需的知识。比方说，如果潜在客户流露出对财务安全的深度关注或风险厌恶，理财顾问就能够以投资组合分散化作为回应，而不是流行的集中仓位投资。这样一来，理财顾问就可以令投资建议与客户的深层心理偏好及个人目标保持一致。

对于潜在客户而言，参与尽调过程的最佳途径之一就是分享其当前的财务状况。一些顶级理财顾问透露的策略是，请求获得一份投资账户报告的复印件，以供仔细检视并安排后续会面。一旦他们获得了这些报告，多数成功的理财顾问就很容易将潜在客户转变为客户。

在初次会面的尽调之后，或在后续会面之中，你需要演示你的价值主张，以使潜在客户明白其为何应该同你合作。然后，你可以描述你的投资管理流程、与客户的合作方式以及确认彼此合适的重要性。最后，你还可以分享样本投资组合以及当前其他客户的情况供参考。

规划

投资管理流程中的规划阶段包括：汇总尽调阶段搜集的信息，以及一旦潜在客户同意合作，制作一份财富管理的规划。该规划需要考虑目标、时间框架与风险承受能力，并提供个性化的资产配置。如果合适的话，该规划也应该涵盖财富管理流程的其他方面，如负债管理、现金管理、资产保护建议、遗产规划和赠与策略等。该规划可以是正式且全面的，也可以是演示阶段简单罗列的建议要点——如何选择取决于你的风格，以及客户的成熟度和富裕程度。

资产配置和再平衡

大多数投资专家一致认为，任何投资组合的成功都依赖于资产配置。资产配置其实旨在进行风险管理，投资管理流程中也没有比风险管理更重要的部分了。最成功的理财顾问很可能就是最保守的那个。说到投资管理流程，从成功理财顾问的角度看，最重要的就是少犯错。一位顶级理财顾问曾经告诉我："如果客户说准备承担更多风险，更激进地博取更高的收益，我宁愿为这段合作沟通 18 个月。我实在是宁愿花时间沟通，也不愿接受亏掉别人钱的潜在后果。"

确定不同资产类别的正确组合比例，以及多元化配置和标的投资价值，将会决定投资组合的风险暴露总量。至少，你应该为保守、中庸和激进的投资者分别准备好资产配置模型。一位顶级理财顾问把资产配置的重要性总结得非常好："投资管理流程中最重要的部分就是资产配置决策。其次，在各个资产类别内，最重要的是投资风格决策，最不重要的才是标的的选择。我们向客户解释，其实是投资组合中的资产配置在驱动长期的投资成果。"

决定投资组合能否成功的另一重要组成部分是动态再平衡。当某个资产类别无可避免地跑赢另一个时，资产类别再平衡就显得尤为重要，因为只有借此才能保证资产配置方案的完整。例如，假设客户是个保守投资者，最初的资产配置是 30% 股票、60% 固定收益证券、10% 现金类资产。如果股票市场强势，3 个月后的股票在资产组合中占比提升至 40%，那么你就必须再平衡该投资组合，将投资组合 10% 仓位对应的股票置换为固定收益证券和现金类资产。再平衡的频率建议设为按季度进行，以备任一资产类别发生显著的波动。

资产配置的复杂程度取决于理财顾问个体。一些理财顾问在资产配置组合中包含了主动与被动管理风格（指数基金）、海外证券投资、另类投资、外汇与商品投资。不论你把资产配置方案做得多么复杂或简单，最重要的还是将其作为建立投资管理流程的基础。

模型化投资组合

采用模型化投资组合配置单个证券或外部资产管理者，是所有顶级理财顾问遵行的准则。理财顾问要么使用自己构建的模型化投资组合，要么使用其公司研究部门或其他资产管理者提供的模型。这些投资组合不会因人而异，但是每位客户，根据其风险承受能力，会在各个投资组合上承担不同比例的风险。一位顶级理财顾问的模型化投资组合包括以下类别：

（1）股息增长型组合。
（2）国际股息增长型组合。
（3）蓝筹组合。
（4）进取型组合。

（5）价值型组合。

（6）固定收益型组合。

他的所有客户几乎都持有股息增长型组合与固定收益型组合中的一种。许多客户持有三种成长性组合（蓝筹、进取型、价值型）的组合。

不同模型化资产组合的数量可以增减，但重要的是，这些投资组合已事先搭建完毕，每个客户会有部分比例的资产投资于为其定制的合适的投资组合。单个证券是由你管理还是委托给资产管理公司，则属于个人偏好的问题。顶级理财顾问意见不一，有的偏好于自己管理各只证券，有的则偏好于委托资产管理公司负责证券的管理。

客户检视和业绩报告

客户检视（review）与业绩报告的"黄金频率"是每季度一次，每年理财顾问应该与客户当面开展其中的两次检视沟通。对于更高净值的客户，提升检视的频率显得尤为重要。这些检视是你与你最好的客户之间的重要交流机会。你想确保他们了解投资业绩，但同样重要的是，检视将是一个进行投资者教育、解释投资业绩的机会。无论是多么高净值的客户，都会对标准普尔指数、道琼斯指数、罗素1000指数，甚至他们朋友的投资组合的业绩产生迷惑或被吸引。如果一位高净值客户有一半仓位的固收类资产，由于未跑赢标普500指数而感到沮丧，则需要提醒她，其投资组合中只有50%配置了权益类资产，且这部分预期是可以达到或超越标普500指数的。投资者也在不断遭受市场上头条新闻的"轰炸"，那么需要提醒他们按照长期投资计划进行投资，并逐渐步入正轨。高净值客户最常抱怨的就是与理财顾问缺乏沟通，尤其是在波动的市场行情中。最好的从业者永远不会允许客户发生这种情况，因为他们将每季度的检视作为机会，与客户进行投资组合的同步、沟通、教育等事宜。

财富管理服务：一个整体方案

对于理财顾问来说，财富管理流程的"黄金标准"是提供整体、全面的建议，以指导客户实现他们所有的财务目标。成功的财富管理师已将其角色定位从资产配置和交易执行，拓展到提供全面的指导建议。经过观察和采访，我发现，最好的从业人员会为他们的客户提供超越其投资组合的复杂建议。这些理财顾问并不总是全面投资建议涉及的所有领域的专家，但他们要么有团队成员是这方面的专家，要么可以接触到相关企业中的专家。最重要的是，他们可以提供与客户金融投资周期相关所有领域的专业知识。

对投资建议的需求往往与投资有关，但也可能包含与负债或资产保护策略相关的投资解决方案，而拥有可提供解决方案的专业知识无疑会增加顾问的价值。最好的从业人员认为，其理想的角色定位应该是客户整个财务状况的协调者和监督者。这种全面的关系，不仅有助于理财顾问留住他们最好的客户，而且还可以显著促进他们的业务。他们渴望成为客户不可或缺的顾问，负责协调并参与其金融投资周期的各个方面。

财富管理流程的尽调和规划阶段是构建一个整体方案的基础。在尽调阶段，你应熟悉客户财务状况的各个方面，并在随后的规划阶段，基于这些提供合适的解决方案。通过制定这个投资规划，您已将自己定位为全面地帮助客户解决所有财务需求的理财顾问。

在本书的第 13 章中，提供了有关如何与现有的高净值客户扩展关系的策略。一个最佳实践的操作建议是对每位高净值客户进行战略分析，判断他现在与你的合作关系，以及他的实际需求。你可以在其他一些领域提供建议和指导，包括：

（1）养老金计划。

（2）负债管理。

（3）遗产规划和赠与策略。

（4）资产保护。

（5）教育规划。

（6）现金管理。

（7）长期健康护理。

（8）慈善规划。

注意，对于新手理财顾问来说，花一些时间用于开发财富管理流程，对于吸引高净值客户至关重要。作为新手顾问，你必须对你拥有帮助客户实现其投资目标的能力充满信心，并能够准确阐明你将如何通过价值主张来实现这一目标。这是你的核心价值，花时间去拓展你的财富管理流程是实现百万美元业务的关键一步。

第 11 章　引入现有客户更多的资产

对于理财顾问来说，获取更多管理资产最简单的方法，是引入现有客户更多的资产。根据我的经验，大多数客户配置在其理财顾问之外的资产，并不比由其理财顾问管理的资产少。

通常情况下，这些资产可能配置在 401（k）① 或养老金计划中（因此无法转出），但在某些情况下，这些资产是可以争取的。如果你与客户建立了互信关系，你提出请求，他会很乐意与你探讨合并至少一部分资产的可能性。这些是最容易获得的新增资产，因为你和他之间已经存在一种互信关系了。

如果你是一名有经验的理财顾问，与客户建立了良好的合作基础，那么通过引入现有客户的外部资产，你甚至可能完成一半新增资产的目标。假设你有 100 位客户，管理资产总额为 5 000 万美元，这 5 000 万美元可能仅占这些客户可投资资产的一半，因为他们在其他地方还配置了 5 000 万美元。如果你每天能引入其中的 2.5 万美元，那么一年后你将引入 600 万美元，完成 1 200 万美元新增资产目标的一半。你管理的资产越多，你能争取客户配置在别处的资产就越多。

---

① 美国养老保险制度。——编者注

引入客户外部持有资产的流程

大多数顾问无法争取到现有客户外部持有资产的主要原因,是他们没有一个挖掘、引入和追踪这些资产的流程。

我推荐的流程包含四个要素:

(1)挖掘。精准挖掘每一位客户在外部持有什么资产。

(2)引入。制定一个引入外部持有的资产的策略。

(3)追踪。追踪客户在外部持有的资产,记录你每年引入了多少。

(4)更新。在每年的年度检视期间,验证在外部持有的资产,记录你每年引入了多少。

把这个流程合并到第 10 章的客户联系流程之中。

资产挖掘:年度规划会议

资产挖掘是使该流程正常运行的关键,而挖掘这些"外部资产"的最佳方法是通过年度规划会议,这应该是你与每个客户进行年度检视的一部分。该规划会议可以包括正式的投资规划、根据规划提出问题或更新规划。会议的目标是制作一份资产负债表,记录客户所有资产,既包括交由你打理的资产,也包括客户在外部持有的资产。根据资产负债表,与客户讨论资产配置,包括如何调整整体的投资组合。这将有助于评估和调整客户整体的投资组合,而不限于你负责的部分。

年度规划会议可以根据每个客户的实际情况,或详细或简略。你可以将以下要素整合到会议议程中:

(1)重新评估客户的长期目标。

(2)评估或重新评估客户的风险承受能力。

(3)查看投资组合的业绩。

（4）检视资产配置的情况，根据需要进行调整。

（5）检视客户的负债（保证金、按揭贷款和商业信贷）。

（6）检视客户的保险（人寿保险、伤残保险、长期护理保险）。

（7）检视客户的遗产规划。

（8）评估预期资产（业务出售、奖金、遗产）。

（9）讨论客户外部持有的资产。

（10）获取有关服务质量的反馈。

（11）讨论引荐新客户的事宜。

第9项：讨论客户外部持有的资产

为了引入现有客户更多的资产，你必须每年在规划会议上讨论（更新）这些资产。这可以让你大致了解客户在外部持有多少资产。如果你不这样做，你的客户可能在你不知情的情况下，年复一年地在别处增配更多资产。

讨论这些资产的最佳方法是找准自己的定位，以一个真正的财富管理者视角与客户沟通。以下是如何沟通的话术：

"［客户］先生/女士，如果我要为您提供更完善的服务，那么我的工作就不能仅限于只为您配置在我们公司的资产进行规划。如您所知，资产配置是我们财富管理流程的核心，我很开心您选择我们公司为您配置资产。但是我需要了解您配置在我司的资产与您配置在别处的资产的相关性。这样，我就能以更全面的视角为您提供更好的服务。请您花一点时间，与我一起制作一份详尽的资产负债表，让我了解您整体的投资与资产配置情况。"

如果你与每位客户进行年度检视时都这样沟通，就能挖掘到现有客户更多的资产。毫无疑问，这种挖掘的方式是从现有客户那里引入新增资产的重要步骤，但大多数顾问都没有这样做。

引入外部资产

为每个客户保存一份资产负债表（纸制文件或电子备份），详细记录客户在外部持有的所有资产的明细，并在你发现新的资产时更新，每年至少一次。你可以着手分析客户的所有资产，就像你在管理它们一样，与客户讨论投资的同时，也探讨这些外部资产。制定引入这些资产的具体策略，并将相对应的策略放入每个客户的档案中。这些策略可以包括以下内容：

- 如何降低费用。
- 协调客户整体的资产配置。
- 将外部资产纳入客户总体投资规划之中。
- 设法提高收益。
- 提出新的投资理念——另类投资、结构化产品、年金。
- 将客户所有资产归集到一个地方，简化投资管理流程。
- 精简书面材料，制作一份合并报表。
- 转移公司的退休资产。

与客户交流时参照这些策略：每个月与客户联系的时候，将这份档案作为参考，时机成熟便告诉客户为何要转移全部或部分外部资产。以下是与客户就此沟通的话术：

"［客户］先生/女士，很高兴今天有机会检视您的投资组合，我想借此次机会建议您在 XYZ 金融机构开设您的个人退休账户。对于资产在（给定额度）以上的退休账户，XYZ 不会收取任何费用。如果您将资产转到我们公司，您不仅能节省个人退休账户的账户费，而且我们会把这些资产纳入您整体的投资规划中，简化您的文书手续。您愿意考虑一下转移这部分资产吗？"

"［客户］先生/女士，很高兴今天能够拜访您，我想谈谈您在您公司持有的养老金计划。您可能不了解，到了一定的年龄，您就可以通过在职提款将全部或部分这类资产转入个人退休转存账户。我有信心更好地为您管理这些资产，同时把这些资产纳入我们的整体投资规划中。您想了解把这些资产转入 XYZ 金融机构个人退休转存账户的具体细节吗？"

"［客户］先生/女士，很高兴今天有机会检视您的投资组合，我想借此机会告诉您，我们有一款投资产品很适合您投资组合中的权益类投资。这是一款结构性产品，与标准普尔 500 指数的表现挂钩，可以从上涨中赚取收益，本金的亏损也有限。我建议您用投资在 ABC 公司的（部分）资金投资这款产品。您觉得呢？"

"［客户］先生/女士，我觉得今天与您讨论您的投资非常愉快。不过，我想建议您在投资组合中增加一些产品。为了补充您的退休收入，我想推荐一款年金产品，我觉得这款年金非常契合我们的退休规划策略［提供细节］。我建议您将投资在 ABC 公司的部分资金用来购买我推荐的这款管理期货产品。"

"［客户］先生/女士，在检视您在我们 XYZ 金融机构以外持有的资产时，您提到用来投资银行存单的资金获取的收益很低。我发现您提及的那些银行存单下个月就到期，我想建议您考虑考虑，把这部分资金投资以下产品［提供详情］。这些是低风险的产品，但收益比银行存款高得多。"

通过这些例子是想说明，每个月与客户联系时，你应该执行你制定的策略，争取客户的所有资产。很多富裕的投资者想简化他们的生活，如果你与客户的关系牢固，并且可以有力地说服他们转移资产，那他们慢慢地就会把资产委托给你。

追踪

理财顾问若希望从现有客户那引入更多的资产，就应该追踪每个客户在其他机构持有的资产，并掌握将那些资产转移过来的进展。我建议你用电子表格记录这些资产的详情。先列出100位客户的姓名，在客户姓名旁记录他们在其他机构持有的资产数额，在这列的最后一行加总求和，算出资产总额，你就能知道潜在的机会有多大。当你争取到客户在外部持有的部分资产时，在第二列记下对应的金额，再在第三列里算出前两列的差值。电子表格是一个能让你始终了解客户在其他机构持有多少资产的绝佳工具，你也可以通过电子表格及时了解争取这些资产的进展。

你需要认识到，最容易争取的就是现有客户的资产。争取这些资产的关键是在年度规划会议中挖掘每位客户在其他机构持有的资金量。如果你已经为百万美元收入的业务打下了基础，那就有可能每年争取到至少600万美元的新增资产。通过制定相应的策略，每月联系客户时运用这些策略，在某些情况下甚至还可以争取更多。要持续追踪这些资产委托在何处、资产的数额以及引入这些资产的进展。

年度更新

每年做年度检视时，向客户展示你为他制作的资产负债表。资产负债表包括客户委托你管理的资产以及外部资产的情况。告诉客户，你每年都要更新这份资产负债表，确保这是当期数据，并且涵盖了新增但未委托在你公司的资产。你会惊讶地发现，客户在一年内能够新增如此多的资产，如继承所得、奖金、房地产和商业交易、积攒的储蓄等。

引入客户在外部持有的资产，只是通过挖掘现有客户价值构建业务的四种方法之一。第二种方法是利用你与客户之间建立的互信关系获取新的客户。我将在下一章中介绍这种方法。

小结

- 最容易争取的新增资产就是现有客户在其他机构持有的资产。
- 对于基础良好、有经验的理财顾问而言，通过引入客户的外部资产，可以完成年度新增资产目标的一半，即争取到至少600万美元新增资产。
- 资产挖掘是该策略成功的关键，年度规划会议是开展资产挖掘最好的机会。
- 为每位客户建立档案，记录客户在其他机构持有的资产的明细。
- 引入外部资产，需要给每位客户制定一个策略，并记录在档案中。
- 每月联系客户时执行该策略。
- 用电子表格记录与追踪客户在其他机构持有的资产总量，并及时更新争取这些资产的进展。
- 每年更新客户的资产负债表，包括持有的新增资产。

第 12 章　裂变式获客

最有效的市场营销方法，是借助于你的现有客户去获得新客户。这是经验丰富的顾问可以用来快速获客的一个有效途径，但常常会被忽视。一名顾问只要开拓了 50～100 位客户的基础用户池（每位客户的可投资资产不低于 10 万美元），那么他就可以通过裂变式获客的方法，实现每年获得 10～12 位拥有 25 万美元可投资资产的高净值新客户、新增 1 200 万美元资产管理规模的目标。

为了有效地实现裂变式获客，你必须聚焦核心目标并细化执行方案。本章重点介绍四种裂变式获客方法：

（1）老客户转介绍。
（2）专业人士引荐。
（3）公开演讲。
（4）客户活动。

老客户转介绍

老客户转介绍是最有效的市场营销活动，没有之一。如果你只能选择一种营销形式，那就非他不可。有数据证明，理财顾问 80% 的新客户来源是老客户转介绍。

你如果和你的客户保持定期优质的财富管理沟通，就可以顺势向客户提出转介绍需求。高频次客户沟通、高财富管理目标完成度和高质量客户服务是高客户满意度的重要组成因素，这些也是有效进行转介绍营销的基础。理财顾问越想要实现百万美元收入的业绩，越要重视客户满意度。

市面上有很多培训都在强调转介绍过程中的话术和套路，却忽视了对老客户的忠诚度的培养。如果你的老客户从你的服务中获得了极大的满意度，他们会主动帮你进行转介绍，但也需要你开口向你的客户做这方面的引导。有一项客户调查显示，大多数老客户都会把他们的理财顾问转介绍给朋友。如果客户忠诚度不够，那就没有产生老客户转介绍的基础。

在第 15 章，我将详细阐述在开发忠实客户的实践中应该考虑的不同因素。"顾问影响力"（Advisor Impact）最近开展了一项名为"转介绍剖析"的项目，研究忠实客户转介绍的原因，以验证拥有忠实客户的重要性。根据这项研究，忠实客户提到的一个主要原因是"互惠行为"，出于他们的顾问为他们提供了很好的服务。另一个原因是，他们的顾问定期"提醒他们"其业务正在快速发展，并邀请他们进行转介绍。

有三个主要的因素可以提高你的老客户转介率，达到一年至少新增 10 例转介绍（当你的老客户人数约 100 人时）：

（1）正确的转介绍心态。

（2）长期的转介转机制。

（3）让你的忠实客户帮助你。

正确的转介绍心态

有经验的顾问获得新客户的常用方式是通过另一位客户的转介

绍。然而我深度调研的大多数顾问并没有一个长期的主动转介绍机制。当我向顾问们提问没有这项机制的原因时，我得到的普遍的回答是，他们羞于启齿。许多顶级顾问仍然觉得他们是在"给客户施加压力"，或者觉得他们是在"从专业人士转型到销售人员"。一名高级顾问告诉我："我的医生从来不让我转介绍。如果我认为自己像医生一样专业，那我为什么要求转介绍？"

我不同意这种想法。当我问这些顾问，是否有其他顾问能比他们更好地服务客户时，他们的回答总是："没有人能比我更好地服务我最好的客户。"基于这样的回答，我接着问他们，如果你对自己在客户那里的工作很有信心，那你为什么不愿意和他们谈谈你可以如何帮助他们的亲朋好友呢？我想说的是，如果理财顾问认为他们是在为客户提供服务或提供帮助，而不是提要求或推销，那么他们就更容易与客户进行转介绍沟通。

看待这个问题的另一种方式是，想想那些遇到不称职、不诚实的顾问而遭遇财产损失的高净值客户。想想伯纳德·麦道夫，所有信任并将他们的资产交由他打理的投资者，还有那些被他毁掉生命的人。我们这个行业有很多优秀的理财顾问想当然地认为，高净值投资者都已经得到财富管理服务。但是，正确的转介绍心态会假定大多数富裕的投资者没有得到专业的服务，而你的职业使命就是帮助这些投资者改善境况。

如果你有一个和你关系很好的优秀医生，你会把他或她介绍给你的朋友吗？如果你的医生开设了一项新诊疗业务呢？你的医生问你是否有兴趣体验新的诊疗业务，然后问你是否知道其他人和你一样有兴趣。作为他忠实的客户，你愿意和他一起讨论潜在的新客户吗？他这样问你会生气吗？问题的答案是，如果你喜欢并尊重你的医生，你会很乐意帮助他，你自己的客户也是一样。

默认你最好的客户会主动介绍你给他的亲朋好友的想法有点天

真。忠实的客户愿意帮助他们的顾问，但这很少会主动发生。当忠实的客户想到他们的顾问时，他们的第一印象就是管理他们投资的专业人士，而他们不知道顾问有业务增长的需求，甚至不知道他是否接受新客户，以及在寻找什么样的客户。仅仅依靠不请自来的转介绍，顾问永远不会从忠实的客户那里得到那么多转介绍。

所以，在定期提醒忠实的客户和铺天盖地的转介绍请求之间，需要有一个平衡。

长期的转介绍机制

我建议你建立一个你的核心高净值客户名单（前 50~100 位），并制订每年至少一次面对面的转介绍沟通计划。我还建议你在与客户进行了转介绍讨论之后，在每个客户的名字旁边打一个勾来标记这次沟通。我建议沟通频次为一年一次，这是在提醒忠实客户和不干扰他们之间的完美平衡。建议将这些转介绍沟通作为客户检视的一部分，并尽可能亲自进行。把它作为客户检视的一部分，有助于建立大多数客户对他们顾问的好感，因为他们的顾问把时间花在了客户身上。

正式地将转介绍列入工作议程，这样客户可以提前知道转介绍的存在，而你也就没有借口去回避这个话题了。

让你的忠实客户帮助你

如果询问忠实的客户有无人选介绍给他们的顾问，这个比例会比询问他们是否愿意转介绍要低得多。当客户面对顾问的转介绍请求时，最常见的回答是，他会"考虑一下，一时半会没想到合适的人"。做出这种反应的原因是，大多数忠实客户不会花很多时间考虑他们的转介绍对象。这些忠实的客户愿意帮助你，但如果你想增加你的业绩，你必须引导他们通过转介绍帮助你。

你可以通过与他们分享，你想要添加什么样的人到你的客户名单之中，来做个示例帮助你的忠实客户提供转介绍，你还可以为他们提供目标潜在客户的具体姓名。你对忠实客户提供的资料越具体，你就越有可能得到转介绍，至少可以获得一定的意见。记住，如果你有忠实的客户，你让他们筹备转介绍的过程越容易，就越容易获得他们的转介绍。

我建议你使用三种主要的方法来确定具体的姓名，以提供给你的客户。在所有这些情况下，你都要做一些调研工作，找出你的客户知晓的、可以帮你转介绍的对象的具体姓名。

（1）在搜索引擎上搜索你客户的姓名。在很多情况下，他们认识或共事的高净值客户会出现在搜索结果中。

（2）访问他们的公司或业务官网。

（3）在社交媒体上添加你的客户为好友（在第22章有具体在社交网络领英上获得潜在转介绍对象的方式）。

这里提供一些具体话术，包含本章所提及的转介绍流程的重要原则。

转介绍日程规划技巧

以下是包含了本章讨论的转介绍流程的重要原则的具体话术。

"尊敬的［客户］先生/女士，虽然市场上略有动荡，但我为您所做的工作还是取得了一些不错的成绩。如果您身边的朋友知道这些成绩，或许他们有兴趣邀请我为他们工作。如果您认为我的工作确实可以帮助到他们，我将全力以赴做到。

"具体来说，和您一起工作非常愉快（如果你愿意可以稍微夸张一点），然而还有些人正在经历人生重大的转折点——有人刚刚退休，有人即将卸任，有人经历了离婚或丧偶。您身边有这样的朋友吗？"

如果答案是"是的，我可以想到一个人"：

"谢谢您，您能提前告诉他我下周会联系他，分享我们一起工作的经历，您愿意吗？或者您有其他人推荐吗？"

如果答案是"不，我想不到任何人"：

"我明白。想麻烦您一下，和您一起工作的乔·琼斯是我的目标客户。您能向乔介绍一下我吗？或者我给乔打电话时，可以说是您推荐的吗？"

或者：

"我看到您在领英上和大卫·琼斯有联系，而大卫正好符合我想要寻找的新客户类型。您能帮我想一下，和他建立联系比较合适的方式吗？（或者您愿意把大卫介绍给我吗？）"

专业人士引荐

利用现有客户资源的另一个很好的技巧是，让他们把他们的注册会计师和律师介绍给你。据《百万富翁的智慧》（*The Millionaire Mind*）一书的作者托马斯·斯坦利（Thomas Stanley）说，许多百万富翁通过注册会计师或律师的引荐找到自己的理财顾问。这就是为什么你可以从强大的注册会计师和律师网络中受益。

有效的注册会计师或律师网络不必追求数量。例如，一个强有力的关系网有3~5名经常引荐潜在高净值客户的注册会计师和律师即可。然而，请注意，建立一个有效的网络所需要跟进和建立关系的时间，将限制你可以维持关系的数量——大多数顾问不能充分管理超过6个注册会计师和律师作为转介绍来源。

第一步，每年联系每一位客户一次，最好是在季度检视或年度规划会议期间，询问他是否对目前的注册会计师或者房地产律师满意。如果客户对目前的注册会计师感到满意，你应该征得客户的同意，允许你打电话给他的注册会计师，以便认识客户的注册会计师；如果他对自己的房地产律师感到满意，你也可以提出同样的要求。你可以向客户解释，你要求结识这些人是因为你和注册会计师或房地产律师之间的良好关系是有益的，因为你们的工作内容之间有一定程度的协同效应。一旦客户同意，你就可以打电话给他的注册会计师或房地产律师，可以进行一次非正式的会面，以便更好地为客户服务。

如果客户对他的注册会计师或他的律师不满意，你可以利用你现有的注册会计师/律师网络推荐一位给他。

以下是第一次请求客户同意致电给他的注册会计师/律师，以及第一次致电给他的注册会计师/律师的话术：

致电客户

"尊敬的［客户］先生/女士，我致力于今年更好地与我的客户的其他顾问合作，特别是您的注册会计师。您目前对您的注册会计师为您做的工作满意吗？如果您愿意，我想联系他/她，介绍一下我自己，这样我们可以为您建立一个专业的工作关系。您能给我您注册会计师的联系方式吗？"

初次致电

"您好，［注册会计师］女士，我是 XYZ 金融机构的迈克·琼斯。

简·史密斯是我们的共同客户,为了更好地为简服务,我想和您建立一个专业的沟通机制。我想通过邀请您共进午餐来推进这件事。顺便说一下,简对您评价很高,我想多了解一下您的工作情况。我一直在寻找顶尖的专业人士加入我的职业网络。"

在与注册会计师或律师的午餐会上,你的沟通重点是了解注册会计师或律师的工作内容、专长和经验。以下是一些你可以在午餐会上问注册会计师/律师的问题。

专业人士引荐:第一次见面的问题

背景调查
- 您来自哪里?毕业于哪所学校?您来这座城市多久了?
- 您是如何开始成为注册会计师/律师的?
- 您还在哪些公司工作过?
- 您的业余爱好是什么?家庭情况如何?

客户
- 您有多少客户?
- 您的客户类型是什么样的?
- 您如何描述您的角色/与客户的关系?

公司
- 您公司的结构是怎样的?合伙人制吗?
- 您工作的目标是什么?
- 您认为5年后您会在哪里工作?您在目前这个公司工作多久了?
- 你们有独家产品吗?
- 您面临的最大挑战是什么?

- 您的养老金计划是什么？（如果合适的话）

市场营销

- 您如何获得新客户？
- 您有开发新客户的市场规划吗？
- 您如何向新客户描述您的业务？
- 您是如何结识/获得您10位最优质客户的？
- 您的主要竞争对手是谁？您的竞争优势是什么？
- 通常在一年内，您会获取多少新客户？您今年的目标是什么？

资源

- 您如何及时了解与投资相关的税法变化？
- 您的客户会问您与投资有关的问题吗？
- 您有哪些进修学习需求？
- 投资公司的哪些信息对您有价值？
- 您或您公司的任何人是否有提供投资建议的资质？
- 您目前有理财顾问为您持续提供信息、资源和教育培训吗？

讨论你们共同的客户，以及你和注册会计师或律师如何为客户的利益而合作。当你支付午餐费用时，询问注册会计师/律师是否愿意与你进行第二次简短会面，以便分享你的价值主张、你的不同之处，以及你给客户带来的价值。

第一次约见的收尾

"谢谢您今天的时间，我为有机会进一步了解您的工作，并为我们的共同客户简建立一个专业的沟通机制而高兴。我希望有机会与您分享我们帮助客户实现其长期财务目标的独家秘籍。许多人认为，天下理财顾问都一样，这点与实际情况出入很大。我们能否下次再约一个时间和地点，让我与您分享一下我的理财方法？"

大多数客户的注册会计师/律师都愿意与你会面，除了职业上的礼貌，还有个重要原因：你们有一位共同的客户。你询问他们的工作，邀请他们吃午饭，在这个过程中你开始与他们建立关系。我认为将午餐会与演示会议分开是很重要的，因为当你邀请注册会计师/律师共进午餐时，你对此次会面的定位是为更好地服务你们的共同客户。在午餐时间做演示是不真诚的，可能会给人留下不好的第一印象。另外，在午餐会上花大部分时间和注册会计师/律师讨论他的执业情况，就是在为后续要求召开演示会议做铺垫。最后，你肯定不希望匆忙地做工作演示，而一次午餐会既要去了解注册会计师/律师的工作，又要做你的工作演示，时间未免不太够。

如果注册会计师愿意与你再次见面，你要准备好一个短小精干的工作介绍，工作介绍包含你的价值主张、你如何与客户合作以及能够生动展示财富管理流程的可视化报告或工具。在大多数情况下，一个组织良好的演示会留下一个良好的印象。根据我的经验，大多数注册会计师都不太了解如今的理财顾问是如何与客户打交道的，也不知道我们这个行业在财富管理业务方面的发展有多快，甚至不知道理财顾问有多少资源可以帮助客户。

在演示会议结束时，我建议你重申一下你的职业定位和后续工作规划。

第二次约见的收尾

"我很感激您给我这个机会，可以与您分享我们的财富管理方法。我建议与您进一步发展长期的工作合作关系。我希望成为您开拓工作的重要资源，为您提供与投资相关的持续培训，并让您了解最新的市场动态，这些都可以帮助您更好地服务客户。随着您对我们的理财方法越来越熟悉了解，如果您认为我可以为您的客户提供更深入的帮助，我们将很乐意这样做。您愿意进一步发展这种互利共生的合作关系吗？"（是的）

"三周后我正好路过这附近，我想与您分享一些财务方面的合理避税策略。我想这些对您的工作会有帮助，若您届时有空，我们能不能再安排一个简短的会面聊聊？"

建立一个成功的注册会计师/律师网络的关键，是定期与你的关系网内的注册会计师和律师沟通与交流。以下是我的建议：

- 与注册会计师或律师会面，最好每月一次。
- 每次你拜访注册会计师或律师时，试着增加你的价值——为他提供有助于他执业的信息。你的首要任务是了解他的业务和他的客户类型，并就这些领域给他提供资讯信息。
- 在这些拜访过程中，向注册会计师和律师分享你所合作的客户类型，以及你如何帮助他们的例子。注册会计师和律师知道你为客户做了什么，这点将有效提高注册会计师或律师对你的专业认可度，使他们更容易给你提供转介绍。
- 邀请注册会计师和律师到你的办公室。这对建立信任很有帮助，因为可以向他们展示你的工作是如何运作的。通过分享你所使用的技术和财富管理工具，介绍你的团队成员，可以进一步增强你在注册会计师和律师眼中的业务专业性，进一步提高他们的认可度。
- 为注册会计师和律师提供可以充电学习的讲座。我还建议你在这样的讲座之后，可以安排有趣的活动（或作为独立的活动）来进一步发展这些关系。这些活动可能包括高尔夫、体育赛事或晚餐。
- 对注册会计师或律师来说，定期联系、提供分享学习和提供有价值的服务，比你给他们提供多少客户更重要。如果你有4个注册会计师和律师在你的网络中，你有望每年得到8位转介绍的新客户（每人2位）。如果你完成了80%的客户开发，你每年会从你的注册会计师/律师网络中获得6~7位新的高净值客户。

实际上，发展一个注册会计师和律师网络可能是最有效的营销技巧之一。与现有客户的注册会计师和律师联系，是建立这个网络最好的起点。定期跟进（每月一次的联系）是建立专业和私人关系的必要条件，这将促使这些有影响力的人提供定期的转介绍。更多向注册会计师和律师定向营销的信息，请参见第29章。

公开演讲

你可以进一步利用现有的客户资源，找出客户和他们的配偶属于哪个组织，并主动与这些组织建立联系。这种方法可以使你每年新增几百个新客户。

大多数客户和他们的配偶都至少属于一个组织，有些客户可能属于多个组织，有些客户可能不属于任何组织。但是总的来说，你的50~100位客户可能至少可以匹配到25个不同的组织。如果这些组织平均有20名成员，而你每年可以在至少12个组织的人面前露脸，你将获得240个潜在客户；如果你跟进并与10%的与会者进行约见，这将产生24个有合格潜在客户的新约见；如果25%的约见会带来新客户，仅这一营销技巧，每年就会获得6位新客户。

这种营销技巧的一个关键因素是，大多数组织都在寻找有趣的话题和演讲者。你对当前经济形势和市场的专业见解，令许多人非常感兴趣。其他可能感兴趣的主题包括：

（1）退休生活需要多少钱。

（2）财务规划的重要性。

（3）财富管理流程。

（4）当前市场的状况以及未来的发展趋势。

（5）成功投资的基本原理。

（6）行为金融学。

要想提高工作效率，你必须非常有规划性。每年向你的 50～100 位客户要求一次在他们的组织里演讲的机会，一定要同时询问客户夫妇二人，因为他们很可能属于不同的组织。在大多数情况下，你的客户并不负责组织的活动管理，但他能让你联系到合适的人。你可以要求客户提前与对口负责人联系，或者你可以简单地询问负责人的姓名和电话号码，然后直接打电话给他。

一旦你给一个特定的组织做了演讲，就可以提出每年至少给这个组织做一次不同主题的演讲。通过这种方式，你可以每年持续在这些组织进行营销。当你建立新的客户关系时，找出他们属于哪个组织，并主动与这些组织建立联系。

以下是一些你可以向你的客户和组织介绍这个想法的话术：

"尊敬的［客户］先生/女士。我想向投资者介绍 XYZ 金融机构对当前投资环境的看法。您所在的组织会对这种话题感兴趣吗？谁是组织这些活动的对接人？"

"尊敬的［俱乐部负责人］先生/女士，我通过我的客户［客户名］联系到您。我打电话的原因是 XYZ 金融机构鼓励我们面向社区提供服务，与大家分享当前投资环境的看法。我很希望有机会在您管理的组织中提供这项服务，不知您感兴趣吗？"

我建议，当你在该组织发言时，不要带任何材料分发。更明智的方法是分发反馈卡或后续电话回访。这是一个简单的方法来跟进感兴趣的潜在客户。讲座结束后，联系那些填写反馈卡的人，并约他们见面。下面是实现这一目的的话术：

"尊敬的［潜在客户］先生/女士，我是理财顾问乔，您参加了我最近在 ABC 组织的演讲。我了解到您想获取更多相关信息，我也很乐意把这些信息邮寄分享给您，但我想花点时间为您评估一下您目前的财务状况，以便提供更精准的信息。我很乐意在会面时把您所需的信息带给您，或者提前邮寄给您。您愿意和我见面吗？"

一定要征得组织的活动负责人同意后再发放反馈卡。你想要对为你做引荐的客户做出正向反馈，专业和礼貌地获得负责人的许可是不可或缺的礼仪。关于反馈卡的具体话术可以在第 20 章中找到。

客户活动

邀请客户参加他们感兴趣的活动，是通过现有客户结识新客户的另一种方式。这种营销技术的关键是取悦客户的同时帮助你自己。通常，客户的最好的朋友是那些和他们做同样事情的人。

通过围绕客户的兴趣组织活动，你为客户提供了一种简单友好地把你介绍给他们有相同兴趣的朋友的沟通渠道。第一步是调查你的客户，以确定他们最喜欢的两个业余爱好是什么，比如高尔夫、飞钓、品酒、美食、体育活动或烹饪课。关于特定年龄组感兴趣主题的教育讲座是客户活动的另一个方向。下一步是按兴趣对客户进行分组，并邀请他们参加这些活动。这些活动成功的关键因素，是活动要与客户的兴趣相关联，并且活动要组织得有趣。

我建议每个月举办一次有趣的活动（可以与教育活动相结合），或者每年至少举办 10 次。理想情况下，你应该每年至少邀请每个本地客户参加一次或两次活动。活动人数控制在 6~10 人（客户和潜在客户）是理想的，因为你只有保持活动小而美，才有时间了解客人。

当你邀请你的客户时，你就开始有机会接触到新的潜在客户。将此邀请与你过去的转介绍请求联系起来。以下是一个如何做到这一点的话术：

"尊敬的［客户］先生/女士，我是理财顾问乔，我打电话想邀请您参加我为高端客户举办的高尔夫活动。活动将在［提供详细的时间、日期、地点］举办。我非常感谢您能成为我的优质客户，我知道您喜欢高尔夫，所以我诚挚邀请您参加。我也希望在这样轻松的环境中，看看喜欢高尔夫的人中有没有我的潜在客户。如果您能邀请一个符合这种情况的朋友来参加，我将不胜感激。如果您和您的朋友有意向参加这个活动，烦请告知，以便给您发请帖。"

"尊敬的［客户］先生/女士，我想请您参加我们这个月底举办的家宴［具体日期］，您能来参加吗？"如果答案是肯定的："我也邀请几个您觉得合适和您共同出席的朋友参加。您能想到谁会感兴趣吗？"

如果一年中有60位客户参加活动，平均每个客户会带来一个朋友，那么你将会认识60个新朋友。如果你将其中10%的新朋友转化为客户，那么你将通过这种营销技巧获得6位新客户。

跟进这些潜在客户的最好方法，就是邀请他们参加其他活动或教育讲座。随着时间的推移，你和客户之间的关系逐渐加深，为他们提供一场免费且深度的业务介绍便水到渠成。

让客户对你组织的活动感到满意，这将有助于留住客户，他们会以一种轻松愉悦的方式帮助你；客户只是邀请一个朋友参加你正在举办的活动。客户通常不愿意直接提供转介绍，因为他们担心这样做可能会在你表现不佳时，有损他们与朋友的关系。然而，邀请朋友参加一场有趣的活动，远远算不上是对你的一种认可；但你和你的潜在客户可以通过这次活动来建立关系。如果这些活动组织得很好，只要你坚持下去，你就会得到新客户。我认识一些顾问，他们成功地围绕客户活动建立了一系列营销活动。

获得新客户的最有效方法是使用上述转介绍（引荐）技巧的组合。通过现有的客户来结识新客户要比试图去结识"冷淡"的新客户有效得多。一名有经验的顾问使用这些技巧可以达成50%甚至100%的获取资产和新客户的目标。你必须有满意的客户群，经过良好组织，并有完善的跟进流程来使用这一系列营销技巧。然而，如果做得正确，这可能是你能做的最简单、最愉快、最有效的营销。

现在，你知道了如何把本属于其他公司的客户转化成你自己的客户，也知道了如何通过现有客户来获取新客户。利用客户资源扩展业务的下一个技巧是扩展当前客户使用的产品和服务。如需这方面的帮助，请阅读第13章。

小结

- 一个经验丰富的顾问最有效的获客方式，就是运营现有客户群。
- 积极主动的转介绍流程是顾问能够参与的最有效的营销活动。
- 为了获得转介绍，顾问必须有满意的客户，并且向他们开口寻求转介绍。
- 向每位客户每年至少寻求一次转介绍。
- 建立一个注册会计师和律师的网络，这是顾问可以使用的最有效的营销技巧之一。你的客户使用的注册会计师和律师是建立这个网络的基础。
- 跟进和关系维护是打造一个成功的注册会计师和律师网络的关键因素（每年与每个注册会计师和律师联系12次）。

- 在客户的组织中演讲是很高效的营销手段，每年可以让顾问面对几百个新的潜在客户。
- 演讲需要与反馈卡和及时跟进搭配才有效。
- 客户活动营销是结识新客户的一种理想方式。
- 邀请每一个本地客户参与一项他感兴趣的活动，并鼓励他邀请一个有相似兴趣爱好的朋友来参加。
- 活动营销是一种轻松愉快地让客户把他们认识的潜在客户带到你面前的方式。
- 跟进你在客户活动中遇到的潜在客户，邀请他们参加后续的活动和教育讲座，并最终为他们提供一次免费的投资组合检视服务。

第 13 章　深化你的客户关系

深化与现有客户的关系是实现你的业务提升的最有效方法之一。大多数顾问没有意识去主动做这件事，导致不能深化与客户的关系，也不会与客户建立最低限度的联系。而这恰恰是最重要的业务增长基础和杠杆之一。

与我共事过的成功顾问都认为，在我们的业务中，最重要的杠杆支点之一就是提升客户的财富，并始终朝着管理高净值客户 100% 资产份额的目标努力。一旦你与客户建立了牢固的信任关系，与现有客户开展更多业务就比寻找新客户容易得多。

除了提升管理资产规模，深化你的客户关系和增加业务还有两个重要原因：

（1）客户使用的产品和服务越多，与客户的业务往来就越多。根据我的经验，使用 5 种（含）以上产品和服务的客户的业务量，是使用 2 种（含）以下产品和服务的客户的 3 倍。

（2）提升你的最低业务门槛，与相匹配的客户合作能有效提升你的业务规模。

业务门槛

每位你服务的客户都应该有最低业务门槛，这一概念与许多其他行业是一致的。例如，一家成熟的会计公司会收取最低费用，不管完成的报税表有多简单；如果客户不愿付那么多钱，会计公司就会把他转介绍到别家公司。

一名成功的顾问应该以同样的方式管理自己的客户。你的每一个投资资产为10万美元的客户每年应该至少带来1 000美元的利润。这个业务门槛，对于有3年（含）以上业务经验的顾问来说，应该不成问题。对于投资资产为10万美元的客户来说，服务费就是1%。对于投资100万美元及以上的客户，每年的服务费应在1万美元或以上，或至少达到5 000美元。

无论最低门槛是1 000美元还是更高的数字，你都必须像生意人一样经营你的业务。时间就是金钱，你花时间在不能产生足够生意的客户身上，不如花在有生意的客户身上。最低业务门槛总会有例外，但有一条是不变的，就是所有推荐的投资都要与客户的目标和风险承受能力相一致。

为客户提供更多的产品和服务，可以有效深化你的客户关系和提升业务门槛。

增加与投资组合相一致的产品和服务

大多数顾问都有一个既定的流程来做客户的资产管理。一般来说，一旦你确定了资产规模，并建立资产管理组合策略，就可以预测业务量。此时，增加业务量最好的方法是向投资组合中添加更多的资产。随着基于费用的定价变得越来越流行，这一点越发毋庸置疑。大多数顾问在主动管理投资组合方面做得很好；挑战在于，如何在不改变投资组合管理方式的情况下增加更多业务。

这样做的策略是添加适当的产品和服务，但不会影响投资组合中的资产。大多数顾问不添加这些产品和服务的原因，要么是他们没有足够的时间来定期介绍这些产品和服务，要么是他们对这些产品和服务不够熟悉，无法做出介绍。

通常，这些产品和服务不会与理财顾问做资产管理的资产相竞争。这些附加产品通常只需要很少或不需要额外的资产，但仍然可以增加业务利润。比如下面这些产品：

- 养老金计划。
- 负债管理。
- 遗产规划及赠与策略。
- 资产保护。
- 教育产品。
- 现金管理。
- 长期健康护理。
- 年金。

服务本身可能不会直接增加业务，但它可以产生积极的影响。这种类型的附加服务将客户与你联系得更紧密，并可以显著提高客户留存率。这些服务让客户不会轻易离开，或者在离开前会三思。它们还会让客户更容易接受你，作为他整个财务生活管理者的角色。这种关系应该会让客户得出一个最终结论：他应该把所有资产都放在你这里。

附加服务包括：

- 信用卡或借记卡。
- 直接存款。
- 在线访问。

- 网络账单支付。

资产超过 100 万美元的客户是你提供额外产品和服务的最大目标群，他们不仅有最大的需求，而且还有资产较少的客户所没有的需求。例如，对高净值客户来说，负债管理与资产管理同样重要，他们通常更需要另类投资和资产保护策略。从身价超过 100 万美元的客户那里获得更多的业务，需要更复杂的策略和产品，而且这些产品与你所管理的资产并不冲突。这就是为什么你的目标应该是从每个 100 万美元以上的账户里获得至少 1 万美元的利润。通过介绍这些产品和策略，你不仅增加了更多的利润空间，而且还向客户展示了你的附加价值。

为资产超过 100 万美元的客户提供的额外产品包括：
- 集中股票策略（流动资金、保全）。
- 负债管理。
- 资产保护策略。
- 信托及遗产策略。
- 另类投资。

只有在符合客户风险承受能力的情况下，另类投资才应该以较小的增量出现在投资组合中。这些少量不相关资产的投资，可以在降低风险的同时提高业绩。年金也是很好的产品，尤其是对于保守的投资者来说；你可以将它们添加到投资组合中，或者用它们替换现有资产，以提供一个稳定的未来现金流（在大多数情况下）。这些产品在不需对投资组合进行重大更改的情况下，也能增加业务的利润空间。

如何有组织地进行讨论

为了有效地添加这些产品和服务，你需要做两件事：合理规划，然后与每个客户讨论。

合理规划

我可以管理客户100%资产份额的公式很简单：

$$P + D + E = 100\%$$

P 代表把自己定位为有能力处理客户财务生活的所有方面。

D 代表发现那些客户没有享用，但你可以提供给他们的产品和服务。

E 代表每个月和客户沟通时，介绍过但未被采纳的产品和服务。

策略性沟通

要实现管理客户100%资产份额的公式，需要和客户进行策略性的沟通。为每位客户定制一个产品和服务列表，然后将它与每个客户正在享有的列表进行比较。这实际上是一个缺口分析，用以确定你可以为客户提供哪些他们没有的产品和服务。一旦你确认你所提供的产品和服务适合客户，但他们目前还没有与你合作，你需要为客户制作第二份列表。在你每月与客户接触时，在列表中选择一款合适的产品向他们推荐。成功的关键在于提高曝光量。如果客户知道你有一个为他量身定做的产品或服务，他就很可能会采纳。我还建议你让你的客户助理与客户互动时，同样这样做。你的目标应该是为每个重要的客户，定制推荐至少6个不同的产品和服务。

这个简单的沟通过程，可以确保你与每个客户系统性地讨论适合该客户的产品和服务。无论客户是否对你与他分享的每个产品和服务感兴趣，此过程都是有价值的；最重要的是你要花时间询问他是否对你建议的产品感兴趣，或者需要更多详情。只要让你的客户有更多的选择，扩大他们对产品和服务的了解，就有产生更多业务的可能。

展开讨论

你不需要单独联系客户来讨论这些产品和服务，只需要将这些讨论添加到投资组合检视或每月联系中。

这种方法的真正价值之一,是使得与客户的每次沟通都更有价值(参见后文的话术示例)。许多沟通计划都设立了客户联络模块,但是几乎不提供实质性内容。

如果你每年都这样做,你应该至少增加10%的业务。举个例子,如果你的资产管理规模是1亿美元,就可以产生60万美元的收益,然后通过系统地让你的客户采纳额外的产品和服务,就可以每年增加10%的收益,也就是说,第一年的收益就可以增长到60万~70万美元。

重新分配客户

如果你在一年的时间里一直努力让某一位客户接触到更多的产品和服务,而他仍然处于你的最低业务门槛之下,你需要把这个客户交给一个资历较浅的顾问。我听过的关于这个概念的最好的表述之一是,每位客户都应该被好好珍视,把低净值客户交给资历较浅的顾问,可以确保客户可以得到最好的顾问服务。

下面的话术演示了如何重新分配没有达到你最低业务标准的客户:

理财顾问:尊敬的[客户]先生/女士,我是XYZ金融机构的理财顾问乔。我打电话给您的原因是,我要把您的账户重新分配给另一个顾问。我做出这个决定的原因是,我觉得我无法为您提供您应享的服务,我想把您指派给有时间为您提供更好服务的顾问。

客户:我不想要换新的顾问。我对你的服务很满意,我能继续享受你们的服务吗?

理财顾问:感谢您对我的认可,为了保证客户期望的服务水平,我的最低业务要求是1 000美元。既然您过去没有和我做过那么多生意,我想您今年也不会愿意做了。但如果您有兴趣和我一起合作,我将很乐意和您讨论收费方案和一些附加产品与服务,我认为这些都非常适合您,将使您获得收益。您有兴趣和我讨论这些吗?

深化每个客户关系的行为是与高净值客户的需求一致的。拉斯·艾伦·普林斯(Russ Alan Prince)在《培养中产阶级百万富翁》(*Cultivating the Middle Class Millionaire*)一书中指出,76.8%的百万富翁更愿意与理财顾问共事。根据普林斯的定义,财富管理是"全面提供一体化综合解决方案"。这种财富管理的定义与我在本章中建议的拓客方式是一致的。

深化客户关系话术

个人退休账户:常规问询

你的目标是了解客户正在被其他顾问管理的个人退休账户。

"尊敬的[客户]先生/女士,我看了您的账户,想问一下,您有XYZ金融机构以外的退休账户吗?"

如果答案是否定的,那么:

"那么您所有的退休资产(如果客户有的话)都在XYZ金融机构?我感谢您对我们的信任,我将继续尽我最大的努力为您管理它们。"

如果答案是肯定的,那么:

"如果我知道这些退休资产在哪里,以及它们是如何投资的,这将有助于我更好地配置您的资产。您是否方便提供具体情况,或者您能把最新的报表发给我一份吗?"

个人退休账户:受益人

你的目标是接管客户个人退休账户的资产。

"尊敬的[客户]先生/女士,您的退休资产的受益人指定可能有一些重要的税务考虑。我希望有机会与您一起检视您在XYZ金融机构账户上的受益人清单(如果方便的话),并对您在XYZ金融机构之外的其他退休账户也进行检视。您什么时候方便讨论这个问题?我建议您提前把您那些不属于XYZ金融机构的账户报表和计划文件发给我,这样我就可以在我们见面之前整理它们了。"

企业金融服务

"尊敬的[客户]先生/女士,我打电话给您是因为我知道您是一家公司的老板,想和您谈谈银行相关业务。我们有一个非常有竞争力的现金产品,利率高、费用低,而且没有最低存款要求,如果您选择使用,我们可以提供一个较高的信用额度。您想知道详情吗?"

如果答案是否定的,那么:

"谢谢您的时间。如果有需要的话,请告诉我。"

如果答案是肯定的,那就可以提供详细的信息,或者主动安排一次会面详谈这个产品。

年金

"尊敬的［客户］先生/女士，随着资本市场的波动，我的许多客户重新评估了他们的风险承受能力。在许多情况下，他们会改为更为保守的投资方式。我想和您分享的一个可变年金，不仅可以延期纳税，分散风险，还可以达到接近股票投资组合的收益，但风险可控。您想知道细节吗？"

如果答案是否定的，那么：

"谢谢您的宝贵时间。如果您改变了主意，我可以随时沟通细节。"

如果答案是肯定的，请给出具体的可变年金方案。

401（k）计划

"尊敬的［客户］先生/女士，您现在有参加401（k）计划吗？"

如果答案是肯定的，那么：

"您可能不知道，根据现行的税法，您可以将您的全部或部分401（k）资金转到个人退休账户上。这样的好处是我可以根据市场行情和您的投资计划，重新调整资产管理方案。此外，它将简化您的报表，并为您提供一个开放的平台来管理您的资产。如果您把您的退休账户转到我这里，我也可以为您提供比您现在更多的投资选择。如果您同意，我可以检视您的计划文件，看看您是否符合这些产品。您感兴趣吗？"

抵押贷款

"尊敬的［客户］先生/女士，我相信您知道，由于当前的市场环境，房屋抵押贷款数量创下了新纪录。XYZ 金融机构有一些利率非常有吸引力的抵押贷款产品，您有兴趣了解细节吗？"

如果答案是否定的，那么：

"谢谢您的时间。如果您改变了主意，请告诉我。"

如果答案是肯定的，那么就可以提供产品和利率的详细信息。

人寿保险

"尊敬的［客户］先生/女士，我发现我的许多客户都在用旧款的人寿保险合同（10 年或以上），其实可以换成成本更低的方案。随着人们平均寿命的延长，保险费用可能会降低。如果您能给我看一下您的保单，并告诉我它的费用，我将为您做一个免费的评估，看看我是否能帮您省钱。"

长期护理保险

"尊敬的［客户］先生/女士，我发现我很多客户都对长期护理保健费用的上涨感到担忧。一个毋庸置疑的事实是，在 65 岁的人群中，有 60% 的人在生活中需要长期的健康护理。目前，有份保障您和您保险受益人的保险，价格相对便宜。推荐您为您的父母考虑这个产品。您想知道细节吗？"

面向资产百万美元以上的客户话术

集中持仓

"尊敬的［客户］先生/女士，我有几个和您一样的客户，都曾在一家上市公司有过成功的经历，他们被授予了限制性股票和/或股票期权。您也一样吗？"

  如果答案是肯定的，那么：

"您可能知道，您可以选择获得期权/股票收益的方式，但这些方式都需要缴纳税金。我想有机会了解一下您的限制性股票和股票期权的情况，并告诉您什么是最适合您的选择。此外，在某些情况下，我们可以在您受限制股票解禁前，提供一些变现和保全方案。您对这种建议感兴趣吗？"

贷款

"尊敬的［客户］先生/女士，我发现我的很多高净值客户，像您一样拥有个性化的贷款需求，我们可以为您潜在的负债管理提供有效解决方案。您目前是如何处理您的贷款需求的？（如果合适的话）我想与您当面讨论我们能为您提供什么服务。"

信托及遗产规划

"尊敬的［客户］先生/女士，我的大多数高净值客户与您相似，都对长期的信托及遗产规划感兴趣。您有类似的信托及遗产规划吗？我们很高兴给您提供一次免费的检视，以更新您的信托及遗产规划。您能给我发一份您的信托文件（如果有的话）吗？这样我们可以做一个初步的检视，看看是否需要安排后续的面谈。"

另类投资

"尊敬的［客户］先生/女士。我有几个和您一样的高净值客户，都对私募股权投资有兴趣。私募股权投资可以补充您现有的投资组合，而且，虽然风险更大，但也存在巨大上行增长的潜力。私募股权投资是指您在公司上市前可进行的投资，对投资规模有一定要求。如果您有兴趣，我建议您考虑将您投资组合中的一小部分用于私募股权投资。您想知道目前这些产品的详细情况吗？"

扩展现有客户的业务需要有组织、有规划，还需要大多数顾问走出舒适圈。尽管工作量很大，但还是比争取新客户容易。我们现在有三种与客户合作、拓展业务的方法：通过现有客户来获得新的客户，把客户在其他机构的资产吸引过来，深化你与客户的关系。在第14章中，我们将探讨通过客户来发展业务的第四种方法。

小结

- 一位客户接触到的产品和服务越多，和他做的生意就越多。
- 使用5种或5种以上产品和服务的客户，产生的业务量是使用2种或2种以下产品和服务的客户的3倍。
- 拥有6种或6种以上不同产品和服务的客户拥有很高的留存率。
- 资产在100万美元以上的客户对附加产品和服务的需求最大。
- 最成功的顾问总是致力于管理客户100%的资产份额。
- 赢得客户100%资产份额的公式是 $P+D+E=100\%$。
- 赢得客户100%资产份额的最佳方式是有策略的客户检视流程。

- 大多数高净值投资者都希望与理财顾问建立一种全面的财富管理关系。
- 有策略的客户检视流程，加上系统性的执行，会使你的资产回报率增加 10 个基点。
- 你可以把讨论附加产品和服务作为每月与客户沟通的一项内容。

第 14 章　你的自然市场

如果你按年龄、职业或兴趣爱好来**整合你的客户**，你将看到他们的细分组成。例如，假设你的客户中有很大一部分是 65 岁以上的退休人士、高尔夫球手和企业主，你可以将这些组合起来——组合可能是 65 岁以上喜欢高尔夫的退休人士，或者是 50~60 岁喜欢飞钓或欣赏表演艺术的企业主，也有可能不同职业的客户都爱好高尔夫，抑或某个年龄段的客户有不同的职业和兴趣。这样的组合可以是无限的。

你的客户之间的这些相似之处——单独或组合——反映了你的自然亲和力，这就是你的自然市场。这些组合都是你在曾经的成功营销过程中累积的宝藏，蕴藏着巨大的营销机会。

每名顾问都有一个或多个自然市场，专注于这些市场是你拥有的最佳营销机会之一。但大多数顾问从来没有花时间去确定他们的自然市场是什么或如何利用它们。

自然市场是如何运作的

这种方法背后的原理是，客户常与共事的人、有共同兴趣的人、

年龄相仿的人来往,"物以类聚,人以群分"。这种方法有三个主要好处:

(1)这种与客户建立联系的方式,对客户来说很有趣,也很有价值。

(2)它为客户提供了一种有价值的、与朋友见面的社交方式。

(3)它能让你以一种轻松愉快的方式与潜在客户见面。

通过自然市场营销,可以让你的客户更愿意把你介绍给他们的朋友,也就是你的潜在客户。自然市场营销轻松愉快,因为客户通常更愿意邀请朋友参加有趣的活动或讲座,而不是进行引荐。与引荐相比这种方式让客户感到的压力更少,因为引荐会让客户有所顾忌,担心如果顾问损失了他朋友的钱,他的朋友会责怪他。在自然市场营销中,客户是通过邀请而不是为顾问背书的方式来介绍潜在客户的。

如何制订一个自然的营销计划

第一步:整合你的客户

整合你前 50~100 位客户:

- 年龄(以 10 岁递增)。
- 职业。
- 兴趣爱好。
- 客户来源(你如何获得账户)。

这种分析是自然市场营销计划的基础。从人数最多的两个职业、年龄段和兴趣爱好开启你的计划(这 3 个类别两两组合,可以形成 6 个组)。例如,你的分析表明:

- 大约 60% 的客户是退休人士和企业主。
- 大约 80% 的客户年龄在 50 到 60 岁之间或者 70 岁以上。
- 约 75% 的客户喜欢高尔夫或飞钓。

第二步：列清单

完成分析后，列出这 6 组中每一位客户的姓名。这个名单就是你自然市场营销计划的基础。

第三步：组织活动和讲座

分析完你的客户并列出你的清单，就可以为那些年龄和兴趣相似的客户组织活动和讲座了。在本章的后半部分，有一些如何将自然市场营销用于职业、年龄和兴趣爱好的例子。

第四步：跟进

你必须跟进你通过这些活动和讲座获得的新的潜在客户。你应该在讲座或活动结束后给每个潜在客户打电话，邀请他参加另一个活动或讲座，或者如果合适的话，问他是否愿意与你会面，讨论你可能会给他的资产管理带来的新增价值。

如何创建分组

同类职业自然市场：转介绍

来自同一行业的人有着紧密的联系和宝贵的信息：

- 从事特定职业的人对如何向同行营销都有绝好的想法。
- 从事某一特定职业的人都很了解同行，并对这些人的资质（收入、股票激励、职位、资历等）有很好的了解。
- 从事某一特定职业的人知道他们公司内部和行业其他地方的流动资金情况：谁退休了，谁被调走了，谁是新的高级管理人员，谁是掌握职权的人，以及其他此类信息。

在你的自然市场营销中，利用职业分组的最好方法是要求这些职业的客户提供转介绍。下面是一个话术示例，演示如何让客户介绍他的职场中的其他人：

"尊敬的［客户］先生/女士，我最近分析了我的生意，发现我的大多数客户都和您一样［说明职业］。很明显，我和这个行业的人相处得很好，我想寻求您的帮助：在您的行业里，有没有人和您一起工作或认识的人是我可以去聊聊的？比如他的生意做得很好，退休或刚搬来这里，或在他或她的生活中发生了重大转折。如果有的话，您愿意给我介绍一下吗？"

年龄组自然市场：讲座

年龄相仿的客户通常在投资周期中处于相似的位置。虽然这个投资周期理论，并不同样适用于所有相同年龄的投资者，但年龄通常是决定投资者财务需求的一个重要因素。例如：

- 40～50岁年龄段的投资者最感兴趣的是资助他们的孩子上大学，制订养老金计划，或者购买度假屋。
- 年龄在50～60岁的投资者关注的是有足够的钱退休。
- 60～70岁的投资者关注的是遗产规划，而不是他们的退休资产。

大多数人都能和同龄人成为朋友，这是因为他们经常有共同的兴趣和家庭环境。组织同年龄段客户的最佳方法是组织对特定年龄段客户有价值的教育讲座。当你为特定年龄段的人提供教育讲座时，你不仅是在为客户提供有价值的服务，也给了他们一个邀请年龄相仿、兴趣相似的朋友，对你而言就是邀请潜在客户的机会。所以，一定要让你的客户带一位年龄相仿的朋友来参加讲座。

以下是一些指导你组织特定年龄段的客户参加讲座的例子：

- 为40～50岁关心孩子教育的人组织529计划（即529教育基

金计划，在美国是一种可以享受税收优惠政策的存储工具，可以帮助投资者把钱放在一个稳定升值的账户中用于未来的教育支出）的讨论会。

- 为50~60岁的人准备的退休前事宜讲座，包括他们需要多少钱可以退休，未实现的净增值，加速储蓄策略，以及其他类似信息。
- 为60~70岁的老年人举办讲座，主题包括遗产规划、赠与策略、如何跑赢通货膨胀等。

这里有两个用来在这类活动前邀请客户的话术示例：

"尊敬的［客户］先生/女士，根据您的投资情况，我想邀请您参加一个您可能会感兴趣的讲座。讲座的主题是［给出细节］，日期和时间是［给出日期和时间］。您有兴趣参加吗？"

如果答案是肯定的，那么：

"有没有其他会对这个讲座感兴趣的人，您认为我适合邀请的？如果有的话，欢迎邀请他来参加。有想到合适的人选吗？"

"尊敬的［客户］先生/女士，我打电话的原因是想邀请您参加我正在主持的一个讲座，主题是［合适年龄段的相关话题］。根据我的经验，与您处于相似投资周期的客户和潜在客户对于这个话题都非常有兴趣。您有兴趣参加吗？"

如果答案是肯定的，那么：

"好。您认为我还应该认识其他可能有兴趣参加的人吗？对我来说，这是一种轻松愉快的方式来结识可能对这个讲座主题感兴趣的潜在客户。"

相同爱好组的自然市场

你的客户可能会有朋友有相似的业余爱好，因为人们都喜欢和那些喜欢做同样事情的人在一起。通过根据客户的兴趣爱好对其进行分类，你可以组织与这些兴趣呼应的活动。例如高尔夫、飞钓、美食、品酒、烹饪和旅游。

利用客户兴趣分组的最佳方法是组织有趣的活动。这些围绕兴趣爱好开展的活动，提供了一个很好的拓新客的机会。邀请客户参加他们感兴趣的活动，并请他们邀请一位有同样兴趣的朋友共同参加。你的客户会很高兴被邀请参加他们感兴趣的活动，而你也会用一种轻松愉快的方式来结识潜在的客户。

营销私董会

将你的客户按照职业、年龄和兴趣爱好分组后，你就可以寻求他们帮你找到相同组的潜在客户。"营销私董会"的创建将由特定类型的客户组成，这将帮助你更有效地找到并定向对这些职业、年龄范围和兴趣的客户群进行营销。

到目前为止，我所提出的想法主要是提供一些活动来吸引具有相同职业、年龄或兴趣的人。现在，你可以向这些小组中的客户咨询，给同一小组其他人营销的建议。没有比这些人更懂得如何向这类特定人群进行营销。如果你想问"您能给我一些如何有效地向与您在同一领域/年龄/兴趣爱好的群体进行营销的建议吗？"，那么话术如下：

"尊敬的［客户］先生/女士。我在整理客户资料时，发现他们中的大多数和您有着相同的职业。我想问问您的建议：如果我想吸引更多像您这样的客户，您能告诉我如何才能打动您的同行吗？"

利用你的分组探索你最好的营销活动

分析你现有客户的来源，将有助于你制定针对这一群组的最好营销策略。这些都可以作为你未来营销工作的基础信息。例如，如果你发现你的客户和潜在客户的最大来源是讲座，那么这表明你的主要营销活动应该是讲座。花时间做这个分析后，你就可以把大部分营销时间花在那些能产生最佳效果的活动上。此外，如果你想在你的客户之外开拓一个细分市场，自然市场将是你最好的起点。你已经具备了必要的专业知识和经验，可以有效地运营这个特定的细分市场。

自然市场营销潜在客户

适用于现有客户的自然市场营销原则同样适用于潜在客户。如果你将你的潜在客户按年龄、职业和兴趣爱好分类，你同样可以邀请潜在客户参加活动和教育讲座。这样做的另一个好处是，一个客户较少的新顾问，可以在他建立稳定的客户群之前，使用自然市场营销技巧获客。在自然市场营销过程中加入现有潜在用户，你可以接触到的高净值客户与潜在客户的数量将会翻倍，你的商誉也会逐渐建立起来。

在第 7 章，我介绍了如何收集潜在客户的细节信息和兴趣。现在，是时候使用这些信息了。参照我介绍的组织现有客户的方式组织潜在客户，然后列出潜在客户的年龄、职业、兴趣和来源。

你如果正在组织一个以高尔夫为主题的客户活动，那就邀请现有的潜在客户中喜欢高尔夫的参加。同样的操作也适用于邀请特定年龄组的客户和潜在客户参加教育讲座。通过邀请潜在客户，你可以扩大参加讲座和活动的人数，并进一步发展你与潜在客户的关系。你甚至可以大胆一些，请每个潜在客户带一个有相同兴趣的朋友来。你也可以打电话给你的潜在客户，询问他们对同行中的其他潜在客户的营销建议，你也可以请他们推荐一些他们在各自职场中认识的人和你聊聊。自然市场营销是通过客户和潜在客户来寻找新客户的最高效有用的方法之一。它不仅是一种根据年龄、职业、兴趣爱好和来源来组织客户和潜在客户的方法，也为你创造了认识优质客户的好机会，并引导他们以一种轻松愉悦的方式帮助你。这就是有效营销的意义之所在。

适用于经验丰富顾问的细分市场营销

自然市场营销的重点在于针对一个特定的职业、专业或类型的投资者开展营销。许多适用于新手顾问的原则（在第 1 部分的第 4 章详细介绍过）也适用于有经验顾问的细分市场营销。通过专注于一个特定的细分市场，有经验的顾问可以获得继续发展自身业务的三大因素：声誉、转介绍和引荐人。

与我共事过的最成功的顾问，都在为一种非常具体的职业或类型的投资者工作的过程中，积累了深厚的专业知识和经验。这是非常有意义的，因为随着投资者财富的增长，他们都相信自己是独一无二的，都希望一位有资历的理财顾问为他服务。举个例子，如果你是一个高级主管，你肯定希望你的顾问有服务其他高管的工作经验；如果你是一位企业主、养老金计划的受托人、律师或医生，情况也是如此。所以，如果你是某一细分市场的专家，同业竞争会少得多，因为大多数其他理财顾问都不是专家。此外，由于你有在你的细分市场服务高净值客户特定投资需求的经验，因此在细分市场中更容易获得推荐。我建议所有有经验的顾问制定聚焦于一个细分市场的工作规划。

第一步，确定你可以进入的细分市场，并坚定地深耕市场。当你列出客户的职业分布后，你所确定的自然市场很可能就是你的细分市场。

第二步，根据你确定的未来细分市场，采访你在这个行业的客户。以下是你和客户访谈时可能会用到的简单话术：

"尊敬的［客户］先生/女士，我在整理现有客户资料时发现，我的许多优质客户都和您有同样的职业。我决定未来把我的服务方向聚焦于［具体职业］的客户。我非常尊重您，希望您能解答一些对我很有帮助的问题。您现在有时间回答几个问题吗？"

（1） 如果您是我，您会用什么样的方法取得从事您这个行业的人的信任？

（2） 从事您所在行业的人都会读什么行业出版物/期刊？其中有本地刊物吗？

（3） 从事您的行业的人会参加什么协会或团体？其中有本地组织吗？

（4） 有什么公开演讲的机会您觉得我可以参与的？

（5） 您觉得这个行业有什么意见领袖和领导人我应该去结交？

（6） 对于了解您这个行业，您有什么专业书可以推荐给我？

一旦你采访了你选定细分市场里的所有客户，你就可以基于所有的信息开展细分市场营销。我建议你利用公司内部资源和可以提供行业信息的专家，作为采访信息的补充。

第三步，根据你的目标细分市场列出一个合格行业人士名单。我建议你的目标细分市场名单上至少有500个合格行业人士的名字。

现在万事俱备，可以行动了。加入行业协会、订阅本地和国家级刊物，或者在行业协会会议上发言。你很快就会发现，每个人都对投资理财很有兴趣，也可以为你提供他们行业对于金融和投资的见解。在你能力范围之内做一些赞助活动，以显示你是"他们行业的朋友"。最后，按照你的名单开始打电话。

以下是细分市场营销时会用到的话术：

"［琼斯］先生/女士，我是XYZ金融机构的乔，致电您是因为我在服务和您一样成功的［具体职业］客户工作中，积累了一定的专业知识和经验。您从事的行业面临着独特而复杂的投资需求，您应该找一个在该领域有一定经验的人做您的理财顾问。我相信我们有许多共同之处，比如您这个行业中有许多人是我的客户。我建议我们在一个双方都方便的时间见面，这样我可以分享我的经验和专业知识来帮助您投资。"

我已经分享过如何从现有客户中发展新客户。但如果你没有开发出你的忠实客户，你就会失去一个业务增长的重要因素。

小结

- 自然市场营销就是简单地将客户和潜在客户按照年龄、职业、兴趣爱好进行分类，以及你如何获得客户或潜在客户（"来源"）。
- 自然市场营销让你有机会引导你的客户，通过向你介绍有共同兴趣、年龄相仿和职业相近的人使你获得新客户。
- 邀请客户和潜在客户向与他有相同职业的人引荐你，是一种有效的自然市场营销技巧。
- 教育讲座是面向相同年龄组的客户和潜在客户最有效的自然市场营销方法。
- 有趣的活动是面向有相似兴趣爱好的客户和潜在客户最有效的自然市场营销方法。
- 营销私董会是从相似职业、年龄范围与兴趣爱好的客户和潜在客户那里获得营销点子的一种自然市场营销技巧。

- 根据客户和潜在客户的来源，可以确定你最有效的营销方式和大部分营销时间应聚焦的方向。
- 自然市场营销技巧对客户和潜在客户同样有效。
- 对大多数客户来说，邀请朋友参加一个有趣的活动或讲座比直接引荐要容易得多。你必须跟进你通过活动和讲座获得的潜在客户。在活动或讲座结束后，尽快安排与他们见面。
- 针对有经验顾问的细分市场营销有三个重要因素：声誉、转介绍和引荐人。遵循本章所概述的四个步骤，你将成为一个细分市场的营销大师。

第 15 章　客户留存

客户留存远远不仅是留住客户，而应该是发展忠实的客户。拥有忠实客户或许是你能参与的最重要的获客和发展策略。我对于"忠实客户"的定义也包括那些理财顾问的"狂热的粉丝"。这些忠实客户具有很高的满意度，并非常愿意将所有的业务和资产都交给理财顾问打理，为理财顾问介绍新客户，长期维系忠诚度。

任何一名希望达到百万美元级别业务的理财顾问都希望能以拥有尽可能多的忠实客户为目标。基于我的经验和调查研究，总结了如下七个重要因素，如果顾问能在业务中采用，则会带来许多忠实客户：

（1）合适数量的客户关系。
（2）建立深厚的客户关系。
（3）主动与客户进行联系。
（4）取得良好的业绩表现。
（5）有效解决问题的方法。
（6）全面广泛的合作关系。
（7）积极培养新客户体验。

合适数量的客户关系

优质的客户服务建立在一个关键点上：便于管理的客户数量。如果你的客户数过多，那么你很难提供既能使客户满意又符合他们要求的服务水平。

一段关系的深浅取决于你在对方身上花的时间和精力的多少。虽然只是投入大量的时间并不能保证建立良好的关系，但是如果连时间都不花的话就更不可能维系一段关系了。我认为，"你能给予他人最好的礼物是时间和关心"，这个说法同样适用于忠实客户的培养。为了培养一位忠实的高净值客户，你每年可能需要花上至少 10 个小时去维系和该客户的关系。进一步来说，这 10 个小时你需要做的事包括：主动联系、约见、人际互动、兼具有趣和教育意义的活动，这些还没算上邮件交流、回应客户需求、前期准备工作和贯穿全周期的服务工作所需要的时间。

因此，要将潜在客户转化为客户，你必须像对待最好的客户那样对待你的潜在富裕客户。这就意味着你每年在每位潜在客户身上至少得花 10 个小时。这就使得对于绝大多数有经验的顾问来说，同时服务超过 100 位高净值客户，还希望能发展超过 50 位潜在客户是不现实的。客户数量同样也会给客户助理的服务质量带来显著影响。客户助理应让现有及潜在客户感受到"丽思卡尔顿"式的服务，而要体现出这样的服务水准，必须把客户数量控制在便于客户助理管理的范围内。此外，客户助理在资产较少、没有那么富裕的客户身上花费的时间，也会制约其服务富裕客户的时间，而理财顾问也常常低估了客户助理接听电话、服务资产较少的客户所花的时间。

建立深厚的客户关系

顶级理财顾问认为，与现有及潜在客户建立信任关系是成功开展金融服务业务的重要基础。一旦建立了良好的关系，好的事情都会随之而来：包括管理更多的资产，得到更多的转介绍，提升客户的资产份额，等等。

在第 9 章里，我介绍了培养信任的重要性，并阐述了三种层级的信任。我要特别说明的是，当客户认为你在他们及其家人的生活中占据一定位置时，他们对你的信任度是最高的。他们相信你会推心置腹地关心他们，真心实意地关注他们人生目标的实现。成为客户生活的利益相关者，从而赢得最高程度的信任，这一原则同样适用于通过培养与客户的深厚关系来发展和维系忠实的客户。

主动与客户进行联系

客户希望经常听到你的消息——这一点的重要性是怎么强调都不过分的。客户想感受到你在实打实地关心他们，并密切关注他们的资产。尤其是在市场剧烈波动的环境下。对高净值客户资产管理的竞争十分激烈，以至于如果他们觉得没有受到重视，就会很容易将资产转移到重视他们的人那里去。基于我的经验，结合我所见过的对众多高净值客户的调查以及客户满意度研究，高净值客户期望与理财顾问每月联系一次。

正如前面提到的，我所定义的"客户联系"指的是主动联系和约见，而对客户的请求予以回应或者电子邮件、信件以及其他形式的交流都不包括在内。一年中必需的 12 次联系中，3 次应为季度检视，1 次为年度策略会或检视会议。每月一次的联系应持续 20~30 分钟。

季度检视应持续半小时到一小时，取决于是否当面进行。年度检视比季度检视的内容更加广泛，所以要为此制定一个日程安排。除了进行业绩回顾，年度检视中还需设置一个展望环节，内容应包括对新增资产的同步说明，以及正式地与客户讨论转介绍请求。如果条件允许的话，年度检视应该尽量当面完成，并把客户的配偶也请来参加。整个年度检视的时间应持续约一小时。

每次与客户联系应当包括以下四个部分：
- 重启联系。
- 投资组合的检视。
- 可持续的发展机会。
- 结尾时的问题。

重启联系是与上一次对话的同步，大多数时候，寒暄内容应尽量偏向生活方面而非投资方面。投资组合的检视是对投资产品组合的总体状况进行回顾，包括一些调整的建议。可持续的发展机会是指应用某个能促进规模或者获客增长的方法，如增加产品或服务、新客户转介绍、询问注册会计师或律师的名字、邀请客户参加活动并携带一位客人，或提议将外部资产转入，等等。并非每次月度联系都要包括这一部分内容，具体情况根据客户和时机而定。结尾时的问题，简单来说，就是问客户"您还有什么希望了解的"。这有助于双方始终保持自由交流，确保对于客户所担心或疑虑的问题可随时进行探讨。

你还可以与客户进行很多其他形式的联系，这对客户的留存都能产生积极的作用。这些联系是对月度联系的补充，但不能取而代之。这些联系包括：
- 附有个人说明的信件。
- 客户活动或讲座。举办活动和讲座是证明你重视客户的绝佳方式。
- 为客户的生日准备两张电影票。你不仅记得客户的生日，还送礼物给他，这会让客户颇感贴心。看电影是很好的晚间娱乐活动，客户在看电影时和看完电影都会想到你。

● 你的经理给客户打电话，感谢其带来的业务，让客户在需要时联系他。让全职经理参与进来会让客户觉得自己很重要。把客户的姓名和电话发送电子邮件给你的经理，请他给客户打电话以示友好。由于经理的时间有限，我建议你只请他给你最优质的客户打电话。

提供出色而主动的服务是客户助理最重要的工作之一。一名优秀客户助理的服务包括在客户致电询问之前，主动询问客户是否有任何需要。我建议客户助理每年至少给每位客户打两次电话，询问有哪些服务需求。这会让客户觉得，顾问及客户助理确实对优质服务非常重视。

下面是一份客户助理的询问模板：

"［客户］先生／女士，您是我们最优质的客户，我们致力于为您提供出色的服务。来电是想询问是否有什么我们能做的以便更好地为您服务，并看看有没有服务方面的问题需要我们帮助？"

如果你按照我阐述的客户联系方法去做，那么每年至少要用10个小时来培养并维系忠实客户，包括：

● 4个小时——8次月度联系。
● 2个小时——3次季度检视（1次当面进行）。
● 1个小时——年度检视（当面进行）。
● 3个小时——有趣／有教育意义的活动（每年至少1次）。

取得良好的业绩表现

业绩表现有两个方面：一个是客户期望的业绩，另一个是客户资产的实际表现。如果这两方面不一致，而客户的资产表现没有达到预期，就会出现问题。

期望

如果客户的资产表现达到或超过预期，客户肯定会很满意。如果你教育客户根据自己的目标和风险承受能力来预测业绩，那么他的期望可能会与长期的业绩表现基本一致。客户教育是确定期望值的关键。

业绩

提高投资组合业绩的关键是：资产配置、分散投资、纪律严明的投资流程。如果你善用这几个要素，将会取得良好的长期收益。长期来看，有着合理资产配置的保守型投资方法业绩将超过缺少纪律性的激进型投资方法。第 10 章详细探讨了与业绩有关的投资管理流程。

有效解决问题的方法

客户资产运作中出现问题是不可避免的，对于这点大多数客户都能理解。留住客户的关键不是不出任何运作问题，而是在问题出现时能够迅速解决。这些问题本身对客户满意度的影响，与你如何解决这些问题相比要小得多。与客户就解决问题的进展保持沟通也很重要。以我的经验来看，相比问题的解决速度，高净值客户更加关心的是有没有人正在着手解决，并同步进展。我研究出一种解决问题的方法，我称之为"沟通和上报"。作为理财顾问，你应该委派客户助理去解决问题，但不能委派之后就把问题抛到脑后。

一旦提请客户助理跟进客户的问题，解决该问题就应成为助理的第一要务。如果助理在解决问题的过程中碰到障碍，必须在 48 小时内上报给理财顾问。如果顾问也无法解决，就必须立刻上报管理层。

如有出现耽搁，应与客户进行沟通，告知进展和应予解决的时间期限。如果问题已经解决，也要告知客户。良好的沟通与有效的解决方案一样重要。

全面广泛的合作关系

使用6种或更多产品和服务的客户，其留存率几近完美。这是合乎情理的，因为客户使用的产品和服务越多样，他与理财顾问及公司的联系也越紧密。在第9章里，我阐述了财富管理服务和全面广泛关系的重要性。在第13章里，我介绍了一套系统性地向核心高净值客户提供更多适合的产品和服务的流程。如果你按照这两章的建议去做，便能与客户建立起广泛的合作关系。

积极培养新客户体验

新客户的体验非常重要，因为这是客户对顾问所在公司最初的感受。新客户对公司的看法就是从这里得出的，它还会先入为主地影响客户后面对公司的感受。好的初次体验会带来积极的看法。

客户助理和理财顾问应该一起制作一份检查清单，将能给客户留下良好的第一印象所需完成的事情全都罗列出来。其中一件事情是客户助理给新客户写一封信，进行自我介绍，并告知将负责客户服务方面的工作。随后，客户助理还需致电新客户，说明同样的情况。客户助理或顾问在新客户收到对账单之后也要随即给他打电话，与客户一同把对账单复核一遍，以便客户可以轻松阅读。这些事情都能确保新客户有良好的体验。

制作一张电子表格来规划客户助理的工作，确保新客户产生良好的感受。将新客户的名字输入第一列，然后在后面几列输入需要完成的工作。客户助理每完成一项工作，就在那位客户对应的工作下面打钩。新账户开立后90天内，每位新客户的每项工作下面均需完成打钩。

这份检查清单上应该有这样一项工作，即给客户寄送一份小礼物，感谢与他开启新的合作关系。我认为最好的礼物是投资类书籍（图书推荐请参阅第7章）。对于比较重要的客户，不妨请你的经理给新客户打电话，欢迎他成为公司的客户。这会让新客户感受到公司上上下下对他的重视，而且高管的来电常会令客户格外高兴。

客户助理模板

欢迎电话

尊敬的［客户］先生/女士，打电话给您是想做一个自我介绍并感谢您在我公司开户。您有什么和账户相关的问题是我能帮到您的吗？在您收到第一份对账单之后，我会给您打电话，和您一起把对账单过一遍。在此期间，如您有任何问题，请直接给我打电话，我的号码是［客户助理的直线电话］。

感谢信

尊敬的［客户］先生/女士：

感谢您选择［顾问的姓名］来助您实现财务目标。

写信是想做个自我介绍，我是［顾问的姓名］的助理人员，是您的主要服务联络人。我将为您的服务需求和问题提供帮助。

如您有任何疑问，请随时给我打电话。为客户提供服务我们深感荣幸，期待持续与您合作。

真诚的
［客户助理的姓名］
［地址］

通过提供这种积极的新客户体验，你可以为培养长期忠实的客户关系打下基础。开展这种良好的合作关系，实则相当于向新客户重申，将资产交给你打理是正确的决定。通过少承诺多付出，你将信任这项重要的内容融入工作中，做到言行一致。

培养忠实的客户需要耗费大量的时间、精力、规划、关注和奉献，但培养忠实的客户所带来的回报值得这些付出。忠实的客户不仅始终跟随你，还能成为推动你业务发展最重要的因素。

有经验的理财顾问需要做大量的工作来留住客户，但他们也必须花时间进行市场营销。这可能会令人难以应付。不过，在第 16 章我将阐述如何有效管理时间，把这一切都做好。

小结

- 你的客户数量需控制在 100 位以内，这样客户留存策略才行得通。
- 有效的客户留存策略与新客户获取策略同样重要。
- 客户助理可以在客户留存策略中发挥重要作用。
- 将七个因素融入业务以培养忠实的客户。
- 有效沟通是留住客户的关键。

第 16 章　时间管理和客户助理

一名理财顾问如何安排自己的时间将决定其成为百万美元理财顾问的可能性有多大。时间是理财顾问的全部，你如何利用时间和精力将决定你是否能成功。你的精力是有限的；每天工作多少小时并不重要，重要的是所花的时间有多少是有成效的。一名致力于百万美元收入业务的顾问必须把他的高能时间用于正确的活动，否则就失去了那一天的机会。

在我们的业务中，我最喜欢的一个说法是"正确的活动会带来正确的结果"。作为一名理财顾问，有许多事情是你无法控制的：市场、客户行为、潜在客户是否同意在你这里开户、客户是否提供转介绍。但有一件事是你作为理财顾问完全可以自己控制的，那就是你如何安排时间和每天做的活动。我相信正确的活动是正确结果的重要指标。

时间管理基本原则

你需要每天在联系客户、营销和事务性工作之间平衡时间。为了有效管理时间，你必须有条理地开展工作，并遵循时间管理的四个基本原则：

（1）优先级。
（2）授权委托。
（3）划分时段。
（4）做好准备。

如果你遵循这些基本原则，你可以做一切必要的事情去建立一项百万美元收入的业务。

优先级

为日常任务制定优先级，可以确保你在精力旺盛的情况下首先完成最重要的活动。避免在行政工作、阅读、研究或准备上花费大量精力。这些工作比与高净值客户和潜在客户建立关系更容易，但并不重要。

（1）你的首要任务是每月与客户联系。
（2）你的第二个任务是跟进现有的潜在客户并且寻找新客户。
（3）你的第三个任务应该是每天执行一两个优先级最高且不能被委派的管理工作。

电话回访和优先级较低的任务可以安排在晚上、精力不足的时候。你必须不断地确定优先级，每天一开始就把最充沛的精力花在高优先级的任务上，这样无论发生什么事情，这些任务总是首先被完成的。

你的首要任务是每月与客户联系

花时间联系客户是你的首要任务。我看过的每份客户调查都表明，客户满意度与顾问的定期联系密切相关。如果你将维系客户的数量限制在 100 位，并且你承诺每月至少联系一次客户，那么你需要每天与 5 位客户联系；如果每个通话持续大约 30 分钟，那么每天你需要约两个小时与客户联系。其中一些客户的通话可能会持续 15 分钟，如果涉及年度检视或亲自进行季度检视，则有些联系人可能会持续 1 小时或更长时间。在月度联系中，有 3 个应该是季度检视（如果方便的话亲自进行），1 个应该是年度检视；或年度规划会议（如果可能的话亲自进行）。

底线是你需要每天花 2~3 个小时来提供 100 位客户所需要的服务水平。

你的第二个任务是跟进现有的潜在客户并且寻找新客户

如果你想获得百万美元或千万美元收入的业务，你必须每天花时间营销。如果你不致力于一个纪律严明的营销流程，你几乎没有机会建立一项百万美元收入的业务。与我共事过的非常成功的百万和千万美元收入的理财顾问们至少有一个共同点：他们从不停止营销，从不停止把自己置于富裕人士面前。

对于一位有经验的顾问来说，营销可以采取多种形式。我从成就了百万或千万美元收入业务的理财顾问那里观察到的非常有效的营销技巧有：在私人俱乐部打高尔夫球、飞钓、打猎，做慈善工作，组织网络社群（自建的）、非营利董事会，构建影响力人士圈子，组织客户活动，以及请客户做转介绍。此外，还需要花时间联系你的渠道里的潜在客户。在第 7 章中，阐述将潜在客户转化为客户时，我建议你的渠道里应该有 50 位合格的潜在客户，他们应该被视为你最好的客户。这意味着每月联系每位潜在客户一次（通话或约见），每天联系 2~3 个人，每天花大约 1 个小时。这不是一份详尽的清单，但它是与我合作过的那些百万美元收入的成功理财顾问们每天营销工作的典型方法。

我建议你每天至少花 1 个小时，目标是每天花 2 个小时或更多的时间，与潜在客户联系并建立关系。我合作过的顶级理财顾问（每年千万美元以上收入）每天都要营销很多小时。底线是你必须把营销时间安排到每天当中去。

你的第三个任务应该是每天执行一两个优先级最高且不能被委派的管理工作

即使你应该每天把大部分高能时间都花在客户和潜在客户的联系上，为了建立和维持一项百万美元收入的业务，你也需要把时间花在管理工作上。你会遇到需要你亲自关注的问题，必须有效并及时地处理。如果你的优先顺序正确，你应该能够每星期亲自处理 10 个高优先级管理项目。如果你需要处理的事情超过 10 件，很可能是你授权不当。

不能被委派的管理任务包括解决客户助理不能解决的操作问题，组织重要的客户或潜在客户路演，跟进未解决的客户问题，为与注册会计师或客户召开的讲座准备演示文稿，并为顶级客户投资组合报告做准备。你应该每天至少执行其中两个高优先级的管理任务，并且应该每天安排 1 个小时来处理这些问题。

授权委托

你必须试着把一切与建立客户关系无关，以及接触富裕客户和潜在客户之外的事情都委派出去。虽然你需要管理投资组合、进行客户检视和完成高优先级管理工作，但你不必执行每项任务。你的优先事项应该是建立流程和跟进检查，而不是实际执行这些任务。把自己想象成一个百老汇演员，专注于观众和表演，而不是花时间在背景、音乐和化妆上；为了一场精彩的表演，演员必须把这些任务交给别人，这样他才能把注意力集中在表演上。顾问也必须这么做。建立关系和营销难以委托他人，试着把其他事情委派出去。

你如果想提高你的授权技巧，就关注"三大任务"——制定投资政策、策略并实施，与高净值客户保持联系和约见，营销——委派除此之外的其他事项。在办公桌上放一张纸，每次你从事与三大任务无关的工作时，都要把它写下来，这些活动都需要委派给团队中的其他人。如果你的支持人员工作已经饱和，那这些任务将成为需要补充的支持人员的工作职责。我意识到雇用一个额外的支持人员可能会很昂贵，但当你可以花30美元的时薪解放你的精力去做时薪500美元的工作（与最好的客户联系和市场营销）时，这种花费总是物超所值的。

划分时段

时段指你把时间集中在做类似的任务上的一段时间。我和理财顾问们合作过的最有效的时间管理方法之一就是我所说的"BL/AL（午餐前/午餐后）策略"。我建议你在午餐前做所有的优先级事项（三大任务），让你的支持人员筛选你的电话，并向客户提议你会在午餐后给他们打电话。我也建议你午餐前避免回复邮件，如果可能的话，不要在午餐前看电子邮件。我们的大脑会自然而然地对机遇和威胁做出快速反应，而每一封刚刚到来的邮件要么是好消息（机遇），要么是坏消息（威胁）。我们忍不住看了刚收到的电子邮件就会回复它们，除非我们非常自律。如果我们不自律，一个最有可能提高业绩的工具（电子邮件）可能会成为影响业务的最大干扰因素。

我还建议如果有可能就利用午餐进行约见——潜在客户约见、专业转介绍约见或是客户回访或见面。每个人都吃午餐，所以为什么不让这成为一个自然的见面时间呢？对客户来说，这可能意味着通过午餐来参加回访见面。

我建议午餐后花点时间在那些通常会占用拓展性活动时间的日常性活动上。例如，包括前面所说的管理工作、准备演示文稿、研究、回复电子邮件、回复不重要的电话、会议和任何其他非三大任务的工作。把日常性活动安排在午餐后的唯一例外是这些外部约见更适合安排在比较晚的时段。如果你遵循 BL/AL 策略，你会发现你每天至少有 50% 的时间花在那些拓展性的活动上，这些活动将拓展你的业务，并且也可以保证所有日常性活动的完成。

做好准备

做好准备的目的是使工作基于流程，就像机器已经建成，白天打开电源开关就可以。需要建立流程的工作有：月度客户联系、潜在客户的第一次约见（开发的问题）、潜在客户宣传手册、潜在客户渠道管理、新客户检查清单、问题解决、专业人士转介绍网络路演和跟进、客户检视准备和设置客户活动日期。每一天都为愿景而执行工作，所有流程都已就位，每项工作都可以有序开展。

客户助理的角色

理财顾问和客户助理之间的工作流程对成功的时间管理至关重要。客户助理的主要职责有四个方面：

（1）一般行政和运营职责。
（2）客户服务工作。
（3）筛选来电。
（4）准备和按需定制演示文稿与演示文稿库。

一般行政和运营职责

如我前面提到的，将所有非三大任务的工作委托给你的客户助理。但避免一下子给客户助理安排一大堆工作，不然他可能会对应该先做什么感到困惑。把你交给他的工作按轻重缓急排列，在每项任务上附上一个便签说明需要做什么，并确保所有相应的文书工作都包括在内。按（1）（2）（3）的顺序排列所有任务的优先级：

（1）需要在某天完成的任务。

（2）需要在某周完成的任务。

（3）需要在某月完成的任务。

保存已委派的任务列表，并标明委派任务的日期。将此任务列表保存在待处理的文件中。每天，当你与客户助理会面时，检查待处理的文件并检查每个项目的进展。此过程有助于客户助理清楚理财顾问安排的任务的优先级，并保证在规定的时间内完成。如果客户助理有担当，他要么努力工作在截止日前完成工作，要么向理财顾问解释他为什么不能在截止日前完成工作。我建议你每天一早就分配任务，并与你的客户助理一起查看待处理文件，时间不要超过30分钟。这样，理财顾问就不会整天被客户助理打扰。如果理财顾问愿意，可以通过电子邮件和电子文件安排客户助理的工作。

客户服务工作

客户助理不仅可以帮助理财顾问完成行政任务，还可以提供高净值客户期望的卓越服务。大多数客户助理没有时间提供积极主动的服务，而是在出现问题时做出反应；这只不过说明缺乏组织安排。如果理财顾问希望自己的客户助理将服务提升到下一水平，就必须帮助助理做安排。客户助理可以在四个方面将服务提升到非常高的水平：新客户体验、扩展客户使用的服务、杰出的问题解决能力和积极主动服务。

筛选来电

客户助理应尽可能为理财顾问筛选来电。客户应该了解，理财顾问不会在他们一打电话时就回应，但总会在合理的时间内回电话。和我共事过的专业人士从来不会一有来电就立即回复。我和客户的期望应该是，除非是与市场相关的事件，否则理财顾问会在一天的工作结束后回电话。这样的安排可以让你使用 BL/AL 策略，在与客户和潜在客户主动联系及完成午餐的约见后再回电话。客户助理用于筛选来电的话术如下所示：

"我很抱歉，［客户］先生/女士，理财顾问乔［正在接电话/正在接见客户/不在办公室］。有什么事情我可以帮忙吗？"

如果回答是肯定的，则记录下来具体情况。如果回答是否定的，则应该这样说：

"如果是市场重大事件或者紧急情况的话，我很乐意去打断乔；其他事情的话，乔可以在午餐后给您回电吗？"

请注意，客户助理应始终询问自己是否能提供服务。在许多情况下，理财顾问不需要给客户回电，因为客户助理可以处理问题。此外，客户助理还给出了理财顾问在下午最方便的时候回电话的信息。这允许你在完成与客户和潜在客户的通话后再回电。

准备和按需定制演示文稿与演示文稿库

在大多数情况下，你应该为客户和潜在客户的演示文稿做好准备并在会议开始前检查好。在客户助理的帮助下，你可以准备一个关于不同主题的不同演示文稿菜单，并将这些演示文稿保存在演示文稿模板库中，这样，通过最少的修改，很快就可以做好演示的准备。做好这个工作的关键是你和你的客户助理在一开始的时候花点时间来设置演示文稿模板库。

同样的原则适用于季度和年度客户检视会议。检视的格式、议程、业绩数据和规划信息都可以提前准备。与演示文稿一样，可以提前准备这些报告文件和模板，然后，只需进行最少的定制化修改，就可以在报告前几分钟准备好这些文件和模板。为保证整个工作流程顺利进行，理财顾问必须承担起设置格式、培训客户助理按需定制格式的责任。

奖励你的客户助理

一名优秀的客户助理对于经验丰富的顾问来说是一笔宝贵的财富，可以帮助他们建立一项百万或千万美元收入的业务。重要的是你要奖励你的客户助理，让他觉得自己是你团队中受人重视的一员。这种奖励应包括称赞和补偿两种形式。称赞很容易，但往往并不够。寻找每一个机会，称赞你的客户助理的良好工作。称赞可以起到很大的作用，鲜花、电影票和漂亮的卡片也是如此。这些对你来说都是很简单的事情，会大大提高客户助理的士气和对工作的良好感觉。

一名优秀的客户助理应该得到出色的报酬。遗憾的是，这个行业并没有给客户助理很好的报酬，这取决于理财顾问如何来补偿他的助理的报酬。许多顾问按营业额的一定比例给予客户助理提成，其他人会在年底给助理一笔年终奖。你为他的出色工作而支付额外费用的心意要比支付的金额更加宝贵。

不遗余力地称赞和合理的补偿将使一名优秀的客户助理保持多年的忠诚，为理财顾问提供建立百万美元业务所需的支持。

日程示例

考虑到时间管理的基本原则和顾问每天必须进行的活动，以建立一项百万美元收入的业务为例，我建议你参考制定以下每日日程：

> 8：00—8：30　为联系现有客户、潜在客户和营销沟通做准备。
>
> 8：30—10：30　联系客户和室内约见（5个）。
>
> 10：30—12：00　联系潜在客户（2~3个）和营销沟通（4~5个）。
>
> 12：00—1：30　与客户、潜在客户或专业人士（转介绍人）的午餐会面。
>
> 1：30—5：00　与客户助理的会议，处理电子邮件，回电，管理工作，演示，会议，活动，外部约见。

按着这个日程，你至少有50%的时间花在联系客户和潜在客户以及营销活动上。另外请注意，你可能无法在一天内完美地遵循此计划。可能会发生意外事件，使计划无法完成。但是，对于那些有志于打造百万美元业务的理财顾问来说，划分时间段去做高优先级任务的原则很重要。

一名理财顾问如何安排时间将决定他业务上是否能成功。合理的时间管理是那些成功的顾问和没有成功的顾问之间的关键区别。安排你的时间的优先级，授权，划分时间段，以及有效地利用你的客户助理是建立一项百万美元收入业务所必需的所有要素。

时间管理事关业绩，加入团队是提高业绩的一种重要方法。第17章将介绍团队如何工作，以及你应该如何组建或加入团队。

小结

- 合理的时间管理将决定一名理财顾问能否建立一项百万美元收入的业务。

- 花费大部分时间与客户以及潜在客户建立关系是一项百万美元收入业务所必需的。
- 时间管理的基本原理是授权、优先级划分、划分时间段和做好准备。
- 采用BL/AL策略时间划分技巧，以最大限度地利用每一天。
- 理财顾问必须在他们自己和客户助理之间组建一个良好的工作流程。
- 顾问们应该把注意力集中在三大任务上，把其他事情委托给别人。
- 激励和长期留住一名优秀客户助理需要强烈的认可和合理的补偿。

第 17 章　团队

在过去的 10 年里，**团队在金融服务领域的数量激增**，这是有充分理由的：在团队中工作的理财顾问通常比独自工作的理财顾问做得更好。一些金融服务机构有超过 50% 的理财顾问组建团队开展业务。团队作业在很大程度上适用于金融服务，因为它能提高工作成效，改善客户服务（客户留存）。虽然加入一个团队并不是拥有百万美元收入业务的必要条件，但加入一个好的团队可以增加达到百万美元收入的可能性，并可以缩短达到百万美元收入所需的时间。

团队具有以下优势。

更深入的专业知识：团队通常实行专业化分工，这样每个团队成员都可以成为某方面的专家，而不必成为所有方面的专家。这种专业化包括在特定的产品领域、市场营销、投资组合管理、报告演示及其他方面。

更好的客户服务：客户欢迎他们的理财顾问背后有团队，因为他们觉得在一个团队里，总会有熟悉他们情况的人可以服务他们。他们会觉得如果他们的理财顾问出了什么事，自己仍然可以得到服务。

更深层次的驱动力：团队驱动力非常强大。团队有定期的会议，督促每个团队成员对自己的任务和结果负责，这些使得整个团队工作更努力。许多理财顾问对其他团队成员的责任感比对自己的责任感更高；这提高了驱动力，也提高了生产效率，因为每个人的工作结果都是透明的。

更好的意见：金融服务是一门有竞争性的生意，理财顾问可能非常注意保护自己的最佳实践，不愿意与潜在的竞争对手分享，即使是在同一家公司内。在团队的所有成员之间分享想法并从中获得意见是非常宝贵的。

资源汇聚：提高效率的方法有很多，但其中许多方法都很昂贵，例如雇用一名全职助理、升级技术和购买营销资源。一个团队可以分担这些额外的费用。当团队成员分担成本时，资源相关决策更容易被做出。

更好的洞察：当一个团队中的一名或多名理财顾问拥有成熟的业务时，可能产生更好的业务洞察。我曾见过两名高级理财顾问联手，在彼此的业务中寻找其他人无法发现的机会的几个例子。当高级理财顾问将其不活跃或规模较小的账户交给初级合伙人时，也可以获得更好的业务洞察。在许多情况下，初级合伙人会发现新的资产，并产生更多的业务，因为他正在更多地关注这些客户。一个例子是，当一名新的理财顾问加入一名高级理财顾问的团队，并为分配给他的每位客户完成一个财务规划；初级合伙人经常因此发现重要的新增资产。另一个例子是一名合伙人为这个团队带来了特定的专业知识，并发现了没有这种专业知识的理财顾问永远找不到的机会。

当然，在团队中工作也有困难。

一定要适合：虽然加入一个团队的好处很多，但只有当团队成员之间有很好的契合度时，这个团队才会有效运行。在一个融洽的团队里面，有一种说法是"1 + 1 = 3"。然而，通常情况下，理财顾问们加入或组建一个团队时，只把团队当作一种提高工作效率的方式，却不去考虑团队匹配或协同作用。团队不会自动提高工作效率；如果配合不好或没有协同作用，或者团队成员没有共同的职业价值观，团队合作实际上会降低工作效率。在这种情况下，"1 + 1 = 1"。组建一个团队、召开团队会议、衡量结果等都需要时间。如果工作效率不高，那么所有这些都是浪费时间。

隐藏在别人努力的背后：我见过这样的情况，一个团队做的生意比顾问们自己做的要少。这通常发生在一个团队成员隐藏在管理职责之后，依赖其他团队成员来完成工作时。这就是为什么问责如此重要。

团队类型

我观察到的大多数成功的团队分为四类：（1）专业型；（2）内外结合型；（3）垂直型；（4）初级顾问和高级顾问结合型。

专业型

在这类团队中，每个成员都有自己擅长的与其他团队成员不同的专业领域或专业知识。当团队为客户或潜在客户工作时，需要不同的团队成员来提供他们的专业知识。这些专业领域包括保险规划、遗产规划、养老金规划、投资规划、负债和公司服务。这些团队通常做得很好，因为每个团队成员的价值是显而易见的，每个人都可以根据其提供给客户的附加产品和服务来获取薪酬。这种结构还使团队有机会因其深度和广泛的专业知识而脱颖而出。

内外结合型

在这类结构中，有一名外部理财顾问，主要负责营销和建立新的关系，还有一名内部理财顾问，负责管理投资组合和处理团队的管理与运营。外部理财顾问可以推销内部理财顾问的专业知识。如果高级理财顾问具有很强的营销和交际技巧，他将是外部理财顾问；外部（高级）理财顾问描述财富管理流程，而内部（初级）理财顾问实施战略并支持外部（高级）理财顾问。在另一些情况下，初级合伙人是外部合伙人，推销高级合伙人的经验和技能。高级内部合伙人是在第一次任命后引入的，这种合作伙伴关系的优点是，市场营销、投资组合管理和组织可能需要不同的技能，通过合作伙伴关系将它们整合起来，可以产生巨大的协同效应。

垂直型

垂直型结构有时被称为"明星理财顾问"结构。这类团队完全以一名非常成功的顾问为中心。这名顾问是一个多面手：他是一名优秀的营销人员，拥有强大的财富管理流程，他所需要的只是管理方面的支持以完善各项业务的细节。所有业务都要经过这个明星理财顾问，所以他需要聘用能全力支持自己的人，协助自己提高工作效率。我曾合作过的一些最高效的团队都是以这种方式组织起来的。这种结构使明星理财顾问能够把所有时间都花在做他最擅长的事情上，而不会被日常运营、行政管理或资金管理方面的事务分散注意力，从而使优秀的人才得以蓬勃发展。

初级顾问和高级顾问结合型

初级顾问和高级顾问结合型的团队结构本质上是一个接班人计划结构：高级理财顾问希望确保在自己退休后，服务仍将保持完整，客户将由初级合伙人管理。这种合伙关系可以持续数年，实际上，初级合伙人有可能最终接管业务。通常，初级合伙人的股权最终会增加到50∶50，在某些情况下则会持有更多的股权。这种团队结构能够提供高水平运营的原因有两个：第一，由于是高级合伙人选择初级合伙人，高级合伙人对初级合伙人的成功有真正的承诺；第二，初级合伙人致力于长期的合伙关系，因为在高级合伙人退休后可获得高额回报。客户欣赏有序的接班人计划，而高级合伙人可以在团队实践中停留更长的时间，因为他可以花较少的时间，而客户是由他的继任者提供优质服务的。在许多情况下，这种初级顾问和高级顾问的合作关系涉及家庭成员，高级理财顾问会把他或她的一个孩子带入团队，最终接管业务。（在大多数情况下，高级理财顾问寻找一名具备成熟营销和业务技能的新顾问，以帮助自己从较小的客户那里引进新资产或创造更多业务，而不是一名可能从表面上看起来不错但没有成绩或经验，未经考验的新理财顾问。）

混合型

团队的四个类别并不总是纯粹的，在某些情况下，一个团队中有多个类别的组合和搭配。概述这四个方面的目的是给你一些成功的团队如何组织的例子，并鼓励你思考哪种安排最适合你。

组建和加强一个成功的团队

一个团队的生命力由两部分组成：一是组建团队，二是在团队形成后加强团队建设。组建团队（或探索加入团队）时，你需要：

- 评估自身的优缺点。
- 确保适合。
- 先试试看。
- 有解散后的计划。
- 明确合理的薪酬安排。

加强已组建的团队需要一系列不同的行动。你必须：

- 统一价值观。
- 共同的愿景。

- 促进良好沟通。
- 建立考核和问责机制。

组建团队

评估自身的优缺点

有些理财顾问想成为团队的一员，但不知道如何开始。你需要做的是首先对自己的长处和短处做一个诚实的评估。你的长处是你能为团队贡献的部分，而你的短处则是你需要从团队中获得的部分。通常之所以会形成团队，是要让一个成员的长处填补另一个成员的短处。例如，有两个理财顾问，一个拥有优秀的组织技能、投资组合管理经验和增加业务收入的能力，另一个拥有优秀的营销技能，但可能没有时间或兴趣来管理资产或在潜在客户加入后提供所需的服务。

确保适合

选择适合你的团队类型，是你组建或加入团队的重要因素。在下列情况下，团队成员之间最融洽：
- 理财顾问的职业价值观是一致的。
- 理财顾问们的目标是相似的。
- 投入充足的时间和精力。
- 愿意承担责任。
- 崇尚专业。
- 成员的技能相辅相成。

这份清单并不包罗万象，但它概述了我所观察到的最好的团队的特点。许多团队整合这些元素，我没有发现哪个优秀团队只具备某一元素。

先试试看

加入或组建一个团队就像是一场职业的婚姻，应该认真对待。可以从组建"情境型团队"开始。情境型团队是指理财顾问们聚集在一起，进行特定的营销活动，并分配由此产生的业务。这允许团队成员在组建团队之前进行专业的"约会"，以确定组成一个永久团队是否合适。例如：

- 举行联合讲座。
- 邀请具有特定专业知识的顾问帮助开发潜在客户。
- 一名初级理财顾问邀请一名具有丰富的演讲技巧和经验的高级理财顾问来开发一个潜在客户。
- 高级理财顾问发现一名有才华的新理财顾问，他可能是一个潜在的合作伙伴，并向他提供所有资源，同时了解到初级顾问将会服务高级顾问的大部分潜在客户，并将产生的新业务按照 50∶50 分成。这种做法的理由是，新理财顾问将在高级理财顾问的帮助下带来更多的业务，高级理财顾问将拥有更多的机会。

有解散后的计划

一个团队需要事先确定如果团队解散会发生什么。一个团队的解体可能是非常情绪化的，那时并不适合决定谁可以得到什么。

明确合理的薪酬安排

团队薪酬应该从所有成员收到他们最初带给团队的业务开始。例如，如果一个 80 万美元业务的高级理财顾问和一个 20 万美元业务的顾问一起工作，那么合并后的业务应该按 80∶20 的标准进行分配。然而，在这一基准线之上，所有新业务可以按不同的比例分配。分配时，应该按照有利于引入新业务的理财顾问进行，而不论他是高级顾问还是初级顾问。同样的，为现有客户提供额外产品和服务的理财顾问在分配上也应得到有利于他的比例。这个模式的一个演变是，两个理财顾问组建团队，一开始根据各自给团队带来的业务占比进行分配，然后再将新业务按照 50∶50 进行分配，而不管是谁主导了这项业务。其理念是随着时间的推移，每个理财顾问将获得平等的业务收入。我看到过多种多样的薪酬安排方法。我相信最好的薪酬安排是对所有的团队成员而言都是简单和公平的，并能激励团队成长。

组队后如何加强团队

一旦你加入或组建了一个团队，你就需要加强它。有很多书讲如何建立团队，但以下是我看到的使团队产生差异的最重要的基本元素。

统一职业价值观

拥有相似的价值观能够使团队更强大。价值观包括职业道德、共同的愿景和目标、职能型成员的薪酬、沟通交流和投资理念。

共同的愿景

最好的团队会为团队制定一个愿景，并每天为实现这个愿景而努力。大多数理财顾问的驱动力不仅仅是薪酬，实现共同愿景可能是一个非常强大的激励因素。它还使团队处于主动模式而非被动模式。最好的团队是那些所有成员共同致力于团队成长的团队，每个成员都愿意为团队的成功投入大量精力。

促进良好沟通

良好的沟通对团队的成功至关重要。和任何关系一样，良好的沟通可以克服大多数问题。团队应鼓励所有团队成员进行沟通，并为团队成员提供机会，分享他们对如何使团队变得更好的意见。团队最大的好处之一就是当团队成员都有动力去改进团队时，他们的想法和创造力就会产生。所有团队成员都应该有机会对团队行动的各个方面进行审查并提供意见。

建立考核和问责机制

每个团队成员都应该对自己的工作任务负责，并且应该召开团队会议来审查责任。这些会议激励所有成员发挥卓越的能力，这样他们就可以自豪地在团队会议上分享他们的成果。这些团队会议的频率应该是每周一次。我建议安排一个团队成员制定议程，保证会议正常进行。许多团队每天都有简短的会议（15~30分钟）来回顾一天，分配任务，并跟踪未完成的项目。

合理的薪酬

团队的所有成员，包括职能型人员，都应该因他们的付出和忠诚而得到合理的薪酬。最好的团队对尽心尽力、忠诚和高效的团队成员给予慷慨的薪酬。一个有自我驱动力、积极、忠诚、高度胜任的团队成员对团队而言是无价的。

成功团队示例

第一个例子是一个垂直型团队，高级理财顾问是一个"明星理财顾问"，组建了一个支持他的团队。团队的所有业务都要通过高级理财顾问审核。"明星理财顾问"根据团队成员对团队业务的贡献向他们支付相应的报酬。这位高级理财顾问将他所有的时间投入与最富有的客户建立新的关系和维持关系中。他广泛参与了引人注目的社区活动，因此他被认为是所在城市举足轻重的人。他与许多上市公司的首席执行官有着深厚的关系，是这个市场上许多企业家的理财顾问。他的团队是为了维系这些关系而建立的。这个团队有一套投资管理流程，为这些高净值客户提供高水平服务。为最富有的客户提供服务的职责被分配给了一个团队成员。这位高级理财顾问很少与客户讨论具体的投资，他将财富管理流程委托给他的团队。他的角色逐渐演变成为这个市场上最富有的投资者提供家族办公室服务。这个团队每年创造1 000多万美元收入的业务。

第二个例子是一个初级和高级团队以及一个内部和外部团队的组合。这名高级理财顾问已经做了30年的生意，专门从事投资组合管理。团队中增加了第二个合伙人，以帮助发展高级理财顾问没有时间处理的客户关系。第二个合伙人主要负责客户关系和投资组合管理。5年后，该团队又增加了两名初级理财顾问，他们拥有经过实践检验的营销方法和成果，目的是利用他们的营销专业知识为高级理财顾问拓展新的潜在客户。虽然高级理财顾问拥有投资专业知识，但还需要有人推销他们的专业知识，初级理财顾问可以有效地做到这些。这个团队还增加了一名新成员，负责开发和管理团队的小额账户。这个团队不仅业务增长了，而且在高级理财顾问退休时还有一个强有力的接班人计划。这个团队每年创造300万美元收入的业务。

第三个例子是关于两名高级理财顾问的，其中一名专门从事投资组合管理，另一名专门从事市场营销。投资组合经理有资历、专业知识和经验，这使他跻身于市场的佼佼者之列。他是一个优秀的投资经理，具有出色的演讲技巧。营销顾问将他所有的时间花在为另一个合伙人寻找机会上，让这个合伙人可以认识资产规模在500万美元或500万美元以上的新的潜在高净值客户。营销顾问在公司内寻找可能需要其团队专业知识的其他顾问，花大量时间与能够将业务介绍给团队的有影响力的人合作，并将团队的世界级财富管理流程推销给不同的分销渠道和个人。该团队还有一名业务经理，负责为客户提供一流的服务，并处理团队的所有行政和运营方面的工作。该团队每年创造300万美元收入的业务，自成立以来，其业务以每年25%的速度增长。

第四个例子是一个有两名高级顾问的团队，他们有两套不同的技能。其中一人的做法非常保守，资产基数大，资产回报率相对较低。另一个合伙人资产较少，但资产回报率较高。资产回报率更高的合伙人是一个"创意制造机"，总能为客户提出新的创意。资产回报率更高的理财顾问总能想方设法增加业务收入，而这些主意是另一名理财顾问从未想过的。较保守的理财顾问拥有其他顾问在低风险投资方面所不具备的经验和专业知识。两名顾问合作后，业务的增长速度加快，总体年增长率超过20%。这个团队每年做250万美元收入的业务。

第五个例子是一名高级理财顾问和一名初级理财顾问组成的团队。这名高级理财顾问已经有了成熟的业务，但是他仍然有很高的成长驱动力。他请来了一名认识很久的初级理财顾问，对他非常有信心。现在，初级理财顾问80%的时间用于团队营销，20%的时间用于维护高级理财顾问的小客户。高级理财顾问继续为自己最大的客户工作，并花费20%的时间支持初级理财顾问的营销工作和做联合营销活动。团队的第三名理财顾问为最小的客户工作，并且还为团队演示和讲座提供后勤保障，这是他们主要的营销方法。由于增加了两名初级理财顾问，高级理财顾问的业务不仅有所增长，而且还制订了一项出色的接班人计划。这个团队每年有100万美元收入的业务。

第六个例子是关于一名高级理财顾问和一名初级理财顾问的。高级理财顾问是一个优秀的投资组合经理和优秀的营销人员。初级理财顾问在市场营销方面取得了一些成功，但她喜欢业务分析和客户关系方面的工作。高级理财顾问培训初级理财顾问管理投资组合并为其营销工作提供支持。高级理财顾问现在将大部分时间花在营销目标市场（资产规模500万美元以上的投资者）上。初级理财顾问负责管理投资组合，为高级理财顾问寻找流动的资金，并帮助高级理财顾问准备为潜在客户举行的演示和会议。这个团队每年的业务收入超过100万美元。

好团队的理财顾问比那些独立展业人员更有效率。这一观点得到了富有成效的团队的成员的证实，这些理财顾问是团队概念的狂热支持者。然而，一个优秀的团队想要硕果累累，需要将很多因素结合在一起才行。这不是一个容易的过程，它需要持续地努力和付出。但最终的结果会令人感到付出时间和努力是非常值得的。成为有着共同目标和价值观的高效团队的成员，与进入金融服务机构工作一样好。正如我一直所说的那样，你的100位客户中至少要有1/3的客户可投资产在100万美元以上。这些客户很难获取，因为每个人都想得到他们。但如果你理解他们的想法，你就可以得到他们，这是我将在下一章讨论的。

小结

- 作为团队成员的顾问通常比那些独立展业人员更有效率。
- 团队成功的关键是团队成员之间拥有良好的契合度和共同的价值观。
- 情景协作有很多优点。它允许缺乏经验的理财顾问利用高级理财顾问的专业知识、资源和经验。它还为潜在的团队提供了在正式建立合作伙伴关系之前协同工作的机会。
- 团队合作有助于通过增加专业知识、不同视角和更好地开发较小的客户来更好地洞察客户，提高成熟业务的增长率。
- 合理的团队薪酬对于一个高效的团队来说是至关重要的。团队的所有成员都需要感到他们的工作得到了公平的回报，并且他们有机会随着团队的成长而成长。

- 在寻找潜在的团队成员时，顾问应该对自己的长处和短处进行诚实的评估，并寻找其他能够从自己的长处中受益并帮助弥补自己短处的团队成员。
- 所有团队成员必须负有责任感，并有一个定期沟通的机制。
- 那些最成功的团队共有的特点是统一的价值观、愿景、频繁的沟通交流、公平和慷慨的薪酬，以及所有团队成员都有责任感。①

---

① 有关成功理财顾问团队的更多内容可参见作者的另一本书《如何打造顶尖理财顾问团队》（中信出版集团2022年出版）。——编者注

第18章　百万富翁需要什么

与拥有 100 万美元或以上可投资资产的高净值客户建立业务，对建立百万美元收入至关重要。

这一细分市场集中体现了金融服务营销的高拒绝率/高回报率动态。这一动态意味着，顾问不需要每年都去争取获得多个有超过 100 万美元资产的客户，也可以取得成功。当然，获得这类高净值客户是非常具有挑战性的。记住，构建百万美元收入的业务需要 30 多位可投资资产在 100 万美元以上的客户，你理应与百万美元资产的客户合作，但为什么与这类客户建立关系十分困难？

因为这是最具竞争力的细分市场，是所有金融服务机构的目标。

- 百万富翁对传统的营销手段麻木了。
- 几乎每位可投资资产超过 100 万美元的潜在客户都已有一名顾问在提供服务，而且这个顾问会努力留住这个客户。
- 想要获得可投资资产在 100 万美元以上的客户，你要做许多顾问不知道或是可能不愿意做的事。

与可投资资产在 100 万美元以上的客户建立关系具有挑战性，但也充满机会。可投资资产在 100 万美元以上的投资者中，每年约有 15% 的投资者会更换理财顾问。如果你的市场上有 10 000 个百万富翁，这意味着每年会有 1 500 人更换顾问。记住，你每年只需要 3~4 个这样的投资者。如果你想获得新的百万美元客户，你必须了解这些客户的想法。

对传统营销麻木的百万富翁市场

许多公司想要百万富翁的生意，以至于采用各种各样的营销手段进行轰炸，而百万富翁们却毫不理会。资产 100 万美元以上的客户，对打到家里的营销电话、讲座、晚餐邀请和邮件已经产生免疫。这些人都是成功而又忙碌的人，他们的时间太宝贵了，不可能被一顿免费晚餐吸引去参加讲座。在大多数情况下，这个市场的人甚至不会打开邮件的信封。给他们家里打电话也是完全浪费时间，因为他们中的大多数人都在"谢绝来电"（do not call，简写为 DNC）[①] 的名单上，那些还没有进入名单的人也在想办法进入名单。唯一的例外是退休人士市场。如果你找到拥有 100 万美元或以上资产的退休人士，特别是在老年社区，他们可能会较少接到此类来电，不在 DNC 名单上，邀请他们参加适合年龄的讲座，那么你就可以获得某种程度的成功。尽管给百万富翁家里打电话是无效的，但在工作中联系他们可能是有效的，只要你研究每一个联系人，确定你能为他们提供什么样的价值，拥有帮助他们的专业知识和经验（细分市场营销）。如果你想有效地获得可投资资产在 100 万美元以上的客户，你必须了解这些。

通过其他人联系他们

如果一位百万富翁对他现在的顾问不满意，他有很多朋友和他信

[①] 由美国联邦通信委员会（FCC）提供的一种屏蔽垃圾电话的服务。——编者注

任的其他顾问，那他们会为他介绍一名可靠的理财顾问。百万富翁不需要一个不知名的顾问。在许多情况下，这位百万富翁可能并不真的对他现在的顾问不满，而是愿意接受其他选择。事实上，很可能就是这样。

向百万富翁推销的最有效方法是通过其他客户、人际关系网、有私交的朋友或百万富翁的其他顾问（如注册会计师、律师、房地产经纪人和商业经纪人）的推荐。目的是通过其他人获得与百万富翁见面的机会。

为了有效地向百万富翁进行营销，你至少应该践行以下三个营销理念：

（1）现有客户有组织、主动的转介绍流程（见第 12 章）。

（2）通过客户有影响力的顾问如注册会计师和律师引荐（见第 12 章）。

（3）通过业余爱好组织、社会活动或户外活动接触百万富翁（见第 14 章）。

托马斯·斯坦利在《百万富翁的智慧》中说，美国百万富翁中的大多数是企业主（32%）、企业高管（16%）、律师（10%）和专业人士（医疗、法律和销售领域的）（9%）。这些是你应该关注的细分市场。这些策略并不是进入百万富翁市场的唯一途径，但在大多数情况下，它们是最有效的。

证明你更好

一旦你与高净值投资者见面并进行投资者尽调，你必须能够证明投资者与你在一起会更好，你必须能够证明你将更好地满足他的需求，你必须通过你的行动而不是你的言语来证明你自己。这需要耐心和时间，但回报是值得的。记住，建立一项百万美元收入的业务只需要 30 位可投资资产在 100 万美元以上的客户。

向百万富翁潜在客户证明你自己，并使他成为客户，这即使不是你工作的全部，也是大部分，而且也是你为了留住客户需要重点投入和持续做的事情。换句话说，掌握了获得百万富翁客户的方法，你就掌握了留住他们的方法。这些方法是：

- 展现专业精神、专业知识和自信。
- 提供非常高水平的服务。
- 一个你可以清楚地表达和执行的深思熟虑的财富管理流程。

展现专业精神、专业知识和自信

专业精神和专业知识是百万富翁最想要的品质之一。专业知识可以通过行业认可的专业资质来体现，如 CFP 或 CIMA。这使你作为一名顾问有别于其他大多数人，是一个向富裕的投资者表明你的专业和专长的好方式。这类资质和证书不是必需的，但它们可以增加你的信誉。

向潜在的百万富翁客户展示专业知识最有说服力的一个营销话术是：

"［客户］先生/女士，我一直在提升自己的专业精神与专业技能，我通过了 CFP 考试。在比较我和您现在的顾问时，我会请您问他或她是否也做出了同样的努力。"

一般来说，投资者的钱越多，他就越老练。"推销"和"产品销售"的时代结束了。这些策略让金融服务业颜面扫地，拥有百万美元资产的投资者对那些看起来像销售人员的顾问十分警惕。专业精神和专业知识是当今最有价值的商品。百万美元资产客户会被那些花时间来了解他们的情况，弄清对他们来说什么是重要的，并且有专业知识提供解决方案以实现他们目标的顾问所吸引。

提供非常高水平的服务

如果你想吸引百万富翁客户并留住他们,你需要提供始终如一的高水平服务。百万富翁在很多方面都被"宠坏"了,因为他们受到追捧。这个市场的人习惯于在生活的方方面面得到优质的服务,他们知道良好服务和高水平服务的区别,他们期望最好的服务。想要建立百万美元业务的顾问必须有一个非常高水平的服务流程:

- 只与少数富裕客户合作。
- 至少每月与客户联系一次。
- 通过你的客户助理快速解决客户的问题。
- 通过让你的客户助理提供"高度个性化"(high touch)和主动式服务,确保每个客户都满意。

新手顾问如果没有足够的客户助理协助,可能需要自己承担这些任务,与百万美元资产客户保持密切联系,并确保他们的需求得到关注。

百万富翁客户希望与他们的顾问拓展关系。顾问需要不仅仅把这些客户看作是客户,还要愿意花时间发展这些关系。关注客户生活与了解客户的投资一样重要。

最成功的顾问致力于与客户建立私人关系,他们将时间花在双方可能有共同兴趣的户外活动上(例如高尔夫、飞钓、打猎或烹饪);会见客户的孩子;参加重要的生活事件,如结婚、葬礼、去医院看病;共进晚餐。

我合作过的最成功的顾问为他们最好的客户提供"家族办公室"服务。这些顾问在客户生活的各个领域都是值得信赖的顾问,而不仅仅只解决财务问题。他们已经证明了他们几乎能为客户提供各种类型的服务,这也提供了极好的社交机会。致力于与百万富翁客户合作的顾问必须明白，关系和投资一样重要。

深思熟虑的财富管理流程

对于大多数百万富翁客户来说，一个经过验证、深思熟虑、适合个人财务需求和目标的财富管理流程是一种有价值的商品。然而，要吸引和保持百万富翁市场，你不仅必须有一个深思熟虑的财富管理流程，而且必须能够清楚地解释它。

高净值投资者期望你发挥领导作用。他们希望你在这个过程中有很多经验和专业知识，流露出自信。从本质上讲，投资有不确定的结果，但是成功的顾问制定的流程能在提供有竞争力的回报的同时将风险最小化，这在市场上非常有吸引力。你越确信你的投资管理流程是正确的，你对潜在的百万富翁客户就越有吸引力。与我共事过的最成功的顾问是那些对财富管理流程最有信心的人。

高净值投资者对五个关键的金融领域感兴趣。如果你的财富管理流程达到了他们在这些领域的目标，你很可能会吸引并留住百万富翁客户。这些领域包括：

（1）资产保护与合理收益。

（2）有竞争力和透明的管理费。

（3）长期财务规划。

（4）业绩监控。

（5）简化的财务生活。

资产保护与合理收益

如果你想吸引和留住这一细分市场的客户，你需要围绕这些客户保守的投资风格建立财富管理流程。大多数百万富翁已经赚到了钱，他们的首要任务是在保持财富合理增长的同时，守住财富。许多百万富翁人已经五六十岁了，没有时间重建他们的投资组合；他们想保住现有的资产，并跑赢通胀。

他们的投资组合需要进行与其风险承受能力相适应的正确的资产配置，并且必须是多元化和保守的。你必须定期（至少每季度）与这些客户会面，以检视他们的投资组合的表现，提醒他们投资目标，并提醒他们适配其风险承受能力的合理的投资回报。

将投资组合的一小部分配置激进型的产品是合适的，如私募股权、对冲基金和管理期货。一般来说，这些投资是多元化的，可以通过加入非关联资产来提高投资组合的增长。这项工作的关键是，只将投资组合的一小部分进行激进型的投资。

有竞争力和透明的管理费

资产100万美元客户市场的竞争非常激烈，虽然费用最低的服务商不一定总能获胜，但百万富翁客户需要感觉到物有所值。

衡量一个投资组合的业绩要考虑管理它的费用，管理费用会影响业绩。如果你保守地管理一个庞大的投资组合，很难始终如一地获得两位数的回报。记住这一点，每25个基点就会形成差异。为了获得可接受的业绩，你必须对投资管理进行有竞争力的定价。在当今的环境下，很难证明对一个资产100万美元客户的混合投资组合收取超过1.5%的费用是合理的；而1%或更少的费用是合理的，这取决于他们的资产总额。与收费同样重要的是定价的透明度，确保你的客户确切知道他们为你的建议付出了多少。

从这些客户中获得更多收入的关键是通过适当的产品和服务来扩大所管理的资产份额。通过负债产品、保险产品、遗产规划和信托服务拓展业务范围，你可以借此业务产生收益，而不增加投资组合的管理成本。这些都是百万富翁经济生活中必须解决的问题。认识到这些需求的重要性，学习这些领域的专业知识，并将这些专业知识融入实践中的顾问，将在很大程度上吸引和留住百万富翁的细分市场。

长期财务规划

财务规划流程也是资产 100 万美元客户的一个重要优先事项。将投资战略与总体计划联系起来尤其重要。你必须花时间真正了解客户的目标和情绪，因为它们与投资息息相关。

退休目标、房地产购置、遗产规划、风险承受能力、保险、贷款需求和慈善倾向等问题都是发展这一细分市场客户关系的关键因素。你花在这些方面的时间越多越好。研究表明，对许多百万富翁来说，资产负债表负债方面的管理方式可能比资产方面的管理更为重要，而遗产规划和保险对这一富裕阶层也很重要；通过良好的遗产规划和保险规划，可以实现资产税最小化和资产转移。

顾问可以通过财务规划来解决这些问题，从而使自己与众不同。在长期规划过程中，大多数顾问都没有花足够的时间提前做好准备；而这样做的顾问会以积极的方式使自己脱颖而出。

业绩监控

除财务规划外，定期（至少每季度）监控业绩也应该作为一个高度优先的事项。在大多数情况下，客户的满意程度与其说与绝对回报率有关，不如说与长期规划的顺利执行有关。定期提醒客户与风险和长期规划有关的业绩，将对满意度和留存率产生积极影响。

简化的财务生活

使用周密的规划流程的另一个原因是百万富翁需要简化他的生活。如果一位百万富翁客户相信你拥有他所需要的所有产品和服务，他会倾向于通过与你合作来简化自己的生活，因为你是他唯一的顾问。实现这一点的关键是与百万富翁合作，为实现他的财务和相关目标制定详细的规划。"拥有"规划的顾问将"拥有"客户。百万富翁往往忙于他们的事业和他们的业余爱好，如果他们能将他们的抵押贷款、保险、银行和遗产规划需求与一名将所有这些需求纳入长期规划的值得信赖的顾问结合起来，他们为什么不呢？让多个服务商彼此独立工作是没有意义的。通过提供一个长期规划，作为唯一的服务商，顾问不仅打造了一个吸引百万富翁市场的业务，还通过一个全面和周全的流程，增加了除投资管理费用之外的收入。

超过1 000万美元的市场

资产超过1 000万美元的客户和潜在客户需要一名专业化的顾问，如果他想吸引这些客户和潜在客户，就必须致力于专业化。虽然百万富翁客户需要高水平的服务，但千万富翁需要卓越的服务。大多数专攻这个市场的顾问必须将他们的客户总数限制在25～50位。要提供"高度个性化的服务"，顾问必须经常接触客户，提供与众不同的行政和运营服务。

你必须提供非常有竞争力的价格。这并不意味着放弃业务，但价格必须具有竞争力。这个市场承认并欣赏业绩和服务的价值，只要物有所值，客户就愿意买单。你需要在信托和遗产规划、集中持股策略和另类投资方面拥有高水平的专业知识。专业资质，虽然不是必需的，但对这个群体特别有吸引力。这些人想和业内最优秀的人一起共事。

这个市场的底线是，需要专业化和经验来满足客户的需求。只投入一小部分时间是不够的；如果你不能与千万富翁建立业务，你最好与另一名顾问合作。你可能有人脉和客户，但专业度不够。在这种情况下，你应该和一名专门致力于这个市场的人（这是一种分包形式）合作。如果管理得当，一个千万富翁能创造的业务量足以分拆，而且收入非常可观。

以我的经验，如果一个不专门研究千万富翁的顾问服务这样的客户，在许多情况下，这段关系最终会终结。这是金融服务业最具竞争性的市场，如果顾问没有这方面的专业知识，那么有人涉足这一关系并把客户吸引走只是时间问题。这是一个高度专业化的市场，有非常特殊的要求。如果你自己不是专家，不要试图打败那些专家；相反，通过情境合作加入他们。1 000 万美元以上的市场是有利可图的，是一个有竞争力的细分市场，但如果顾问了解这个市场的吸引力，并围绕这些需求建立自己的业务，他将能够吸引和留住 1 000 万美元以上的市场。这个市场需要额外的工作和更长的服务时间，但顾问每年只需要增加一到两个新的 1 000 万美元以上的关系，就能在合理的时间内建立百万美元收入的业务。

如果你遵循策略并拥有至少 30 位百万美元以上的客户，你最终将达到百万美元收入的业务目标。但那不是路的尽头。接下来做什么？请阅读第 19 章。

小结

- 这个市场对传统的营销手段如发邮件、往家里打电话和讲座不敏感。
- 引荐是对百万富翁最有效的营销方法。通过现有客户或有影响力的人（注册会计师和律师）、关系网、有私交的朋友和户外活动是获得新的可投资资产在 100 万美元以上的客户的最佳途径。
- 服务原则。这个群体对服务的期望很高。你必须致力于卓越的服务来吸引和留住这个群体。
- 规划和财富管理流程对资产 100 万美元的细分市场客户具有很高的吸引力。
- 专业证书对这一市场很重要。
- 保守的投资方式比激进的投资方式要好。
- 因为这一细分市场竞争激烈，业绩和费用是重要的考量。
- 保险、遗产规划、另类投资和贷款是这个市场的重要优先事项，为增加业务收入提供了机会。

- 百万富翁市场需要顾问提供强有力的领导力。这种领导力应该是专业知识和经验以及深思熟虑的财富管理流程的结果。
- 对于拥有超过 100 万美元资产的客户的顾问来说，发展私人关系应该是一个高度优先事项。
- 专业化是吸引和留住千万富翁的关键。

第 19 章 超过百万美元收入的业务

在金融服务业能否**实现百万美元的业务**，是大多数理财顾问衡量自己成功与否的标准。只有不到 1% 的顾问建立了百万美元的业务。当你达到了百万美元的收入水平，有足够的时间来庆祝，不过一个新问题出现了：下一步该做什么？这个问题的答案应该是另一个问题：获得超过百万美元的收入需要做什么？

以我作为一名经理和专业教练的经验，我曾与数十名顾问共事，他们建立了收入数百万美元的业务。在收入数百万美元的服务商中，有许多人脱颖而出，成为最佳实践者。其中一些顾问的业务收入超过 300 万美元，平均管理资产超过 10 亿美元，平均服务年限为 20 年，这意味着每年至少有 5 000 万美元的新增资产。其中一名高级顾问在他的业务管理和随后的业绩方面特别突出。在我与他共事的 4 年中，这名顾问每年都创造了收入超过 1 000 万美元的业务。效益最好的时候，他的收入达 1 500 万美元。

尽管这看起来很有挑战性，但这里有一些理念和流程将帮助你实现千万美元①收入的业务，无论你当前处于何种水平。那些顾问在建

---

① 这里用千万美元概指超过百万美元，达到数百万乃至千万美元。下同。——编者注

立收入千万美元业务中的方法和风格各不相同，但也有许多共同的特征，这一章将向你详细介绍。

对于大多数顾问来说，建立收入千万美元的业务是未知的领域，因为这个行业中很少有人能达到这个水平，而做到的人通常太忙，竞争太激烈，无法分享他们的做法。我相信，这些顾问的共同特点和做法可以作为建立千万美元级业务的指南。我将介绍两个方面：

（1）千万美元顾问的业务实践。
（2）千万美元顾问的个人特征。

千万美元顾问的业务实践

如果我必须总结一下建立收入千万美元的业务需要什么，我会说，需要本书之前提到的建立百万美元业务的所有要素，但需要在更高层次上做得更好。我在本书中已经讨论过的所有原则都适用，但需要更多的精力和执行力。这种更深层次的付出体现在以下六个方面：

（1）资产规模更大的客户。
（2）卓越的服务。
（3）加强客户关系。
（4）团队业务结构。
（5）愿意投资于自己的事业。
（6）更加注重市场营销。

资产规模更大的客户

将千万美元顾问与百万美元顾问区分开来的，主要是千万美元顾问服务的客户的资产规模：他们与更富有的个人共事。一名收入千万美元的顾问应该有 50 到 100 位客户，每位客户至少有 100 万美元可投资资产。金融服务业的杠杆就是理财顾问客户的资产规模，为一位客户投资 100 万美元比投资 10 万美元并不需要更多的时间，但这位顾问的报酬可以提高 10 倍。千万美元的顾问意识到，他们不可能将工作时间翻倍，但他们可以将客户平均的资产规模翻倍。这些顶级顾问比其他顾问更成功的原因是，他们不是与更多的客户合作，而是与更富有的客户合作。

为了达到千万美元的收入水平，你的目标应该是每年至少增加 2 500 万美元的资产。你或许可以不按这样的增速达到千万美元收入的规模，但每年净增 2 500 万美元仍是你应该努力达到的节奏。

卓越的服务

当客户资产大多在 100 万美元以上时，你几乎不能犯错。客户越大，他们的期望值就越高。这些客户是所有金融服务机构争夺的目标。机构不断地挖掘这样的客户，靠优秀的市场营销吸引这些客户，提供优秀的服务留住他们。卓越的服务是每年净增 2 500 万美元资产的先决条件。如果你没有失去客户，那么增加资产就容易多了。

卓越的服务将优质的服务提高到更高的水平。你和你的客户助理都必须花时间并承诺提供这一级别的服务。千万美元的客户是金融服务市场最受追捧的群体；对这些客户的竞争非常激烈，每天都有人想挖走他们。他们必须得到高度个性化、非凡的服务，否则他们将转向可以提供这些服务的竞争对手。

在许多方面，服务拉开顾问之间的差距。在大多数情况下，业绩是一种商品；在一个多元化的、按比例分配的投资组合中，回报率的差异并不显著。重要的是客户对其得到的金融服务的感受。我在第 15 章中介绍的所有原则都适用，不同的是，顾问和客户助理都必须花时间更频繁地与客户联系，更主动地打服务电话，并有一个完美的问题解决方案。这需要更多的时间，因此服务的客户要更少。

如果你的客户的资产都超过 100 万美元，那么客户数量较少也不会妨碍你。举个例子，一个顾问业务收入 400 万美元，共有 30 位客户，但没有一位客户的资产少于 1 000 万美元。另一个例子是一个顾问每年的业务收入一直超过 1 000 万美元，他只与资产超过 1 亿美元的客户打交道，而直接服务的客户只有 15 位。拥有少量的客户并不意味着你能做成千万美元的生意，但是拥有少量但非常富有的客户却意味着能实现这一切。

美国的每个市场都有足量的百万美元家庭，你永远不会失去百万美元的潜在客户。如果优秀的顾问结识这些客户，他们总是可以获得更多的资产份额。美国百万美元家庭的数量增长如此之快，因此你第二年获取的家庭数量不能少于第一年的数量。此外，每年有超过 15% 的百万美元投资者会更换顾问。

加强客户关系

超过百万美元收入的顾问认为，与富裕客户和潜在客户建立关系是他们的首要任务。他们意识到，建立关系是吸引和留住百万美元客户的最重要因素之一，这就关系到他们如何分配时间——去做他们最好的客户和潜在客户在做的事情，他们甚至围绕客户的兴趣经营自己的个人生活。这通常是他们会见客户的方式。一些例子：

- 一名顾问通过野鸭基金会获得一位 10 亿美元的客户，他们的共同兴趣都是猎鸭。
- 另一名顾问通过他所属的一家著名乡村俱乐部获得了他的大部分客户，他每周五都会定期和 4 个 4 人小组轮流打高尔夫球，这些 4 人小组是由他所在市场的一些最富有的投资者组成的（他们最终都和他做了生意，尽管这花了一定的时间）。
- 还有一名顾问每周都和他最大的客户下棋。这名顾问在遇到这位客户之前从未下过棋，但他已经变得很在行了。
- 一名顾问有很多客户和潜在客户，他们都有自己的飞机，为了进入同一个圈子，这名顾问在还没拿到飞行员执照前就买了一架飞机，不久就拿到执照，邀请客户和潜在客户一起飞行，而不是等他的潜在客户和客户邀请他一起飞行。

- 一名顾问每月或每周都会在家里举办一流的私人晚宴，提供精美的食物和葡萄酒。通常会有8位或更少的客人参加，通常是两对客户夫妇和两对潜在客户夫妇，由顾问的妻子和顾问本人招待。

这些共同的兴趣将客户、潜在客户和顾问聚在一起，使他们能够简单地享受彼此相处的时光。这些顾问喜欢花时间与客户和潜在客户相处；他们不把与客户相处当作工作，相反他们认为这很有趣。他们培养了优秀的人际交往技巧，善于倾听，关注客户和潜在客户的需求，而不是自己的。

千万美元收入的顾问一直与他们的客户和潜在客户在一起；他们将其他一切任务委托给他们的团队。这些顾问了解卓越服务的关键所在，并建立财富管理流程，使他们有时间可以专门为这些非常富裕的客户提供服务。他们将任务委托给优秀、训练有素的团队成员，这样他们自己就可以把大部分时间花在客户身上，并与新客户建立关系。

团队业务结构

对于做千万美元业务的理财顾问，团队至关重要。与我共事过的每一名做千万美元业务的顾问都有一支强大的团队支持他的业务。这些团队大多数是垂直型结构，做千万美元业务的顾问是"超级明星"，团队的其他角色是支持他的工作。这些明星顾问围绕自己组建团队，让团队成员各尽所长。

这名身价千万美元的顾问主要负责建立财富管理流程。一旦建立好流程，他就把大部分时间花在营销和关系维护方面。团队处理所有的行政工作、客户服务和投资机制。这使得顶级顾问可以花时间做他最擅长的事情，找到新的富裕的潜在客户，与现有客户建立更牢固的关系。

这些收入千万美元的团队，大多有忠诚的长期团队成员。顾问认可高效团队成员的价值，并大力表彰、慷慨地奖励他们。我认识的一名顾问每年给他的高级团队成员（没有进行注册）100万美元（顾问收入超过500万美元）。对于这些身价千万美元的顾问来说，在10年或更长时间里拥有相同的团队成员并不罕见。

有时，这些顾问团队中的初级顾问所占比例较小。在大多数情况下，这会是一个与巨星结构相结合的接班人计划团队。身价千万美元的顾问会培养一名年轻的顾问，以便在自己退休后将这一业务交由其最终接管。

愿意投资于自己的事业

这些顾问从不等公司给他们钱。他们做他们需要做的事来使他们的计划奏效。如果他们需要另一个成员，他们自己付钱。如果他们需要一架飞机，他们会自己买一架并付燃料费。他们的客户活动总是一流的，虽然花费很多钱，但无论公司是否提供补助，他们都会为这些活动买单。他们属于社区中最负盛名的非营利组织董事会，愿意提供所需的捐款，以确保董事会的地位。他们通常加入最好的乡村俱乐部，然后成为俱乐部的领导者。他们将此视为留存收益，用于自己业务的再投资。

更加注重市场营销

曾经和我一起工作过的收入千万美元的顾问都在一直做营销。与达不到这一业务水平的顾问相比，他们进行更多的营销，花更多的时间思考营销。他们已经认识到，持续的营销是持续增长的关键，他们已经开发了适合他们的营销活动和流程。这些营销活动通常不涉及传统的营销技巧，如电话、讲座和邮件。收入千万美元的顾问使用的营销活动主要有以下七种：

(1) 有影响力的人和客户转介绍。

(2) 内部营销（情境合作）。

(3) 客户和潜在客户娱乐活动。

(4) 会员营销。

(5) 慈善营销。

(6) 路径营销。

(7) 罗乐德斯名片盒法。

有影响力的人和客户转介绍

收入千万美元的顾问都有一个由有影响力的人（注册会计师和律师）组成的圈子，有影响力的人把客户转介绍给顾问。顾问也有一个从现有客户那里获得转介绍的系统流程。这是必要的，因为大多数超百万美元的投资者通过另一个顾问或有影响力的人，或者从他们的朋友（他们也是百万美元的投资者）那里获得推荐。收入千万美元的顾问尤其擅长从客户和有影响力的人那里获得转介绍。

要想达到千万美元的收入水平，你必须拥有卓越的服务、良好的人际交往技巧和成功的财富管理流程，所有这些因素共同为大多数客户带去良好的体验，这意味着他们愿意、几乎迫不及待地为你提供转介绍。此外，千万美元的顾问是领导者，他们对自己提供的服务充满信心；他们相信自己是最好的，他们毫不犹豫地要求客户将潜在客户介绍给他们。

内部营销（情境合作）

收入千万美元的顾问拥有高水平的专业知识和经验。他们对自己有信心，并在公司内部推销自己；许多其他顾问在自己的技能方面存在缺口，千万美元顾问可以填补这些缺口。对于那些经验不足的顾问来说尤其如此，他们可以发现潜在客户，但却缺乏与这些客户达成合作的能力。而通过这些顾问的联系和努力，身价千万美元的顾问可以获得更多自己不能找到的合格的潜在客户，即使与他们分享收益，也是有利可图的。我认识的千万美元顾问，通过有组织的内部营销流程，业务每年增长高达20%。

客户和潜在客户娱乐活动

组织客户娱乐活动是所有千万美元顾问要做的事情。娱乐活动的类型可能会有很大的不同，但它们的共同点是，都由顾问组织发起。在很多情况下，这些顾问的客户已经成为他们的朋友，所以组织这种娱乐活动是自然的、有趣的。当然，他们鼓励客户的朋友加入他们。这些客户娱乐活动是小型而私密的，所以可以撬动最大的客户。因为富裕客户的朋友一般都是富裕的，所以不需要很多人参加，这样的营销也会成功。这些活动不仅是获得转介绍的潜在客户的大好机会，而且也有效地留存了现有客户。这些活动的例子包括在顾问家里共进晚餐、高尔夫郊游、滑雪旅行、钓鱼旅行、温泉旅行和共度假期。

会员营销

曾与我合作过的几位收入千万美元的顾问，他们加入知名乡村俱乐部的会员，将俱乐部作为一个有效的客户获取平台。这些顾问并不公开在俱乐部内寻找潜在客户，而是参与到俱乐部的领导工作中。他们参与得越多，他们遇到的资产100万美元以上的潜在客户就越多，他们很快就成为俱乐部的有机组成部分。

这些顾问参加所有重大活动，并围绕乡村俱乐部展开多方面的社交。这是一项关系业务，与一家拥有富裕会员的乡村俱乐部合作，为顾问提供了与富有的潜在客户见面并发展关系的绝佳机会。生意随之而来。

慈善营销

与我共事过的最成功的顾问，一名收入千万美元的顾问，是他所在市场上最重要的知名慈善组织的领导者。作为这些组织的董事会成员，他有机会与其他董事会成员会面并拓展关系，这些成员自然是可投资资产100万美元以上的投资者。这就需要顾问投入大量的时间，但他合作的潜在客户的质量很高，随着时间的推移，他通过慈善事业获得了大量最好的客户。如果有人问这个社区的领导人谁是金融服务业的领导者，这名顾问的名字必然会出现。他的名声证明了这个策略的有效性。

路径营销

路径是一种营销技巧，我见过好几名收入千万美元的顾问使用这个策略：

（1）顾问确定与之做生意的主要潜在客户。

（2）通过做一些研究，这名顾问发现了他的目标客户生活在哪里，他们属于哪个社区、慈善组织或专业组织。

（3）顾问确定他认识的人中哪些属于同一个或多个组织。

（4）顾问询问这些人中的一个，是否愿意通过他们共同感兴趣的活动为他介绍潜在客户。这可能是午餐时间见面、打高尔夫球、吃晚饭，或者去参加体育活动。

（5）一旦进行了介绍，并且顾问和潜在客户在一起度过了一段时间，顾问将自行采取下一步行动，进一步发展与潜在客户的关系，这通常意味着邀请潜在客户参加另一项活动。

（6）随着关系的发展，投资的主题不可避免地出现，最成功的顾问可以利用这个机会开始从个人关系到商业关系的过渡，目的是随着时间的推移，认真讨论顾问如何帮助富有的个人进行投资。大多数百万富翁都愿意从另一个他们认识并信任的顾问那里获得第二意见或建议。

罗乐德斯名片盒法

对于收入千万美元的顾问来说，罗乐德斯营销是许多营销技术的结合。参与一个知名的乡村俱乐部，在慈善组织中发挥领导作用，参与社交网络，与有影响力的人建立关系网，这些方式都可以会见富裕的投资者。

这些关系中有许多是相互关联的，也就是说，它们都是相互联系在一起的。很多时候，慈善组织的董事会成员也是商界领袖，是同一个乡村俱乐部的成员，在同一个社交圈子里。这些人成为顾问业务的核心，他们将其他富有的潜在客户介绍给顾问，圈子继续扩大。顾问盛名在外，被介绍而来的人被他所吸引。由于共同的兴趣和共同的圈子，这些联系又产生了更深层次的关系。

收入千万美元的顾问成为这一群体的一员，并成为社区领袖之一。发展这种声誉和建立这种关系需要数年的时间，但一旦所有部分结合起来，将产生千万美元的收入。

千万美元顾问的个人特征

与我共事的千万美元顾问都有某些共同的品质。

深层自我驱动力

这些顾问都是成功人士，都是以目标为导向的。"高成就者"（overachiever）这个词非常适合他们，赚钱不是他们的唯一动力。一旦他们达到了一定的收入水平，成就感就成为他们的自我驱动力；这些顾问中的每一位都可以告诉你他在公司的排名，或者他们在《巴伦周刊》上的州和全国排名。他们对自己的成就和对经济回报一样，充满激情。他们重视成为顶级顾问核心圈的一员，重视得到高级管理层的认可，同样重要的是，得到同行的认可。

这种高水平的激励正是促使他们继续进入市场的动力，无论他们变得多么成功，也无论他们在这一行业已经有多少年。

重视流程

这些收入千万美元的顾问也非常有条理，他们为业务的各个方面制定了流程。他们有财富管理的流程、客户会议的流程和演讲的流程。他们建立这些流程，他们的团队实施这些流程，团队可以在几分钟内生成高质量的营销演示文稿。顾问负责建立流程和开拓业务，团队负责其他工作。

客户领导力

这些顾问在与客户的合作中发挥出强有力的领导才能。他们相信自己有能力为客户服务并为其赚钱。他们坚信，他们的投资管理流程是最好的，这种信念会传递给他们的客户和潜在客户。富有的客户和潜在客户希望他们的顾问知道自己在做什么，而这些收入千万美元的顾问从不犹豫，总是坚信自己能比任何地方的任何其他人做得更好。

明确的个人目标和实践愿景

与我共事过的每一个千万美元的顾问都清楚地知道自己的长期目标是什么，以及自己将如何实现这些目标。他们将这些目标分解为年度、月度和每日的目标，并要求自己对这些目标负责。他们还为自己的活动设定目标，因为他们意识到正确的活动会带来正确的结果。这些顾问可能会微调自己的愿景，甚至改变它，但他们总是有一个愿景和一个计划。他们可以清楚地阐述自己的市场战略、业务计划、目标、服务模式、团队战略，以及需要管理层提供什么样的支持。每个顾问的愿景可能不同，但他们都有一个愿景，这是非常清晰的。

关于千万美元收入业务的数字

只有5%的顾问在3年或更长的时间内完成了百万美元的业务，而只有不到1%的顾问完成了数倍于百万美元的业务。这需要坚持不懈的营销，高度组织化、流程化的业务，强大的团队，卓越的关系建立技能，以及实现目标的强烈动力。对于致力于实现千万美元业务的顾问来说，要付出高昂的代价，但在表彰和薪酬方面的回报，对于为数不多的能达到这一水平的顾问来说，是非常值得的。

为了达到千万美元的收入水平，你应该努力每年至少引进 2 500 万美元的新资产。这意味着每年引入 10 个资产 100 万美元以上的新客户（包括客户升级）。

为了获得这 2 500 万美元，你应该认识到，你可以通过从现有客户那引进新资产完成约 50% 的目标。这些是最容易引进的资产，因为你已经与客户建立了信任关系。

客户调查始终表明，大多数客户总资产的 50%～99% 都不是由与他们有主要业务关系的机构管理的。如果你管理着某位客户 1 亿美元的资产，那么你的客户可能至少还有 5 000 万美元在你的公司之外。如果你能在一年内获得其中 25% 的资产，你将从现有的客户那里获得 1 250 万美元的新资产。这是你每年 2 500 万美元目标的 50%。你可以通过千万美元顾问使用的营销方法，再带来 50%（1 250 万美元），如前所述。

要达到千万美元收入的水平，首先要记住，重要的是你的客户资产规模的大小，而不是客户的数量。我们讨论过的所有技巧和策略都适用于希望达到这一收入水平的顾问，你只需要将这些技巧和策略提升到更高的水平，并具备更深层的驱动力。

我们已经介绍了打好百万美元业务基础的所有要素、如何利用这个基础来实际构建业务，以及如何打造收入千万美元的业务。在第 3 部分中，我将介绍一些构建收入百万美元和千万美元业务的营销行动计划。

小结

- 建立千万美元业务的原则与建立百万美元业务的原则相同，

只需要更频繁、更好地执行。

- 金融服务的关键是每位客户的资产规模。你的客户越富有，你创造的生意就越多。
- 卓越的服务是必不可少的。你必须拥有或建立一个强大的服务模式。
- 收入千万美元顾问的首要任务是建立关系。
- 千万美元的业务需要坚持不懈的营销。
- 我共事过的所有收入千万美元的顾问都有一个团队。这些团队是垂直型的，团队成员非常忠诚。
- 收入千万美元顾问的共同特点是成就导向、具有高度组织化和流程化的业务、强大的领导能力、深层次的驱动力和对业务的清晰愿景。
- 收入千万美元的顾问愿意投资于他们自己的业务。他们做他们需要做的事情使计划生效，他们把这看作是发展业务的留存收益。
- 千万美元顾问使用的营销活动主要有以下七种：有影响力的人和客户转介绍、内部营销（情境合作）、客户和潜在客户娱乐活动、会员营销、慈善营销、路径营销，以及罗乐德斯名片盒法。
- 如果你的目标是每年增加2 500万美元的管理资产，你可以通过引进你的客户在其他机构持有的资产和实施本章所述的营销方法来实现这个目标。你需要有60～100位具有百万美元以上可投资资产的客户。你应该持续更新这些客户，最终拥有的客户不要超过100位。

第3部分

营销行动计划篇

第 20 章　讲座

大部分机构及个人客户都希望有专家来为他们及时阐述和剖析当前市场存在哪些机会。如果能够积极主动地去联络相关的组织或机构，并通过一系列方法和步骤建立联系，加以实施，最终便可以使自己成为这一领域的专家。举办讲座或许是最有效的营销方式之一。若能运用得当，客户会把你当作是这方面的老师、权威专家，而并不仅仅是一名销售人员。这就意味着，你能够更容易地取得与他们进一步交谈和深入探讨的机会。

讲座成功的关键因素

为了成功办好讲座，你需要解决以下三个关键问题：

（1）**有相应的知识储备并选择恰当的讲座主题**。你可以选择任意主题，但必须建立相应的知识储备，并且选择你所擅长、客户感兴趣的话题。如果想在客户面前树立权威形象，你必须非常清晰透彻地了解自己所讲的内容。这意味着，你需要花费足够的时间去了解你所讲的主题和涉及的知识领域。

（2）**充分的准备**。讲座需要准备的不仅包括你要演示的内容，还包括以下几个方面：这次讲座的目标听众是哪些人，他们的联系名单以及如何联系他们。对于个人讲座的准备方法，本章后续会详细阐述。

（3）**跟进工作**。你的跟进工作将会决定之前所做的努力最终能否取得成功。首先，从讲座的一开始就要着手准备跟进工作。向你的听众详细解释你所讲的内容，而不是给一些他们或许完全不感兴趣的信息。同时，去了解和分析在讲座结束之后，他们想从你这里得到什么后续的信息。可以提前分发反馈卡并在讲座结束之后收回，若是以上课的形式开展也可以采用同样的方法。本章后续将会提供反馈卡的案例。

切记：致电潜在客户，并通过预约的方式亲自提供他们所需要的材料。

讲座适用的四个场景

讲座可以针对以下四种潜在客户群体：
（1）现成听众。
（2）企业家。
（3）公司。
（4）退休人士。

现成听众

一个成功的讲座有三个关键要素，其中之一是找到匹配的受众。若想与高净值投资者建立联系，最快捷的方法便是去接近现成的听众。现成的听众一般本身就属于某个团体或机构，并且他们会举行定期的会议和活动。比如：商业组织、非营利组织、社会服务团体、基督教堂和犹太教堂、基督教青年会/基督教女青年会（YMCA/

YWCA）和退休社区。

对这些现成听众的演讲主题可以包括：

（1）财富管理规划——如何正确管理你的资产。

（2）XYZ金融机构对当前投资环境的看法。

（3）行为经济学的影响，例如投资者的情绪如何对决策产生不利影响。

（4）投资陷阱以及如何规避陷阱。

（5）投资基本要点，强调基础知识的重要性。

（6）税收、通货膨胀、费用三大要素，以及如何降低它们对投资的影响。

以下属于典型的现成听众：

商业组织、社会服务团体以及非营利组织

若想与这些群体建立联系，可前往当地商会获取该区域内所有组织机构的名单及联系人的具体信息，例如扶轮社、同济会、商业俱乐部、花园俱乐部等。确保拿到每个组织的联系人信息（一般都与机构列在一起）。随后致电联系人，表达想为其举办讲座的意愿并说明自己擅长的演讲主题，同时也可由他们建议其他感兴趣和关注的任何投资主题。总的来说，这类组织机构定期聚会，一般都非常希望有专家来给他们分享好的演讲主题，因此，如果你的演讲主题和内容专业，有一定灵活性，他们一般都愿意接受你的提议。

经济发达地区的教堂和犹太会堂

这些教堂和会堂大多会举行定期聚会，因此他们也希望有有趣的讲座或活动项目丰富聚会内容，可以尝试去联系教堂或会堂的相关负责人进行讲座邀约。

最佳潜在客户和客户所属组织

询问你最好的潜在客户和客户他们加入了哪些团体或组织，联系他们所属的团体或组织，表露想为其提供相关主题讲座的意愿。这在城镇营销中尤为有效（请参阅第 25 章）；现有会员（成员）的支持和推荐将会使你的专业可信度大大增加，而这也是提高圈内知名度的最佳方式。

基督教青年会课程

联系你所在区域富裕社区里的基督教青年会，提议给他们开设基础投资知识相关的系列课程（通常不超过 4 次课）。在这些青年会进行短短一小时的课程演讲，就能轻易地接触到很多对理财有兴趣的高净值投资者。该方法同样适用于提供成人教育课程的社区大学。

本地企业

联系你所负责区域的大型企业的人力资源主管并提议为其员工举办退休规划讲座。这可以作为公司为未来 5 年内即将退休的员工提供的"免费福利"，因此企业一般乐于接受你的提议。想要让人事专员放心，最好先声明讲座只是退休规划的适用性科普，并不会涉及具体的理财产品，并且预先请他过目演讲内容。讲座主题应该包括：制定长期财务规划的重要性，成功投资的基本要素，如何为退休生活做资金预算，退休可能引发的投资需求变化。

企业家

我曾参加过一次较为成功的企业家讲座，主题是"如何使你的企业价值最大化"。本书第 26 章将详细阐述如何举办此类讲座。

公司

与你所负责区域的规模靠前的某一家大型公司建立牢固合作关系，定期为其员工提供专题讲座。因为你只主攻一家公司，所以必须成为这家公司福利和养老金计划方面的专家。这类讲座不需要与人力资源部联系，也不要在公司内举办。

这类讲座成功的关键要素：保持讲座主题的连续性，提前确定讲座日期，确保每次讲座的到场率。举办这类讲座的目的是向听众证明你是该领域的专家，因此要点是教育听众，而不是向他们兜售产品。

首先，你至少需要在公司内部有一位联系人，当然联系人越多越好。使用以下方法可以帮助你建立联系人。这些人可以是老客户、潜在客户、朋友，或是经客户和朋友介绍的其他人。在挖掘客户方面，重点接触那些获得过大笔奖金的员工，或刚刚搬来这里的人，或是退休员工，并邀请他们参加讲座。理想的潜在客户最好拥有 25 万美元以上的可投资资产。总的来说，这类讲座能吸引的潜在客户主要包括：该公司的在职员工，其他公司即将退休的人，以及你所负责区域的其他适用人员。

其次，建议的演讲主题包括"从 ABC 公司退休后的规划"、"未实现的资产净增值探讨"、"现行养老金计划的利与弊及其应用"以及"退休资金需求规划"等。注意，将讲座主题重点放在退休规划上，同时还可以邀请外聘专家共同探讨股票、期权及遗产规划等相关问题。

为达到最佳效果，讲座最好每两个月举行一次，持续 1~2 年。可邀请公司里所有联系人、现有客户、潜在客户以及以往参会者参加。邀请方式推荐使用电子邮箱发送邀请函，不仅速度快，成本低，而且效果很好。而且这样一来，每举办一次主题讲座，邮件名单都会增加，随着讲座的持续举办，便会积累大量的潜在客户；在有些大公司，联系人名单甚至可以达到数百人。要找到合适的听众，关键在于建立邮件名单，然后不断添加，你可以先定个小目标，比如 100 人。名单上的人会渐渐习惯收到你的邮件，然后大家口口相传，最后整个公司都会知道你，这时候再往名单上添加用户就会变得容易。记住：不断更新你的邀请名单。

讲座地点最好选择在性价比高的酒店举行，总成本控制在 500 美元以内，并提供免费的软饮和小食。提前 1 个小时到达现场，做好准备工作，结识、迎接来宾。此外，做好会后留下社交的准备，这是与潜在客户建立关系的最佳时机。

随着参会者的到来，不妨提前做些调查以便尽可能了解每个人的情况，尤其是计划退休的日期。注意：提前一天确定最终参会人员名单，这非常重要。

完成上述准备工作后，每次讲座平均应有 15 名参会者。在讲座开始前，分发关于团队介绍和调查问卷的资料包。问卷包含以下问题：

- 参会者大概何时退休。
- 推荐对该类讲座感兴趣的其他同事和朋友。
- 今后还有哪些感兴趣的演讲主题。

问卷还应包含：

- 提供一份免费的退休分析规划和咨询服务。
- 后续讲座的日程表。
- 讲座反馈意见征询（可以是一份评估表）。

讲座结束后，要安排后续跟进工作，积极邀请参会者多沟通。将自己定位成可以指导他们的资源人士，可以提供免费的退休分析规划和后续咨询服务。可以委婉表达，讲座是完全免费的，唯一的要求是大家在讲座结束后接听一通回访电话。另一个技巧是告诉参会者，有些问题在大范围的问答环节可能不方便解答，后续单独致电跟进反馈可以更有针对性。

跟进工作至关重要，大部分参会者都愿意后续会面。如果问卷有遗漏信息，可致电咨询并请他们补齐；如若参会者不想进行后续约见，你仍然可以电话跟进并咨询讲座反馈意见。记住你的目的是以此建立联系。如果可能的话，尽量跟进每一位参会者。

根据经验，为期一年的讲座结束后，大约有 25% 的参会者同意后续约见。如果一年举办 6 次讲座，平均每次有 15 名参会者，那么一年大约就会有 90 名参会者；若其中 25% 的人同意约见，而在这些人中又有 25% 的人最终变成了你的客户，那么最终你将每年获得大约 5 个新增高净值客户。

退休人士

一般而言，退休人士有很多时间参加讲座，对投资也非常感兴趣。但他们偏向于在约见前先了解理财顾问，再决定是否继续。讲座恰好符合他们所有的要求，因此讲座对于挖掘退休群体的潜在客户尤为有效。寻找这类潜在客户最有效的方式就是通过电话联系，亲自邀约并在现场提供免费餐饮。对于退休人士来说，激发他们对讲座的兴趣关键是要突出讲座内容对他们的益处，致电后再寄送一份书面邀请函，并在会议前一天再次进行讲座提醒。另外，我们还可以通过联系退休社区和辅助生活社区（不是养老院）的活动总监，向他们提供有关退休人士感兴趣的投资主题讲座或系列课程。（更多信息，请参阅第 32 章。）

样例：信息需求反馈卡

（正面）
☐ 本人想获取 XYZ 金融机构最新经济研究报告。
☐ 本人想获取 XYZ 金融机构对以下公司所做的研究报告：
＿＿＿＿，＿＿＿＿，＿＿＿＿，＿＿＿＿，＿＿＿＿。
☐ 本人想获取 XYZ 金融机构固定收益报告。
☐ 本人想获取 XYZ 金融机构有关税法改革及其对投资影响的报告。
☐ 本人想了解 XYZ 金融机构提供的免费财务规划。
☐ 本人有意参加后续约见，以评估自己目前的投资状况。

（反面）

姓名：_____

工作地址：_____

工作电话：_____

家庭住址：_____

家庭电话：_____

电子邮箱：_____

讲座举办邀约话术

针对俱乐部及类似机构的讲座

"尊敬的［潜在客户］先生/女士，您好！我是来自XYZ金融机构的理财顾问乔，打电话给您是因为我司鼓励我们积极举办适时的行情资讯讲座来为社区服务，我想您或许会希望我在您的俱乐部聚会上举办一次这类讲座。讲座的主题包括［告知具体内容］，时长大概为20~30分钟。如果您对其他话题感兴趣，我也可以专门针对您的需要安排其他主题。不知您是否对此感兴趣呢？"

基督教青年会/成人教育讲座

"尊敬的［项目主任］先生/女士，您好！我是来自XYZ金融机构的理财顾问乔。打电话给您是因为我想为您提供有关投资基本知识的系列课程。我们之前的课程在学员里的反响都很好，不知您是否有兴趣了解、评估一下我们的课程大纲，看看是否考虑安排相关讲座课程呢？"

讲座跟进工作

"尊敬的［潜在客户］先生/女士，您好！我是来自 XYZ 金融机构的理财顾问乔。很高兴上周与您见面，一起探讨了投资方面的问题。我正在看您的反馈建议卡，所以想告诉您，我已经把您所需要的资料都准备好了。我下周四正好要去您公司附近，想把这些资料给您送过去，我想如果有机会，可以跟您当面聊聊具体状况。鉴于目前波动的投资大环境，或许我可以免费为您提供一些有用的建议。请问您下周四能抽出一点时间吗？我把您要的资料给您送过去。"

第 21 章　活动营销

本章将介绍几种有效且可供实施的**活动营销**方法，具体包括：
（1）客户答谢活动。
（2）客户咨询委员会。
（3）午餐会。
（4）特别活动。

能否举办这些活动取决于你是否具有一定的忠实客户基础（包括潜在客户和有影响力人士），他们欣赏你的工作能力、专业知识技能以及为人处世方式。

客户答谢活动

客户答谢活动是针对你的最佳客户举办的休闲活动，可以每月举办一次。活动内容可以是打高尔夫、飞钓、品酒以及烹饪等。获得潜在客户的最好方式就是老客户的介绍和引荐，因此可积极让客户邀请朋友、邻居或生意伙伴一同参加。

对于高尔夫活动，做好登记注册，聘请当地专业人士就高尔夫知识进行 1 个小时的授课，如低切球、沙坑球、推球等。课后用午餐，之后就由活动赞助方对当下时事热点等普适性主题进行分享，时长控制在 30 分钟之内。随后由你或者你的团队成员来介绍你们的投资规划方案和其他投资相关话题，大约是五六个 5 分钟演讲。演讲结束后对参与者表示感谢，向大家说明举办今天活动是想发展更多的客户，希望以出色的业绩为新客户创造更多价值，并感谢他们的支持和推荐。演讲结束后开始打高尔夫，最后要有一个颁奖典礼。

客户咨询委员会

客户咨询委员会能将你的最佳客户和有影响力人士变成帮助你挖掘新客户的有力砝码。在你的顶级客户中找到那些有影响力的人，一般情况下，你应该找 8~10 位客户，也可以包括 2~3 位不是客户但可以为你推荐客户的人。邀请他们成为你客户咨询委员会的成员并参加晚宴。做到提前两三周发出活动邀请，让团队成员在发出邀请后 4 天内进行电话跟进，并在晚宴前几天再次致电提醒。每年举办两次这样的晚宴。

在包间举行晚宴，并提前预约酒吧用于晚宴前半小时的鸡尾酒会。晚宴开始前，首先感谢客户的到来并表示非常高兴他们能接受邀请、成为咨询委员会的成员。然后介绍你的部门经理，你的经理也应当做一个简单的致辞，表达对你的支持，并介绍客户推荐流程安排。晚宴赞助方（一般是你的战略合伙人）也应致辞对来宾表示欢迎，以战略合伙人的身份表达对你的支持。这个过程中，部门经理的角色不是必需的，但有的话会是一个加分项。支持和肯定可以增加客户对你的信任。致辞结束后，开始征询客户反馈意见。可通过以下方式促进对话。

- 询问客户："我们的服务还好吗？"
- 询问客户："我们如何才能做得更好？"
- 询问客户："我们可以如何提升服务质量？"

- 向客户分享营销资料并征询反馈意见。
- 向客户分享营销思路,请他们为业务发展提供意见和建议。

晚宴应该以自由开放式讨论为主,而并非单纯的主题讲座,让客户尽可能地多说话,谈话尽可能随意,而不是做演示。

晚宴中分发客户调查问卷,并表明你会在一周内联系他们,进行详细探讨。晚宴后的一周内以致电甚至会面的方式联系每位客户进行回访,评估问卷,征询推荐客户,深入探讨接下来的计划。这些客户服务对于获得潜在客户、良好的意见反馈以及加强客户关系非常有帮助。此外,晚宴次日给每位宴会参与者寄一封亲笔写的感谢信。

每年最好至少邀请两次同批客户参与这样的咨询委员会小组晚宴。经理只需参加第一次宴会,之后不必到场。

用于跟进邀请的话术

"您好,我是 XYZ 金融机构 [团队/部门名称] 的×××。我们上周给您发送了客户咨询委员会的邀请,请问您能否前来参加?"

如果客户表示能来参加,接着说:

"我们之前在邀请函里也提到,想组建一个由顶级客户组成的客户咨询委员会,担当我们的参谋,您的意见对我们来说非常重要。随着我们财富管理服务的进一步推进,我们打算通过这个委员会来帮助我们更有效地进行市场营销,为客户带来更优质的服务。此外,我们还想听听您对于寻找和发展潜在客户的看法。"

客户咨询委员会问卷

将问卷放在一个文件夹里,并附带专门针对每位晚宴参与者准备的个性化营销材料。

（1）当想到我们团队时，您头脑里会浮现哪些关键词？

（2）当想到 XYZ 金融机构时，您头脑里会浮现哪些关键词？

（3）您选择与我们合作的原因？在我们的合作关系中，您最看重的是什么？

（4）对于本公司的营销推广，您有哪些建议？

（5）如何能够加强我们之间的合作关系？

（6）您觉得有哪些个人、组织或群体是我们应该去结识的？

（7）我们已附上最新营销手册，若能得到您的反馈意见，我们将不胜感激。

（8）若您还有其他意见或建议，请告诉我们。

客户咨询委员会晚宴后的跟进工作

你的目的是与所有参与者进行一对一的后续约见，晚宴后一周内联系他们并安排会面。

后续会面的话术

"首先，我想再次感谢您的参与，并接受邀请出任客户咨询委员会成员，我想告诉您，我非常尊敬您，而且我们非常看重您的意见！正如我在晚宴上所提及，我司现在的事业正处于上升阶段。"

接着提出以下开放性问题：

- 上次宴会结束时我给您的调查问卷（此处特指客户咨询委员会调查问卷）和资料您看过吗？
- 您觉得该营销方案给予我和我的团队怎样的定位？
- 您对问卷和资料有什么调整意见吗？
- 您觉得还缺少哪些我能提供的服务？

- 我们提供的客户服务里有哪些您没有意识到但可能需要的？
- 针对这份营销资料，您有什么建议？
- 您觉得有哪些个人、组织或群体是我们应该去结识，并发展成为客户的？
- 如果让您从前同事里选择5位成功企业家组成一个董事会，您会选择谁？我应该去跟他们聊聊吗？您是否可以建议一下我如何能够联系上他们？

切记要让客户多说，你只需要推动话题持续展开。让客户多分享，你要倾听客户的想法。用5%的时间说，用95%的时间听。

午餐会

邀请6位客户参加午餐会，根据这一特定客户群体选择话题，或选择一个大家普遍感兴趣的话题，例如，你的公司对当前市场行情的看法和展望。请每位客户邀请一位对本会议可能感兴趣的嘉宾（不是客户）前来参与。通常情况下，会有6位客户和2~3位潜在客户参加。

建议你每个月都召开这类会议。这样就有机会邀请到潜在客户一起来参加已经策划好的会议。或者，你也可以精选一些客户，给他们发送一份含有3~4个午餐会安排的日程表，供他们自主选择。这样的话，客户就能根据自己方便的时间安排将你介绍给其他人，而你也能体面地获得客户的转介绍。很多老客户和潜在客户都喜欢午餐会，既节省时间，又不会占用家庭时间。尽量将午餐安排在中午的11：30到13：00之间。

利用午餐会去服务客户花费不高，同时也有可能争取到更多业务，还能拉近与老客户之间的关系。此外，在午餐会上也极有可能结识老客户带来的新的潜在客户，趁势邀请他们参加感兴趣的讲座，便能有机会加快与之建立关系。

特别活动

举办特别活动主要强调的是用创意来赢得与潜在客户的合作。每季度举办一次此类活动。活动本身的设计应当是特别的，能为客户带来难忘的体验。例如，可以是与潜在客户喜欢的作家进行一次集体讨论。举办这种活动不难，去书店获取作家信息，联系并邀请他们针对自己的作品进行专题讲座。这类特殊活动将会吸引不少潜在客户前来参加。再如，举办艺术展（本地艺术家）、红酒品尝会或啤酒品尝会等等。一定要有创意！

活动中做好跟进工作，尽量多去挖掘潜在客户的信息。若是红酒品尝会，就应弄清楚客户最喜欢哪种红酒，你甚至可以打电话给潜在客户，提议亲自把红酒送到他家里，这样才能做到有针对性地提高客户服务水平。同样，如果某位作家在一次活动上做了演讲，你可以提议带一本作者亲笔签名的书送给潜在客户。跟进服务是为了赢得与潜在客户的后续约见，以便向他证明你的与众不同以及展示你独特的财富管理流程。

邀请客户并鼓励他们带自己的好朋友一同参与活动，这是进一步加强与潜在客户联系的最佳场合。另外，还可以邀请某些有影响力的人士（例如注册会计师和律师）。最重要的是做到真诚交友，与他们打成一片，这样可以让客户感觉到你不仅是一位专业人士，也是一位知心朋友。

特别活动跟进服务的话术

"尊敬的［潜在客户］先生/女士，我是来自 XYZ 金融机构的理财顾问乔。很高兴与您在［最近的活动］中会面，希望您在活动中玩得开心！在活动中，我向您简单地介绍了我们的财富管理流程，因此十分希望能够进一步地介绍详细内容。另外，我们还想赠送您一份此次活动的纪念品。请问您有时间见个面，让我把纪念品当面给您，并讨论下我们的财富管理流程吗？"

第 22 章　利用社交媒体开展市场营销

在我工作的 30 多年当中，金融服务领域的**市场营销原则**从未发生过变化，预计再过 30 年，此原则依旧不会改变。理财顾问必须与客户建立坚实的信任关系，而能做到这些的理财顾问，最终也将成就自己百万美元甚至千万美元级金融服务业务的目标。

虽然营销原则没有改变，但营销方法是在随着时代的变迁而发生变化的。这些年来一直在变化的是理财顾问自我营销的方式。我在职业生涯之初主要采用的营销手段包括邮件营销、讲座论坛和电话营销，虽然这些营销方法时至今日仍然有用，但肯定不如当时那么有效。

科学和技术进步改变了各行各业，金融服务行业也不例外。如果与富裕客户建立合作关系是营销目标，那么社交媒体的运用相对于其他营销手段来说是非常独特的，它可以很快地提高顾问自我营销的能力，从而更加快速和有效地实现营销目标。社交媒体包含基于网络和手机的技术，这些技术将机构、团体和个人之间的对话沟通变得更加方便和有效。著名的社交媒体有领英、脸书和推特等应用程序，而新兴的社交应用也正处于蓬勃发展阶段。社交媒体大大帮助了理财顾问去实现营销目标。

社交媒体与六度分割（six degrees of separation）这一古老的概念有着紧密的联系。这一概念是基于这样一种理念：世界上任意两个人之间最多只需要通过6个人就能建立联系，如果有强烈的目标感和规划感，你就可以通过其他人与世界上任何一个人结识。成功的理财顾问运用这一理论进行营销已有多年，而社交媒体的出现令该理论的运用变得更加容易和实际化。

例如，我经常使用领英，目前有363位经常联系人。而通过这363个人，我可以访问他们的所有联系人，总数可达10万人。换言之，在二度分割中我可以接触到的人数已达10万人，而他们每个人都可被视作我的潜在客户。社交媒体的神奇之处不仅在于潜在客户的数量之多，还在于可以轻松地实现与他们的联系和沟通。

设想一个场景，你去到某位客户家里，请求在他的办公室独自停留，翻阅他的名片盒、计算机、通信录并请他回答关于你想知道的相关人员的信息。在过去这不仅做不到，而且也不符合社交礼仪，然而利用脸书和领英等社交媒体，这些信息都可以轻而易举地获取。

毋庸置疑当前有很多建立商业联系和开展市场营销最强大的社交媒体工具。本章我将以领英为例进行策略说明。布兰登·戈多西（Brandon Gadoci）在《魔法清单》（*The Magic List*）一书中简明地写道："灵活运用领英将会帮助你联系已经认识的人，以便获得联系陌生人的机会。"

本章不是社交应用程序的技术指南，而是重点阐述七个策略。理财顾问如果用好这七个策略，将会大大加强自身营销原则的执行，主要有：

（1）通过社交媒体建立和加强你的人际关系。

（2）转介绍——高净值客户的关系维护。

（3）区域——通过区域挖掘高净值客户。

（4）行业——通过行业挖掘高净值客户。

（5）公司——通过公司挖掘高净值客户。

（6）推荐——如何增加转介绍概率以及巩固和客户之间的关系。

（7）更新——如何用每周更新来强化关系，并通过潜在客户挖掘投资资金机会。

本书介绍了很多挖掘新客户和资产的策略与技巧，领英和其他社交媒体对大部分方法都能起到强化作用，主要包括：

- 增加转介绍概率。
- 罗乐德斯名片盒法营销和以往的背景了解。
- 将潜在客户变成客户的跟进工作。
- 潜在客户的资质评估，做到真诚沟通和热情服务。

通过社交媒体建立和加强人际网络

为了最大限度地发挥社交媒体实现营销原则的能力，你必须尽可能多地扩大人际网络，而在建立和加强人际关系网络之后，结识高净值客户的可能性将大大增加。接下来，我们以领英为例。

第一步，注册领英账户。首先建立个人档案等基础信息，教育背景、现在及以前的所有工作信息都须填写，这些信息可以让潜在客户全方位了解你。

第二步，将账户与电子邮件进行绑定。这就是你"添加联系人"的其中一种方法，领英会自动给那些也使用领英的联系人发送一份简短的电子邮件，邀请他们成为你的好友。邀请认识的人成为领英好友的可能性十分高，根据我的经验，我发给认识的人的好友邀请大多都会被接受。

你还可以通过在领英上输入你想要结识的人的名字，从而快速与他建立联系。如果账户存在就可以请求添加好友，可以查看他们的基础信息，从而进一步查看他的个人资料。此外，你还可以访问他在领英上发布的所有信息并点击他的"联系人"选项。点击之后便可以发送请求成为好友的邮件。他们会收到你的电子邮件,从而便有机会成为你的好友。

采用这两种方法,你就可以轻而易举地在领英上建立200位以上的联系人关系网,进而真正发挥这一社交媒体资源的优势(通过二度分割带来大约3万位潜在客户),还可以联系到重要客户、潜在客户、高净值人士及其家庭成员。一旦建立了联系,你还可以查看他们的信息数据,主要包括:

(1) 目前职位。
(2) 过往经历。
(3) 教育背景。
(4) 公司官网。
(5) 业余爱好。
(6) 推荐。
(7) 年龄(由大学毕业时间决定)。

转介绍

通过客户、潜在客户和其他联系人挖掘你想要结识的人。虽然在社交媒体上不可能了解某人可投资资产的净值,但根据他们目前的职位和过往的经历可以很容易判断此人是否有投资意愿和投资能力。

如果找到了想结识的人,可以通过联系熟人,请他们将你介绍给他。在社交媒体上进行转介绍更像是一种互利行为:如果客户对自己的理财顾问评价很高,他会十分乐意将自己的理财顾问引荐给其他联系人。强烈建议亲自撰写好友请求信息,好友请求邀约可采用以下格式:

尊敬的［客户］先生/女士，我十分想认识乔·史密斯，我在领英上发现您认识他，不知您是否愿意将我介绍给他/在他面前为我美言几句/通过向他发送电子邮件来介绍我/允许我将您作为我的引荐人/邀请他和我共进午餐从而相互认识呢？

这样，你将自己想认识的人（也是你客户的联系人）的名字告诉客户，并请求客户帮忙转介绍。如果客户对你的工作和为人很满意，他会十分乐意去帮助你的。

通过特定区域挖掘高净值客户

按照地理位置对可接触的潜在客户进行归纳整理。首先，登录领英主页并运用搜索功能，输入"位置"，之后会呈现属于你的联系人最多的区域。接着可以查找某个特定地点的所有联系人，这些联系人都已根据距离进行筛选。

按照区域位置筛选潜在客户的功能在于：它能告诉你在这个区域但还没有联系过的潜在客户有哪些，此方法还受用于出差时期的客户挖掘工作，因为很多理财顾问都有一些不属于同一地域的高净值现有和潜在客户。当帮助这些客户做业绩检视或其他事宜时，建议用领英查找一下他们所在地区的联系人中是否有你想顺道拜访的人，在对这些人进行调查后，让该地区的熟人将你引荐给这些潜在客户认识。

下面举例说明如何获得转介绍机会。

"尊敬的［客户］先生/女士，如您所知，我打算在［城外的地点和日期］拜访您，以便进行年度检视，期待与您和［配偶的姓名］的会面！另外，我一直在找机会结识有可能成为我新的潜在客户的人，我在领英上发现您的联系人弗雷德·史密斯的个人资料显示，他上个月刚换了工作，我在 401（k）方面的经验或许能帮助他。等我来城里，不知您是否愿意把我引荐给弗雷德并一同进餐？"

"尊敬的［客户］先生/女士，我非常期待在［地点和日期］拜访您并对您的投资进行检视，在我准备拜访工作时查看了在领英上与您同一地区的朋友，我发现您认识吉姆·琼斯，他最近刚刚退休，而我在从财富积累到财富分配的资产转换方面非常专业，所以我或许在这方面可以帮到他。了解到吉姆喜欢打高尔夫球，所以想冒昧地问一下，您能否邀请他参加我在拜访您期间的那场高尔夫球赛呢？"

"尊敬的［客户］先生/女士，我非常期待在［地点和日期］拜访您并对您的投资情况进行分析。我在准备拜访工作时查看了在领英上与您同一地区的客户，发现您认识苏珊·西姆斯，她是您公司的一位高管。所以想请问我们在贵公司会面之后，您愿意引荐我给苏珊认识吗？"

通过行业挖掘高净值客户

结合在细分市场营销方面的专长，按照行业筛选潜在客户。第一步，进入领英主页，通过在搜索框里输入"行业"找到绝大多数现有客户所在的行业，之后便可以按照客户所在的"细分市场"再对他们进行进一步细分。

通过查看在该行业的所有潜在客户，就可以确定和挖掘想要发展成为客户的群体。当你在"细分市场"不断扩大和延伸自己的人际网络时，领英是个很好的潜在客户来源社交媒体。同时，作为细分市场营销者，由于专业性，你很容易去发展潜在客户。可以请现有客户将你引荐给目标细分市场的潜在客户，或者通过一位了解该市场的联系人直接与潜在客户取得联系。

下面举例说明如何接近目标细分市场的潜在客户：

"尊敬的［客户］先生/女士，我在查看法律行业的有关客户时发现您认识吉姆·史密斯。我在与法律专业人士的合作上有着丰富的经验和专业知识，我也一直希望结识吉姆。请问您愿意在晚餐时将我介绍给吉姆吗？或者在我下周打电话给他之前，请您转告他我非常擅长处理与律师有关的特殊投资问题，谢谢！"

"尊敬的［潜在客户］先生/女士，我是XYZ金融机构的唐·琼斯，打电话给您是想说我在处理您这样成功的律师所遇到的特殊投资问题方面非常专业。我了解到最近您刚成为您所在公司的合伙人，恭喜您！另外还有一件事，我与贵所的吉姆·史密斯有合作，他推荐我来帮助您。不知您是否愿意与我会面，容我与您分享我的投资经验，看看对您目前的投资状况是否会有帮助，谢谢！"

通过公司挖掘高净值客户

在细分市场根据特定公司挖掘高净值客户。第一步，登录领英主页，通过高级搜索查询（也可以通过主页上的公司选项）。第二步，找到现有客户最多的公司，再从该公司深度挖掘客户。

输入特定公司名称之后，按照与你熟悉程度高低划分的客户名单就会罗列出来。如果找到了与现有客户互为好友的潜在客户，领英的功能可以把你推荐给该目标客户。

根据我的从业经验，理财顾问一直很想得到各家公司的员工信息和内部资源，在领英的公司搜索功能出现之前，除了亲自去公司查找相关信息或者说服客户给你一份公司通信录，其实并没有什么很好的途径来挖掘公司内部的潜在客户。当知悉潜在客户在公司获得了晋升机会，你便可以借机向他表示祝贺，此外，在充分了解该公司的福利或退休金计划后，可以给他们举办相应的退休规划讲座，以此扩展自己的潜在客户。

搜索某家公司时还可以添加其他特定条件，如区域和学校背景。比如你在辛辛那提地区担任理财顾问，同时又是俄亥俄州立大学毕业的，那么就在高级搜索栏里输入"宝洁公司、俄亥俄州立和辛辛那提"，所有符合条件的联系人以及他们的好友都会被罗列出来。有了这些信息，你便拥有了与潜在客户寒暄的话题，从而显得更加亲近。或者，如果现有客户和你以及你的目标潜在客户上的是同一所大学，就可以借机让现有客户把你转介绍给该潜在客户。

下面举例说明如何接近你的目标公司的潜在客户：

"尊敬的［客户或主要联系人］先生/女士，您好！如您所知，我在退休规划方面十分专业，我注意到您在领英上的联系人吉姆·琼斯，也就是您的同事，他快到退休年龄了。我想请问，您愿意在我们下次会面时把我介绍给吉姆先生吗？"

"尊敬的［客户或主要联系人］先生/女士，投资者一生最重要的时间是退休的前5年，我很乐意为人们提供退休规划方面的指导，所以想为贵公司提供有关退休规划的免费指导讲座。我了解到您认识贵公司的人力资源总监简·琼斯，为举办这一类讲座，请问您是否愿意将我引荐给简呢？"

"尊敬的［客户或主要联系人］先生/女士，我想为贵公司5年内退休的员工举办一个退休规划讲座。我了解到贵公司有几位员工即将退休并且您都认识他们，请问，您觉得我可以邀请他们来参与讲座吗？另外，在邀请他们时，不知您是否愿意让我和他们提及已经帮您制定了合理的退休规划方案呢？"

通过校友挖掘潜在客户

领英上可采用两种方法与校友建立联系。一种方法是通过高级搜索输入学校查询,并添加特定条件,如区域位置和相应的公司名称,领英会自动搜索所有符合这些条件的校友。

另一种方法是:在填好个人资料后,找到联系人选项,你的学校就会出现在下拉菜单中,点击相应学校后就会显示有多少校友是你的客户或是领英会员。例如,我可以访问佐治亚大学商学院的1 900位校友,从而就可以按照"工作区域"和"居住区域"对校友进行分类。如果我住在亚特兰大,便可以接触到1 000多位佐治亚大学商学院的校友并访问他们的个人简介。但是我住在丹佛,所以只有20位校友,虽然丹佛的校友数量比较少,但因为居住地离母校较远,校友之间的联系较为紧密。

领英还有一个功能是"人脉关系",在个人档案页面的侧栏显示了你们的联系方式,你可以通过使用这一功能搜索校友个人档案来挖掘潜在客户。一旦找到了潜在客户,便可以看到哪些是你们共同的联系人,然后再通过请求现有联系人帮忙转介绍。下面举例说明如何通过校友挖掘潜在客户:

"尊敬的[校友]先生/女士,我是XYZ金融机构的理财顾问吉姆·米勒,首先祝贺您成为贵公司的高级副总裁[或最近的晋升职位]!此次致信是想告诉您,我与像您这样成功的高管合作有着丰富的经验和专业能力。另外,我和您一样也是从佐治亚大学毕业的,所以我们应该都认识吉姆·史密斯[如有需要,多说一些有关吉姆的信息]。在您这个职业发展阶段,有一位理财顾问帮您理清财务规划十分重要。真诚希望有机会亲自来拜访您,从而能分享与您投资状况有关的经验和专业知识，谢谢！"

"尊敬的［客户或私人朋友］先生/女士，我发现在领英上您的好友吉姆·史密斯是贵公司的执行副总裁，同时也是佐治亚大学的校友。不知您是否愿意将我引荐给吉姆呢？或者在下一次的篮球比赛时，能否邀请您和吉姆一同前往？"

"尊敬的［客户或私人朋友］先生/女士，我一直想结识您的好友安·史密斯。我和安是从佐治亚大学同期毕业的校友。不知您是否愿意给安发一封电子邮件来引荐我［或者邀请安共进午餐］，以便我有机会结识她呢？"

推荐现有和潜在客户

当联系人得知你为他撰写了一封领英推荐信时，他感受到的好意是难以用语言表达的。推荐信可以起到很多作用：它能进一步巩固你与客户及潜在客户的关系，同时还会有建立合作关系的可能。合作形式有很多，可以包含从现有客户那里赢得资金来源、转介绍以及合作关系。为现有客户撰写推荐信会使得将来请求将他认识的潜在客户转介绍给你变得更加容易。

登录领英并在个人档案一栏点击推荐信选项，其中有一栏就是为联系人写推荐信。输入姓名，然后为他（潜在客户或客户）撰写一份简短的推荐信。随后，他便会收到领英发出的通知。

每周更新社交媒体

领英每周发送的电子邮件便于你加强与客户的关系，从而挖掘到投资服务的机会。此外，它还会告诉你有哪些客户更新了个人档案，比如工作变动、个人档案变化、职衔变化、新增技能、新增联系人以及所发消息，每条更新的信息都是挖掘潜在客户的机会。

- **工作变动**。祝贺他们换了新工作可以进一步加强你们的联系，同时也让你有机会去探讨个人退休账户的转存事宜并让他意识到你在管理资产方面十分专业。领英在每年年末都会发一份工作上有变动的联系人清单。
- **个人档案变化**。个人档案变化也可以让你维护与联系人的关系。如果客户有任何由于档案的变化所导致的投资需求，你便可以提供帮助。
- **职位变化**。祝贺联系人晋升同样可以进一步加强你们的关系，此外，你还能根据职位去评估他是否能成为你的潜在客户。
- **新增技能**。祝贺他技能的提升也可以进一步加强你们的关系。
- **荣誉和奖励**。祝贺联系人获得某些荣誉和奖励也可以进一步加强你们的关系。
- **信息发送**。联系人发布的所有信息都是你与其交流、联络、加强关系的机会。

新手理财顾问

本章大部分内容主要针对的是有经验的理财顾问，他们可以通过现有客户去挖掘领英上的目标潜在客户。新手理财顾问也可以通过此方法用于现有联系人、过去同事和潜在客户的客户服务，其关键是要在职业发展初期尽快创建起自己的领英人脉网，并且应拥有至少200位的潜在客户、现有客户和以往的同事。如果拥有了这200位联系人，那么在领英上便可以有机会取得大约与3万个人的联系，而这3万个人都有可能成为我们的潜在客户。

新手理财顾问须趁早学会使用领英，现有客户的转介绍肯定比陌生致电更为有效，领英这一社交工具可以让所有新手理财顾问通过学习本章所述技巧之后，挖掘到比以往多得多的潜在客户。

小结

- 与挖掘潜在客户的其他方法一样，社交媒体的运用也需要多实践、多积累。在发布信息之前先花点时间熟悉它。
- 社交媒体不能代替与高净值客户的当面沟通，但非常有助于客户约见和客户转介绍。
- 社交媒体为从现有客户获得转介绍提供了一条十分清晰的营销途径。
- 使用社交媒体与以前的同事、大学校友、客户及潜在客户加强联系。
- 使用社交媒体深入挖掘那些用自己的细分市场营销方式建立联系的特定公司与特定行业。
- 撰写推荐信是与现有客户及潜在客户建立友好关系的有效方法。
- 对于新手理财顾问：通过在社交媒体上积累人脉，你可以与成千上万个联系人而非陌生人建立联系。
- 建立至少200个联系人的关系网络是为了产生群聚效应，从而充分运用社交媒体应用程序挖掘潜在客户。

第 23 章　建立关系网

成功建立人脉关系网离不开正确的思维模式，那就是，把帮助客户扩展业务作为优先考虑的事情。以下有六种建立人脉关系网的方式可供参考：

（1）加入社交组织。
（2）通过特定行业建立人脉关系。
（3）主动寻找潜在客户。
（4）加入特殊兴趣团体或慈善机构。
（5）建立自己的人脉关系网。
（6）结交新友。

加入社交组织

建立和拓宽人脉关系的一个途径便是加入某个社交组织。通常情况下，我们能在报纸的商业版找到这些组织并了解它们每周商业活动的日程安排，然而，加入该类组织只是开始，你应该尽量在其中担当起领导者角色。当作为领导者时，你能在引领成员们的同时赢得他们的尊重和认可。好的社交群体通常人数不多，但人员素质都很高，大家都会互帮互助。此外，成员们最好每周会面，以此相互推荐潜在客户，例如：

- "我想结识即将退休或换工作的人。"
- "我想结识最近已经离婚、正在办理离婚或是最近丧偶的女士。"

不要自认为团体中的成员知道你具体想结识什么样的潜在客户，对于潜在客户的描述越具体，就越有可能获得推荐。

若成为领导者，你应该以身作则地去为组织内的成员寻找潜在客户，例如：

- 留意患有疼痛疾病的人（脊椎按摩师）。
- 让上级将打印工作外包给组织成员（印刷从业人员）。
- 询问客户和朋友的旅行计划及安排（旅行社）。
- 询问客户和朋友是否对他们的财务会计师满意（会计师）。
- 询问客户和朋友是否立有遗嘱和信托（信托律师）。
- 询问上级是否需要为公司的某项活动找一位活动策划人或酒席承办人。

参加社交组织的关键是：有能力且有意愿为成员们提供有关商务合作的机会。

通过特定行业建立人脉关系

要想在某个行业里建立人脉关系，则需要认识目标行业里的人，比如一位离婚律师（可提供资金流动信息），告诉他你需要他这样的专业人士来帮助你的客户解决相关问题，并邀请他共进午餐以便相互结识。懂得聆听是建立关系的关键因素，多问问他们的工作情况、生活理念以及现在合作的财务会计（潜在客户来源）。

把自己打造成一位专业人士并最好能在交谈中提出各种有建设性的问题，同时，他们也可能会咨询你，这正好是展示你专业素养的时机，你可以阐述你将如何为他的客户创造更多的价值。务必在会面之后保持联系，及时提供相关信息。

主动寻找潜在客户

这里主要采用的是六度分割原理，该原理表明：最多通过6个人，你便可以结识世界上的任何人。明确哪些人是你的最佳潜在客户，收集他们的所有信息，并与那些可以帮助你结识这些客户的人建立良好联系。

方法实施的条理性越强，成功获得潜在客户的概率也就越大。从目标潜在客户开始，调查他们的住址信息，了解所参与的社会团体和慈善组织，并与认识潜在客户的现有好友建立联系，请求帮忙转介绍。

加入特殊兴趣团体或慈善机构

第一步是确定要加入的机构。找出想要认识的潜在客户并查明或直接询问他们所属的群体，确定你感兴趣的慈善机构或者特殊群体。比如喜欢飞行，你就可以去当地的私人机场网站上查阅相关信息，或许就能找到在该机场聚会的俱乐部或组织。一旦加入组织，并随着其他成员对你的背景逐渐了解，潜在客户的挖掘机会就会大大增加。

该原则同样适用于感兴趣的慈善机构。加入这些机构并提供服务，你会认识很多热爱慈善事业的人。当你在这些组织里做出了自己的贡献时，就会慢慢赢得成员的尊重，而随着他们对你了解的加深，就有可能成为你未来的客户。注意：大多数高净值客户的理财顾问都是别人推荐的，因此，积极主动地建立人脉关系十分重要。

在团体中积极参与活动十分重要，如果没有付出足够的时间和精力，则无法建立起人脉关系。加入某组织至少 6 个月到 1 年的时间之后才会有新的客户产生。

积极、努力地去做力所能及的事情，树立良好的声誉是营销策略的关键所在。如果积极投入工作，很快就会承担更多的责任并担当起领导者的角色，这种自我营销的方法，特别是在初期阶段，需要花费大量的时间和精力。

当进入领导岗位后，你将开始结识机构内的其他领导人，他们多半都可以成为你的潜在客户，要与他们建立不涉及工作的真诚关系，避免让人觉得你是有目的加入该群体的。与他们共同合作，诚心交友，才能有达成合作关系的契机。随着相互了解的加深，转入商务对话的机会才会水到渠成。他们或许会咨询按揭贷款、教育问题或投资方面的问题，而这时就是你提供专业咨询服务的机会了。倾听和了解潜在客户的工作与生活问题十分重要。

组织内声誉的不断积累也会扩大你的外部声誉，随后，你就会有接到其他机构邀请的机会，而如果能在这些机构再次承担起领导者职责，就可能结识更多新的潜在客户。

参与多个机构从而获得群聚效应是市场营销成功的关键。通过该方法建立自己的人脉关系至少应该加入两三个不同的机构，同时也需要在团体中多参与聚会活动去发展自己的人脉。

建立自己的人脉关系网

该营销计划的第一步，就是要分析并列明可能为自己带来生意以及可能给别人带来生意的行业，最简单的方法就是将它们分别列在两张列表上，两张清单可能会出现相同的职业，而这部分内容就是你的人脉关系的基础。比如会计师、房产经纪人、证券经纪人、抵押贷款经纪人、商业地产经纪人、房产律师、离婚律师和保险代理人。

一旦确定了行业，则需要与你想结识的人建立联系。良好声誉的高素质专业人士是我们所需要的，利用好现有关系来挖掘这些专业人士，联系并邀请他们加入你的社交群体。

虽然初期自己的社交群体规模较小，但随着时间的推移，可以发展到大约 40 个人，这就是你的人脉关系网：能为现有和潜在客户创造价值。加入该群组的人必须能为你现有和潜在的客户创造价值。例如：某位客户的女儿即将结婚，则你可以推荐花商和酒宴承办人。此外，重点关注企业家的需求，可以为他们提供服务的有：商业地产经纪人、电信专业人士、临时机构以及律师等。

成员们最好处于不同的行业，性别、种族、年龄和背景也尽量多元化。此外，还应尽量按照能够接受转介绍的商务事宜进行分类，例如，酒宴承办人、花商、摄影师和旅行社代理——他们都和婚礼事宜相关。另外，多去邀请有可能成为社交群体新成员的人以及他们的配偶和孩子共同参加聚会，在确保活动开展顺利的同时去评估他们的资质。

当想向他们了解一些潜在客户时，保证信息传递的准确性，例如：

- "我想认识明年退休的人。"
- "我想认识那些在同一家公司工作了 10 年但即将换工作的人。"

此外，若想获得转介绍机会，还可讲述现有客户的服务实例，具体描述你是如何解决该客户碰到的问题，然后询问他们是否认识想咨询类似问题的人。让人们知道你的专业领域以及你是如何为客户解决问题的，这样他们才能帮你进行转介绍。如果你只让别人推荐，又不具体说明你要找的是哪种人以及你能如何帮助他们，别人是无法为你进行转介绍的。当有转介绍的潜在客户时，在联系他们之前，确保他们的确需要你的帮助，以及你确实可以为他们提供帮助。

下面举例说明成功的人脉关系网是如何运作的：

- 团体每周聚会一次，时间最好安排在上午7点到8点半。成员们每年缴费300美元，用于早餐费用的支出，且聚会安排要条理清晰并有规划性。
- 聚会前15分钟为互动交流时间，4人分成一组，每人抽取一张卡片，由卡片决定所坐位置。
- 然后组员相互介绍自己的工作职能。
- 每次聚会重点介绍一位成员，该成员介绍自己的背景、专长以及想要发展的客户类型。
- 聚会结束时宣布下周的发言者是谁。

我曾了解过最好的社交群组是由一位理财顾问创建的，他找了5位在不同行业并希望建立自己人脉关系的顶尖专业人士组成执委会，每个执委会委员推荐3~5名各行业顶级专业人士，随后由执委会进行评估并发出30份邀请，最后有20个人接受邀请加入了这个社交团体。

团体每月都会在不同的地点聚会，通常是在下午3点的某家高级餐厅，聚会有清淡的开胃菜和饮料。15:15正式开始会议，首先，前10分钟重点介绍两位成员，各自说明自己的工作职能以及理想的客户类型。随后，其他成员用两分钟分享近期客户服务的实例、自己的理想客户以及最新的工作情况。下午4:30会议结束后，大家可以随意聊天和沟通，该类会议非常欢迎携带自己的朋友一同参加。此外，每个月还会举办一次交际活动，在活动上每个成员都需要去认识另外两个其他成员，以此达到进一步相互了解的目的。

执委会每月开一次会，讨论新的潜在成员和未来会议的组织工作，并制作了成员名单信息，主要包括工作职业、个人简介和联系方式等。作为组织中的一员，每个人都会有一份活动安排表，列明每次会议的日期、地点和主要发言者。

聚会邀约话术

"尊敬的［商务人士］先生/女士，我是理财顾问乔，在 XYZ 金融机构工作，我同时还是本地的一个社交组织的会长。近期，我非常希望有［职业］的专业人士能够加入我们，因此想邀请您参加我们的下次聚会。虽然我们组织的规模不大，但我们每个成员都能相互帮助，共同发展，同时我们也希望能帮助到您。请问您愿意参加吗？谢谢！"

结交新友

可以私下结识，也可以在某个会议中认识新朋友，会议可以有：

（1）报纸上刊登的大型会议。

（2）专业协会会议。

（3）商会会议。

与陌生人交谈时不要让对方产生不安感，多谈些与生意无关的话题，如天气、运动或与时事有关的简单交谈：

- "多好的天气啊，你了解这种好天气会持续多久吗？"
- "天哪，今天进城的交通真是糟透了，你碰到过吗？"
- "你有看最近的 NBA 总决赛吗？你觉得×××能夺冠吗？"

这里只举了几个例子，寒暄的话题不计其数，其关键是要做到真诚沟通。寒暄之后，便可以询问潜在客户他们的工作情况，例如：

- "请问您是在哪工作呢？"
- "您为谁工作呢？"
- "您的工作内容主要是哪些？"

让沟通自然过渡到工作话题，从而有机会挖掘到潜在的社交可能。如果交谈者愿意进行这方面的探讨，那么就可以进行更深入的沟通，问题可以包括：

- "请问您在这家公司工作多久了？"
- "请问您进入这个行业多久了？"
- "你们这个行业的景气度如何？现在处于一个怎样的发展阶段？"
- "您有意向发展新的客户吗？"
- "您在寻找怎样的客户？"

下一步则是简单介绍你的工作内容，此外，还可提及你一直在寻找新成员共建人脉关系网，并邀请他下次共同深入探讨彼此的业务细节。可以预约会面时间，或者要一张名片以此安排后续的会面。

如果对方还愿意再次会面，则要好好安排下次会面的探讨内容，可以问问他有关工作内容的具体信息，例如：

- 目标客户群是哪些。
- 公司、业务和产品的具体细节。
- 他的专业优势所在。
- 教育和工作背景以及专长。
- 怎样能帮助到他。
- 如何管理自己的投资策略。
- 能提供给他的有效信息。
- 是否了解财富管理流程。

介绍自己的财富管理流程及其优势所在，以及你的工作背景和想要发展的潜在客户，例如：

- 那些即将退休或正要换工作的人。
- 工作和生活发生巨大变化的人，包括离婚、丧偶、继承遗产等。
- 对现有理财顾问不满意的人。

如果觉得他可以成为你的人脉关系，则必须与他持续保持联系并巩固双方的关系。建立成功的人脉关系网的核心要素，是努力地与能帮你推荐客户的人保持良好关系，同时，你也要为他们提供相应的人脉和潜在客户。

第 24 章　人脉与工作经验

俗话说："**每个人都有过往。**"在理财顾问眼里，客户的过往蕴含着巨大的商机。具体而言，客户的人脉、工作经验和兴趣爱好都可以好好挖掘。

人脉

理财顾问可以通过各种渠道认识朋友，这些朋友都有可能成为客户，人脉的质量和数量决定了你把这些朋友转化为客户的可能性。首先，为了避免不必要的尴尬，要让你的每个朋友都知道你是理财顾问，为了实现上述计划，我们可以采用以下几个营销技巧。

首先确保你的目标客户是符合条件的投资者。当你筛选出符合条件的人员名单之后，就可以采用下述五种营销技巧。营销技巧要立足于你和朋友之间的关系，因人而异。如果方便，可以自由组合这几种营销技巧。

无论采用哪种技巧，你一定要向你联系的每一个人寻求帮助来认识更多高净值客户。根据一名成功的理财顾问的总结，标准操作流程是：先找出 100 位关系较好的朋友，定期与他们联系，提醒他们帮忙留意身边那些即将换工作、退休或者离婚的人。这个技巧为他提供了极好的潜在客户来源。

信函

对于最符合条件的朋友，写信告知他们你的新工作是在 XYZ 金融机构担任理财顾问，这是一种把私人交情转换成工作关系最轻松的方式。信函要传达 XYZ 金融机构的优点，着重强调和 XYZ 这样的金融机构合作会得到高质量的培训，是非常自豪的事情，同时信函里附上一份收件人可能要求你提供后续服务的清单。这是一种让别人了解你的工作，并让他们把控好和你的工作关系最轻松的一种方式。

理事会

致电约见他们，询问他们对你在 XYZ 金融机构新工作的建议。会面的时候分享你在 XYZ 金融机构工作能得到多么丰富的培训和资源。告诉他们你正在召集身边受尊重的和有影响力的朋友，组建一个"理事会"来收集大家对你事业如何发展的想法。"您对我新事业的起步有什么建议吗？""您最看重您的理财顾问的哪一方面？"

或许最重要的问题就是在会谈结束时提出："您知道身边有谁对当前的投资状况很不满，想要其他专业投资意见吗？""有谁在经历人生的重大变化吗（比如退休、辞职、离婚等）？"这样，你的朋友不仅仅能为你介绍客户，还能让他们以最轻松的方式和你讨论自己的投资状况。和那些最愿意接受你观点的朋友保持联系，让他们真正成为你事业"理事会"的成员。慢慢地，他们会为你推荐客户，甚至让你为他们提供服务。你曾经就读的大学、你参与的社团等，都是这些人际关系的极佳来源。

研究报告

给你的朋友提供公司最好的研报,告诉他们因为 XYZ 金融机构的市场研究能力非常棒,所以你想把这些内容分享给他们。如果他们有任何问题或者额外的需求,你都乐意无偿提供。你也可以把这种技巧用在客户和潜在客户身上。邀请朋友来参加有趣的和有教益的活动,同时针对他们的兴趣爱好提供免费的研究报告,这是从私人关系到开展业务合作的好方法。

名片

写出所有你以往认识的符合条件的投资者,大多数人至少能写出 200 个这样的名字。然后给他们一一致电,先提及以往的交集拉近关系,再告诉他们你现在的工作。请求去拜访他们,借此来挖掘是否有改善他们当前投资状况、为他们提供其他专业投资意见的机会,并且与他们分享你独到的财富管理方法。根据以往成功使用此方法的理财顾问的经验,每联系两个人就至少能成功约见一个人。如果你认识的符合条件的投资者足够多,那么单单这个技巧就能成为你开启理财顾问生涯的基石。

社交

在社交场合拓展客户,最重要的一点是:目的性不能太明显。在你答应别人请求的时候,不要表现出你是在拓展客户,无论是在鸡尾酒会、高尔夫球场,还是滑雪场,都必须坚持上述规则。随着你对潜在客户的了解,可以通过一些轻松的问题来开始:

- "您做什么工作?"
- "您最近工作顺利吗?"
- "您成家了吗?"

- "您有什么爱好?"

潜在客户会问你同样的问题,此时,对自己的职业进行一句话描述很重要。例如,当一位潜在客户问你的工作,你可以回答:"我是XYZ金融机构的理财顾问,我帮助人们实现自己的理财目标。"这样,大门打开,潜在客户可能会问你市场观点,这时你要简约地回答一下并询问对方是否有兴趣收到一份你认为非常棒的研究报告。如果他同意了,那么接下来发送报告给他,并在后续的一星期找机会和潜在客户就此报告进行一场投资交流。如果潜在客户并没有给你任何切入的机会,那最好不要强迫他,以免造成坏名声,有损你在圈内的地位。

话术示例

"[私人朋友]先生/女生,如您所知,我目前在XYZ金融机构工作,作为您的好朋友/商业伙伴/邻居,我想给您几份我们公司最好的研究报告。这些都是我发给我们公司最优质客户的,资料全部免费,因为我觉得您可能需要这些。XYZ金融机构的财富管理信息和研究报告都是业内非常棒的,希望您感兴趣并也这么认为。"

"[过往联系人]先生/女士,我是理财顾问乔,之前联系过,很高兴再次联系到您。不管是工作,还是个人方面,我一直很敬仰您,目前我在XYZ金融机构工作并且非常精通为像您一样优秀的客户服务,尤其是我独特的财富管理流程,让我与其他理财顾问截然不同。我想获得更多您当前理财状况的信息,看看有没有能为您服务的地方,您下周有空一起喝杯咖啡吗?"

信函话术

尊敬的[潜在客户]先生/女士:

很高兴告诉您一个好消息,我目前在XYZ金融机构担任理财顾问,最近公司的培训让我受益匪浅、印象深刻,我坚信XYZ金融机构是业内数一数二的公司。我想为您提供我们公司最优质的研究资源,这是一份所有免费研究报告的清单,希望您有兴趣。相信XYZ金融机构高质量的服务和深度报告也会让您印象深刻。如果有后续需求,请随时联系我。

　　此致

理财顾问简

工作经验

　　你不仅可以通过熟人来拓展业务,还可以通过自己的兴趣爱好和过去的工作经历。首先,按照工作经历和兴趣爱好对自己的背景信息进行分类。过去的每次职场经历都给了你一定的专业能力,你应该好好利用。例如,如果你曾经在一家大型企业工作过或者有自己的企业,你知道企业如何运作,行业内的从业者如何思考,那么你应该好好利用这些背景信息,制订有针对性的营销计划。

　　有时这种方法也适用于你父母的背景。比如,如果你的父亲是大学教授,那么你会很理解大学教授的需求和痛点,进而制订出对他们最有吸引力的营销方案。

　　这种方法也适用于你的兴趣,如果你喜欢滑翔、高尔夫球、园艺、飞钓、网球等活动,你可以与有共同爱好的人交往。你很容易用你的背景信息、兴趣和专业知识去向具有相同爱好的人营销,你知道他们加入了哪些俱乐部,阅读哪些杂志,利用这些"内幕"信息去确定哪些是最富裕的客户,再用共同的兴趣、背景和爱好去建立关系。

话术示例

同事

"[潜在客户（在 ABC 公司工作）]先生/女士，我是 XYZ 金融机构的理财顾问乔。给您致电是因为我之前也在 ABC 公司工作过，我了解 ABC 的员工福利计划和您在公司的状况。最近在 XYZ 金融机构接受的培训让我对如何改善您的理财现状有了一些重要看法，因此来分享给您。我将于下周四到公司拜访，希望能有机会与您面谈。"

同行

"[潜在客户]先生/女士，我是 XYZ 金融机构的理财顾问乔。给您致电是因为在加入 XYZ 金融机构之前我也有自己的企业，因此我了解企业家面临的具体困难。最近在 XYZ 金融机构接受的培训让我意识到如何解决这些困难，希望有机会与您分享这些与众不同的看法。我将于下周四拜访贵公司，希望能有机会与您面谈。"

同好

"[潜在客户]先生/女士，我是 XYZ 金融机构的理财顾问乔。给您致电是因为我和您一样也是机车爱好者，我们都是本地哈雷机车俱乐部的会员。同为机车迷，我们可以以后多多交流。同时，我也非常希望有机会能与您见面，并为您提供 XYZ 金融机构的理财服务。下周哪天您有空吗？"

父母有共同职业或背景

"[潜在客户]先生/女士，我是 XYZ 金融机构的理财顾问乔。给您致电是因为我父亲也是[大学名称]大学的教授，在我成长的岁月里，我就对大学教授的思维方式和理财问题有了一定程度的了解。自我加入 XYZ 金融机构以来，我意识到一种对您的理财现状非常有帮助的理财方案，希望能在上班时间与您有一次面谈的机会，来分享我的一些观点，您有空吗？"

第 25 章　城镇营销

通常，人们很少去大城市周围的小城镇拓展业务，这为愿意花时间去这些地方的理财顾问提供了很好的展业机会。

收集处理数据

首先要确定你计划重点展业的城镇。一个好的选择标准是：一个独立的城镇，并非城市的郊区，人口不少于 5 000 人。此外，这个小镇最好没有你的竞争对手。

选定城镇之后，先去该地进行考察，记下那里最为人所熟知的企业和街区的名称；去拜访商会，收集尽可能多的信息，包括企业、俱乐部和组织机构等。订阅当地的报纸也很重要，可以让你了解谁是当地最有影响力的人，当地有哪些金融事件，翻阅企业介绍页面，确定当地所有企业和所有专业人士（注册会计师、律师、医生）。

这样做的目的是让你融入该城镇，赢得和潜在客户面谈的机会。注意不一定非得和某个你想要约见的人面谈，不管是谁接电话，你只需直接告诉他哪天你来该地方的时候会顺道去拜访他，这种做法在并无繁文缛节的小城镇是行得通的，你只需要让对方在看见你的时候不会非常惊讶。

深入挖掘

等你收集到足够多的信息，你的工作重点将是对城镇中不同领域进行精耕细作。一种方法是先约见当地最有影响力的人士，和他们建立信任，这样他们便会给你介绍潜在客户。

有两种很好的方式可以与当地有影响力的人士接近：民众社会组织和银行董事。

与每个社会组织的负责人联系，提出为他们举办讲座，分享你们公司当前的市场观点。这些组织一般也在寻找机会，为参与者举办讲座。这样有机会让组织负责人以看待"导师"的目光认识你。

银行董事（董事会成员）是另一种结识有影响力人士的方式。他们并不是银行的员工，通常都是银行的大储户和各行各业的佼佼者。你可以通过银行官网或者致电来确认银行董事是谁。

每个月应至少两次到访该城镇，持续一年时间，最好每周都能访问一次。一般需要20～30次的访问来建立核心客户和潜在客户关系，他们会成为你的推广者。

进入这个城镇最有影响力的圈子，那么圈子里的每个人都会成为你建立客户群体的基础。当你识别出该地方最有影响力的人并与他们建立信任关系，他们的转介绍将是你客户的主要来源。

每次去该城镇，需要去拜访尽可能多的客户（无须预约），为他们提供理财信息。（关于建立潜在客户关系的更多信息，参见第7章）你要让人们感受到你对该地的付出是认真地，你花费越多的时间，人们就越加信任你。你可以采取以下五种非常棒的营销策略：

（1）建立影响力人士（注册会计师、律师等）网络（请参阅第29章）。

（2）为客户和潜在客户举办各种活动，比如高尔夫比赛、钓鱼野餐和知识讲座等（请参阅第12章和第21章）。

（3）为潜在客户举办讲座，针对富裕社区，通过你在该城镇的潜在客户来邀请他们（请参阅第20章）。

（4）订阅当地的报纸，寻找当地金融活动的机会，约见这些潜在客户。

（5）与企业家和专业人士建立合作，以便你能面对面地约见他们。

在限定时间投入的前提下，规模较小的镇子对你更加有利。通过多种渠道接触这些潜在客户（如约见、顺道拜访、讲座）等，慢慢地你会建立自己的声誉，你的负责和信誉会被人们熟知。

随着你在该城镇的客户规模和信誉的逐渐建立，你的业务将越来越依靠客户的转介绍，这样你不再需要像之前那样频繁地拜访该城镇，你可以将拜访的次数减为一个月一次甚至一个季度一次。

你可以对去往目标城镇的路上的较小城镇和社区采取相同的营销策略。选定一片区域进行营销，有利于时间规划安排。你也可以把这种"城镇营销策略"运用到更大的都市区，前提是你必须把这个大都市区划分成几个独立的部分，每一部分都必须要有自己的报纸，多数还有自己的商会。但是，在大都市你将失去自己的优势，因为在这些社区，远不仅仅是一两家公司在拓客。

如果你在一个城镇深耕一年以上，多数都会取得很好的成果，因为大多数外地的同业竞争者都不会付出这么多的时间，因此不会妨碍你的营销计划。这些城镇没有很多的金融服务机构，你将会拥有真正的竞争优势。此外你会发现，当地的很多人为了隐私需求都愿意去外地进行理财投资，所以当有信得过的人能给他们提供更大的平台的时候，他们会接纳的。

话术示例

社区负责人

"［潜在客户］先生/女士，给您致电是因为我是 XYZ 金融机构负责您所在的××地区的理财顾问乔。由于您是社区的负责人，因此我想就如何让我们公司更好地为咱们社区服务征求您的看法。我计划周四来××地区拜访，希望能有机会与您面谈。"

一般客户

"［潜在客户］先生/女士，我是 XYZ 金融机构的理财顾问乔，我已承诺把工作重点放在您所在的城镇。周四我将来××地区拜访，我希望到时候能有机会与您进行简短的会面。届时我将介绍我自己并且向您分享一些对您的投资有价值的东西，您有空吗？"

或者：

"［潜在客户］先生/女士，我是 XYZ 金融机构的理财顾问乔，我已决定把时间和精力聚集于您所在的城镇。周四我将来××地区拜访，我希望到时候能有机会与您进行简短的会面。届时我将介绍我自己并且向您分享一些当前市场有吸引力的投资机会，您有空吗？"

客户的助理

"［潜在客户］先生/女士，我是 XYZ 金融机构的理财顾问乔。周四我将来××地区拜访，我希望到时候能有机会约见史密斯先生，请您帮我转达，感激不尽。顺便问一下，您叫什么名字？也非常期待下周四能见到您。"

第26章 企业家

由于各方面原因，企业家是理财顾问展业首要的目标群体。首先，你可以通过不同的方式和他们建立业务关系；其次，他们有做出决策的能力；最后，在美国企业家是百万富翁人数最多的群体。最新调查显示，净资产在100万美元到1 000万美元的投资者中，有52%是企业家；净资产在1 000万美元到5 000万美元的投资者中，有67%是企业家；净资产超过5 000万美元的投资者中85%是企业家。资产净值越高，企业家的比例越大。最后，多数赚钱的企业家在出售他们的企业之后都会有大笔的流动资金。

并非所有企业家都是成功的，所以在你联系他们之前做出筛选非常重要，有三个相对容易的方式来进行筛选：

（1）企业规模（销售额达到100万美元以上）。

（2）企业存续时间（5年或更长时间）。

（3）过去几年企业是否盈利。

在与企业家建立合作关系的时候，约见非常重要。许多企业家会拒绝首次约见，但是如果你能证明你们的会面对他们非常有价值，那么你应该能保证有1/10的约见成功率。为此，你要和企业家交流你能为企业做什么，因为对大多数企业家来说事业就是他们的生活，个人理财并没有那么重要。此外，去企业家的公司会面，你不仅能获得必要信息，还能直接了解企业的运作模式。

赢得约见机会的前提是你能帮助企业提升盈利能力，一旦你赢得约见机会，你则应该发现所有与企业家有关的东西。企业家群体非常受金融业零售人员欢迎的原因之一，就是你可以和他们在诸多业务领域开展合作：个人业务、养老金计划、企业并购、融资等。你的后续营销规划应该基于上述所有潜在需求，而不仅仅聚焦于盈利提升方案。这就是为什么向企业家进行展业，你需要了解所有可以为企业增值的产品和服务。

有以下两种打入该市场的途径：一是直接与企业家进行联系；二是建立一个专业人士圈子，来帮助企业家提升企业价值。

直接联系

如果你采用下述七个步骤，那么和企业家直接联系会很轻松：

（1）列出所有持续经营 5 年以上，销售额超过 100 万美元，且持续盈利的企业清单，列出至少 1 000 家符合条件的企业。再根据当地的报纸，把公认的成功企业也添加到清单上。

（2）写一封你自己满意的信件，里面说明你是一名金融专家，可以帮助企业家创造更多价值。

（3）培养小企业主所需的专业能力和知识，成为解决企业家需求的专家。

（4）集中聚焦在一个专攻的领域。专注于一到两个行业，尽可能地了解这个行业。订阅行业期刊，加入相关研究协会。

（5）充分利用你所选行业的期刊和协会。行业期刊包含许多关于行业内有影响力的人士信息，还能让你获得许多让你的潜在客户印象深刻的专业知识，此外，加入行业协会使你有机会接触目标客户所在群体。

(6) 约见成功后,要多提问、多聆听、多多称赞,这样能让你获得更多有关后续工作的信息,建立融洽的关系。企业家一般得到的认可不多,所以在会面的时候,只要有机会去赞美他们的成就,就不要错过。多多关注对方在各个方面的潜在业务机会。请求参观他们的企业,这是企业家们非常乐意接受的请求。如果你们约见过程顺利,那么就可以请求他们帮你转介绍客户了。

(7) 判断企业家是否是合格投资者的一个好方法,就是看他们是否为自己和员工制订了养老金计划。你可以提议为他们的养老金计划进行免费评估。更多具体方法请参阅第 31 章。

建立圈子

大多数成功的企业家都知道他们将会有机会出售企业来获得一笔不菲的资金,这笔钱通常会作为他们的退休资金,也是他们最重要的资产。即使这些企业家知道将会有这样的机会,但是绝大多人并不知道如何为企业估值、如何寻找到买家。

此外,当企业家准备出售企业的时候,有许多方法帮助他们提升企业价值。如果你能为他们提供有关增加企业价值、解决过渡时期问题的渠道,你就能在诸多竞争者中脱颖而出,成为最受企业家客户以及潜在客户欢迎的理财顾问。

在这个过程中,第一步要了解那些成功企业家的心态,推荐奈德·迈纳(Ned Minor)的《决定出售企业》(*Deciding to Sell Your Business*)这本书,书里提供了大量的方案。第二步是列出一个简短的清单,包含专门为中等规模企业(价值 1 000 万到 1 亿美元的企业)的企业家服务的投资银行家、商业经纪人(业务价值小于 1 000 万美元)和并购重组律师。然后联络这些专业人士,提议召开一场会议来建立一个互利的交际圈子，下面是话术样例：

"我是吉姆·史密斯，在XYZ金融机构工作。给您致电是因为我和许多成功的企业家合作，他们可能有意向在将来出售他们的企业。目前我正在组建一个专家团队来帮助我现有的客户和潜在客户，我想邀请您来参加会议，探索下我们是否在业务上有合作互利的地方。"

通过这种方式邀请参会，你把这种机会定位为"教育"而不是"出售"彼此的客户，你也没有做生意的义务。大多数理财顾问都犯了一个错误，他们请求那些专业人士给自己推荐具有流动资产的客户，却不给对方推荐潜在客户。所以最后一步也是最重要的一步就是分享你的财富管理流程、你专业能力的与众不同和你为客户创造的价值等给你新组建的圈子。他们必须确信你有能力为那些他们介绍的有资金流入的客户带来积极影响。

对于投资银行家、商业经纪人和并购律师，你将会为他们介绍那些在未来可能卖掉自己企业的企业家，所有专业人士都在积极寻觅这些潜在客户。相反，他们可以为你介绍那些刚刚出售自己的企业、手头有大笔流动资金、正好需要专业投资人士帮助进行投资的客户。为了实现建立圈子这一方法，你应该至少找到一位投资银行家、商业经纪人和并购律师来与你合作。

当你创建好专业人士的团队后，你便可以为你潜在的和现有的客户提供更多服务，借助你的圈子来帮他们提升企业的价值、制定可能的过渡策略等。这些对大多数成功企业家都非常有用，但大多数理财顾问并不提供这些服务。你的银行家、律师和经纪人圈子可以提供如何对企业精确估值并提升估值的专业方法，以及出售企业的方法。

当你创建好你的专业人士圈子后，你就能为圈子里那些想了解更多如何出售自己企业的潜在企业家客户举办定期讲座，讲座可以起名为"提升企业价值并成功变现"。在讲座上，你应该让每一个你圈子里的成员为听众分享自己的专业知识。接下来你要和大家讨论，在企业变现后，企业家制定一个投资理财策略是多么的重要，详细讲述具体如何进行财富管理（见第 10 章）。在我参加过的所有投资讲座中，这是最受欢迎、邀请成功率最高的方式之一。

此外，你应当加入当地的企业发展协会，企业发展协会旨在为出售和购买企业的交易双方进行合作创建一个圈子。这为专业人士提供了很好的交往机会，而这些人都有可能成为你的企业家客户来源。

话术示例

企业家客户

"［企业家］先生/女士，我是 XYZ 金融机构的吉姆·琼斯。给您致电是因为我有足够的专业知识和经验与像您一样成功的企业家进行合作，我能就资产和债务方面为企业家提供各种服务，比如提升企业价值和制定长期转型策略。希望能有机会与您会面，进一步了解您的企业，为您提供更多的服务。"

"［企业家］先生/女士，我是 XYZ 金融机构的理财顾问乔。祝贺您的企业如此成功，我想与您探讨一下哪些方面会为您企业的净利润带来积极影响。我在信贷、现金管理计划和退休金管理计划方面相比银行有足够的竞争力，希望下周四能拜访您，为您简述几点协助您企业发展的方法，您方便吗？"

"［企业家］先生/女士，我是 XYZ 金融机构的商业金融服务专家乔，祝贺您的企业如此成功。如果您与我一起合作过的大多数成功企业家一样，那么您也一定很关注企业的净利润。如果有机会能与您会面，进一步了解您的情况，我相信我能帮您节约成本。下周四您有空吗？"

"［企业家］先生/女士，我是XYZ金融机构的商业专家乔。公司安排我们给您致电来展示我们提供的服务，这些服务是专门面向像您一样成功的企业家的，有助于提升您的企业的运作效率和盈利能力。因为这些最好能当面交流，我想在下周二拜访您，您看上午还是下午方便？"

"［企业家］先生/女士，我是XYZ金融机构的高级金融理财顾问乔。首先祝贺您的企业如此成功，接下来我想向您介绍下我们最近为企业家量身定做的创新服务。是否可以与您安排一个简短的会面来讨论这些问题？"

如果潜在客户询问你服务的类型：

"我们有各种各样的服务，如果能来与您会面，了解您的特殊需求，我将给您介绍最适合的服务。"

对投资银行家、商业经纪人和并购律师

"［银行家/经纪人/律师］先生/女士，我是XYZ金融机构的吉姆·史密斯。给您致电是因为我目前正在与很多成功的企业家合作，他们都有兴趣出售他们的企业。我正在努力组建一个专家团队去帮助我的这些客户和潜在客户，我想邀请您参加一场业务拓展会议，来探索下我们是否有彼此合作的机会。"

如果你之前是企业家

"［企业家］先生/女士，我是XYZ金融机构的理财顾问乔。给您致电是因为我在从事理财顾问之前也是一个企业主，自从进入XYZ金融机构之后，我一直在接受专门针对企业主需求的培训，我真希望我当初在经营企业的时候就了解这些。我相信我对企业和商业服务的理解可以帮助到您，您这周有空会面吗？"

对秘书或助理等"把关人"

你致电的目的是什么?

"我打电话给［企业家客户］先生/女士,是想告诉他/她如何削减目前与银行合作的费用。"

"我是 XYZ 金融机构的理财顾问。打电话是因为我精通如何帮助成功的企业家提升企业的净利润,我想和［潜在客户］先生/女士有一个简短的会面来了解更多关于他/她的企业的情况,我能通过您来了解吗,还是应该直接与他/她面谈?"

第 27 章 房地产经纪人

如果你采用正确的方式和房地产经纪人交往，那么他们是非常理想的目标市场。成功的房地产经纪人大多都非常富有，而且你很容易获得关于他们的信息，也很方便联系到他们。他们懂销售流程，并且有制订自己养老金计划的刚需。大多数房地产公司不为它们的经纪人提供养老金计划，因此养老金计划都要经纪人自己去完成。而且，大多数成功经纪人的现金流都是不稳定的。销售一处价值不菲的房子，或许能给他们创造高达六位数的现金流，但这可能是他在几个月以内获得的唯一现金流。在刚刚获得一笔巨资之后他们常常忍不住大买特买，所以对他们而言管理自己的现金流、制订周详的养老金管理计划是非常有挑战性的。

大多数理财顾问忽视了对房地产经纪人的营销，因为存在许多并不成功的经纪人，以至于无视了成功的那部分。你尽管放心，那些连续多年取得成功的经纪人都收入不菲并且拥有大量的可投资性资金。而且经纪人也很容易接触到，因为他们也想让潜在客户了解自己，知道他们多么成功，知道如何联系自己。没有比成功的房地产经纪人更容易获取信息的营销目标了。

我们业内普遍认为，房地产经纪人都把大部分资金投资于房地产。实际上，房地产公司并不鼓励经纪人投资房地产，因为需要花费时间去维护和管理。成功的房地产经纪人一般需要工作很久，他们没有足够的时间和兴趣去管理一个房地产组合。

如何了解信息

列出当地市场的所有大型房地产公司，并访问它们的官网，你会找到在每家公司工作的所有经纪人的名单。大多数情况下，每位经纪人都有他自己的网站，你只需要点击公司网站上的链接就能轻松访问。在他们自己的网站上，你会找到所有你需要的信息，这个经纪人有多么成功，他有什么兴趣爱好，以及他的经济实力等。

任何花时间浏览过约翰的个人网站的理财顾问都会快速发现，约翰是一个潜在的值得挖掘的高净值客户。例如，一个典型的经纪人网站会显示约翰的以下信息：

- 过去一年他的撮合成交额为2 000万美元（即他的年收入高达100万美元）。
- 爱好收藏各种苏格兰纯麦威士忌。
- 拥有位于科德角的度假屋。
- 喜欢赛马运动。
- 住在本市的黄金地段。
- 他的手机号码（与大多数有钱人不同，他们联系起来非常容易）。

如何鉴别他是否足够成功

有部分房地产经纪人并不够成功，收入水平也一般，因此有必要对他们提前进行评估。幸运的是，对经纪人进行辨别很容易，只需要辨别他在房地产经纪市场的地位即可。最简便快捷的办法就是查看他去年卖出去了多少房产，数据很容易在网络上查到。衡量经纪人成功与否的黄金标准就是每年的销售额达到 1 000 万美元，这意味着他有 40 万~50 万美元的年收入，不过往往只有前 1% 的经纪人能达到这个水平。次一级的标准是房屋年销售额达到 500 万美元，这意味着他的年收入在 20 万~25 万美元之间，属于业内前 5%。我建议你将营销重点放在销售额达到 500 万美元的房地产经纪人身上。

此外，值得注意的是，在美国，许多成功的房地产经纪人是女性，由于职业原因，她们丈夫的年收入或许更高。

接洽房地产经纪人的话术

由于成功的房地产经纪人的信息非常容易获取，所以花时间发现他们的兴趣爱好是一个联系他们的极好办法，你可以采用下述话术：

"约翰，我是 XYZ 金融机构的理财顾问乔，我习惯于结识周围各个领域的顶尖人才。由于您是我们这里最优秀的房地产经纪人，所以我非常想认识您。我查询了您的网站，发现您喜欢收藏苏格兰纯麦威士忌，我想下班后约您一起去一家我最喜欢的饭店，那里有上好的苏格兰威士忌，我们相互认识下可以吗？"

专门面向房地产经纪人的细分市场

另一个与成功房地产经纪人建立联系的方式是：清楚地告诉对方，你专攻房地产这一细分市场，并且具有丰富的与房地产经纪人合作的经验。为了表明你的专业水平，通过明确指出他们的特殊需求（通常包括养老金计划）来分享你的专业知识很重要。向他们表明你了解并且拥有帮助他们应对各种问题的能力，这会让你非常有竞争力。

对于理财顾问来说，考虑加入当地的房地产经纪人协会作为附属会员也是有意义的，这提供了宣传自己的机会，还有机会得以进行展业演讲，构建自己的圈子等。

向成功的房地产经纪人营销的话术：

"约翰，我是 XYZ 金融机构的大卫·戴维斯，给您致电是因为我在与像您这样成功的房地产经纪人合作方面具备专业知识和经验。我发现房地产经纪人面对的最大的挑战包括管理现金流和制订养老金计划。我想为您提供一次免费的业务探索服务，方便我更加了解您，同时介绍我自己。然后我会向您讲述如何提升您当前的投资收益，以及如何正确地规划您的退休金。"

"成功的 [房地产经纪人] 先生/女士，我是 XYZ 金融机构的吉姆·史密斯。给您致电是因为我与许多像您一样成功的房地产经纪人合作，我最近了解到您取得的成就 [提及销售水平，比如 500 万美元销售额等]。我一直致力于学习高水准的专业知识，以便为像您一样成功的房地产经纪人提供资产配置诊断和投资规划等。相信我们会有很多共同点，如果能与您会面，让我更加了解您，向您分享我能为您提供哪些服务，我将非常感激。下周能在方便的时间和地点与您会面吗？"

建立交际圈

与成功的房地产经纪人建立好的人际关系的最有效方法，就是邀请他加入你的人脉关系网络。房地产经纪人都想获得更多的销售机会，所以让他们加入你的人脉关系网络，不仅他们会从中获利，同时也和你建立了深厚的关系，让你在争取他们的投资业务中有了竞争力。同时，房地产经纪人也是理想的潜在客户的转介绍来源，因为他们通常都会参与成功人士的迁居。有关与房地产经纪人建立成功的人脉关系的更多信息，请参阅第 23 章。

商业地产经纪人

上述适用于成功住宅地产经纪人的方法，大多数也适用于商业地产经纪人。把住宅地产经纪人和商业地产经纪人都纳入你的营销目标，有助于扩大你的市场。和住宅地产经纪人一样，商业地产经纪人的信息也很容易获取，而且这个群体的渗透空间非常广阔。

第 28 章　企业高管

上市公司高管是美国百万富翁中占比最高的群体之一，关于他们的信息非常容易获取，而他们对专业理财服务的需求也非常迫切。基于上述原因，致力于这个群体的理财顾问往往会收获颇丰。但是，要想在这个市场取得成功，你必须拥有所需的专业知识。成功的企业高管的需求很具体并且往往很复杂，你必须了解这些需求并且帮到他们。我熟悉的那些已经成功打入这个市场的理财顾问都具有必需的专业技能，并且花费了大量时间去了解客户的独特需求，进而挖掘自己公司有哪些专门适合企业高管群体的资源。

仅仅因为企业高管是富裕人群，并不意味着所有理财顾问都可以去挖掘这个细分市场，一些区域有许多上市公司，而另一些区域则没有。

通常，企业高管都见多识广，往往需要高水平的理财规划，所以如果你想深耕这一市场，你必须勇于接受挑战，拓宽自己对各种金融工具的理解，并且在每次会议前充分准备。由于上市公司的股票交易有规定限制，这些规定往往很复杂，而大多数上市公司高管并不了解关于他们自己的股票和期权可以采取的策略。之前有一个理财顾问给我讲的一位企业高管的故事让我非常惊讶，那位高管对自己所持有股份的规章制度几乎一无所知，更别说那些针对自己股份进行对冲和变现的复杂策略。那些致力于学习专业技能的理财顾问能满足企业高管某些非常重要的需求，如果他们还能指导企业高管实现那些独特又复杂的投资策略，这些理财顾问会非常受欢迎。

如果你愿意在一个拥有大量高水平企业高管的市场进行营销展业，你就会发现，这个市场的优点之一就是上市企业高管的公共信息很容易获取。一名和我共事过的最成功的年轻理财顾问给我分享过他如何针对企业高管进行营销的故事："当我刚开始对企业家进行营销的时候，我给企业主家里打电话，但是不久我就因为找不到足够的信息来对营销目标做出甄别而感到沮丧。后来我参加了一个会议，会上一位公司高管专门提到了获取上市公司高管的信息非常容易，因为通过访问公司的官网和查阅委托声明书等，你便可以获得他们的籍贯、背景信息、集中持股数量、持有的期权、递延收入、持有多少公司股份、股权质押数量和就读的高校等。这些都是每年在委托声明书上公布的公开信息，由于这些信息对我们的业务如此重要，而恰恰在企业高管群体里这些信息又非常容易获得，因此我决定致力于这个市场。"

获得合适的专业能力

我请教过一个在企业高管领域取得巨大成功的理财顾问，如何获得深耕这个市场所需的专业知识。他告诉我他先联系自己所在公司的专家，就集中持股、对冲策略和变现策略进行交流，向他询问多达300个问题，尽可能多地学习关于这些策略的知识。然后，他向外汇基金方面的专家进行请教，也向他们询问上百个问题。他下决心要精通集中持股、期权策略，以及这些策略的税收政策。

深耕于企业高管市场的另一个基本要素是要充满自信，你必须对你讲的东西了如指掌，必须有足够的专业知识去提供服务。大多数企业高管都很聪明，也懂得周围的人拥有专业知识和足够聪明对他们的重要性。当你向他们展现出足够的专业和自信的时候，他们就会被你深深吸引。

找到企业高管

下一步就是熟悉所有可以用来了解上市公司高管信息的渠道。在美国，如果想查询股东委托声明书的信息，可登录 FCC. gov 并输入公司名称。另一个信息来源是公司的 S-1 备案报告①（公司上市前的注册声明），这个报告还展示了高管拥有多少公司股份、年薪多少等信息。

还有一个极佳的信息来源是当地的商业期刊，这些期刊刊登了当地正在并购重组的企业名称，以及这些企业高管的相关信息。

与企业高管接触

一旦你获得所需的专业知识并了解了各种信息渠道之后，你就可以开始准备营销企业高管客户了。如果你手上有上市公司企业高管客户，并且他可以为你介绍更多的企业高管，那效果当然会好很多。但是如果没有人帮你转介绍，你就需要直接和企业高管进行联系去开拓市场。

大多数企业高管都有秘书、助理或者其他"把关人"，这些人的主要职责就是不让别人随随便便靠近高管。绕开这些人的一个方法就是拿到你所营销的企业高管的直线电话，并且在早上 8 点前或者下午

---

① S-1 备案报告类似于我国的招股说明书。——译者注

5点后给他打电话，电话号码一般都在公司的网站上，也可以在正常工作时间以外拨打公司通信录，可能会提供你分机号码。

话术示例

"［企业高管］先生/女士，我是XYZ金融机构［城市名］分公司的理财顾问乔。占用您几分钟时间。给您致电是因为我/我的团队与几家上市公司和私营公司的高管合作过，帮助他们管理集中持股和期权头寸。我想与您面谈一下，向您介绍我们为许多高管客户提供的一些套保和增值策略。下周四您有时间吗？"

"［企业高管］先生/女士，我是XYZ金融机构［城市名］分公司私人客户部的理财顾问乔。占用您几分钟时间。我和我的团队专门为像您一样成功的上市公司高管提供理财规划和投资咨询服务，去解决他们缺乏时间和精力管理自己金融事务的痛点。目前贵公司的好几位同事都是我们的客户，我十分了解贵公司的福利等情况，可以约您见面吗？届时如果您感兴趣，我将给您展示为您的几位同事提供的服务供您参考。"

"［企业高管］先生/女士，我是XYZ金融机构［城市名］分公司的理财顾问简。我与许多像您一样成功的企业高管合作过，我发现您这个位置的高管人员都缺乏时间和资源来有效地管理自己的金融事务。不知您是否有过与像我这样持续提升自己能力、专门为高管人员服务的理财顾问合作的经验？"

"［企业高管］先生/女士，我是XYZ金融机构的理财顾问吉姆·史密斯，我们持续专注于向上市公司和非上市公司的高管提供服务，为他们定制各种理财策略。您知道，您的股份将面临证券法规关于上市公司管理层持股的限制，我们的工作就是帮您更好地规划您的股份和期权。"

"［潜在客户］先生/女士，我是XYZ金融机构财富管理部门的理财顾问简，我们专注于帮助上市公司的高管管理他们受限制的股份和期权。如果我们能为您提供有效管理您的股份和期权的策略，您有兴趣和我们安排一场简短会面吗？"

"[企业高管]先生/女士，我是XYZ金融机构的理财顾问乔，给您致电是因为我专门为那些拥有受限制的股票和期权的上市公司高管提供服务。交易时机、流动性机会、税务等都会对您的资产净值产生重大的影响，我相信我能为您就这些提供深刻的见解，助您一臂之力。我非常乐意按照您的时间安排，在您有空的时候来和您会面，您看什么时间方便呢？"

与成功的高管进行合作的一个技巧就是：等你掌握足够多的能为他们创造价值的东西之后再去联系他们。如果你在查看上市公司报告的时候发现某个高管持有35万股价值40美元的公司股票，那你应该知道他会对自己持有的股份比较在意。他会优先考虑你提供的关于他们公司的研究观点、预期业绩、业绩和持续更新的研究成果等内容。拥有这些可用信息并且搞明白他的既得利益，是首次和企业高管进行联系的有效方法。例如：

理财顾问：我是XYZ金融机构的理财顾问简，可以和[企业高管]先生/女士讲话吗？

高管秘书：他现在没空，请问我能帮到你吗？

理财顾问：当然，我们公司刚刚发布一篇关于贵公司的看涨报告，我想他/她一定很感兴趣。在发送报告之前，我想要为他做一个简短的介绍，您能帮我接通电话吗？或者安排一个其他时间，我再打电话过来做介绍并发送报告给他。

理财顾问：我是XYZ金融机构的理财顾问乔，琼斯博士现在有空吗？

高管秘书： 抱歉，他没空。

理财顾问： 我们公司刚刚发布一份关于贵公司的深度研究报告，我想琼斯博士一定会感兴趣。报告里有最新的关于贵公司的盈利预期等信息，我想把这份报告发过来供琼斯博士审阅。麻烦您把他的邮箱地址发给我，非常感谢。

当你收到电子邮箱地址，你就可以把研究报告发送给这位公司高管，你要在邮件中写："这些都是我们公司发布的关于贵公司的研究报告，我认为您会很感兴趣，能否安排时间与您面谈这些报告？"

潜在客户的持续跟进

"［企业高管］先生/女士，我是理财顾问简，我们公司刚刚发布了一份关于贵公司的非常有趣的报告。正如我上次会议向您提及的那样，我致力于为您提供您感兴趣的内容。我想通过电子邮件把这次的最新报告发给您，并继续保持联系。"

大数定律

渗透企业高管这一细分市场需要大量的联系沟通。我采访过的许多在这一市场很成功的理财顾问都说过，他们的成功离不开大数法则。一般来说，打 100 个电话能获得 10 次联系的机会，有经验的人能获得 1 次约见机会。约见成功的比例处于 20∶1 和 10∶1 之间。

下面的案例正好说明了坚持的力量。

案例研究 1

由两名专门向企业高管提供服务的理财顾问组成的团队，打算对一家公司进行营销。他们打了很多电话试图和高管取得联系，最终联系到了 CFO（首席财务官）。团队说服 CFO 并成功会面。会后 CFO 说："我能看出来你们知道自己在做什么，我也愿意和你们合作，不幸的是，我并没有钱，只有受限制的股票。"团队拿到了该 CFO 的邮箱地址，每次收到关于该公司的深度报告之后，团队都会把报告发给这位 CFO。随着持续的邮件沟通，他们与 CFO 的关系也愈加稳固。一年以后他们与 CFO 再次会面，这位 CFO 说："我的资产仍然是受限制的股票，但是以后我会和你们合作的。"团队继续和这位 CFO 保持联系。60 天后，该公司以 23 亿美元的价格被收购，这时候那位 CFO 主动联系了这个团队寻求服务。

案例研究 2

一名专门为企业高管提供服务的理财顾问致电联系一家世界 500 强公司的高管，最终联系上了该公司的高级副总裁。在他们首次通话后，这位副总裁说："我知道你精通集中持股等业务，但是我们公司已经聘请了一家理财顾问公司为我们服务。"这名理财顾问回答说："关于集中持股，他们有为你进行远期套保吗？他们有为你做汇率对冲吗？"这位副总裁不知道如何回答这些问题，就对理财顾问说："你应该打电话给我们公司的 CEO，他的股份比我多很多。"

这名理财顾问联系了公司的 CEO 并且转述了之前那位高级副总裁的建议。CEO 说："我最好的朋友在 ABC 金融机构工作，但是你可以打电话给我们公司的法律顾问，他或许需要你关于集中持股的应对策略，我会告诉他是我让你联系他的。"随后理财顾问联系了法律顾问并提及是 CEO 让他打电话过来，成功和法律顾问约见并最终赢得 2 000 万美元的生意。

营销流程

一旦你获得初次会面的机会，你应该将工作重点放在客户资料挖掘流程上。先从搜索信息工作开始，包括个人信息和先前投资经验等。附带提一下，因为大多数人都会把照片、奖杯和文凭等对自己非常重要的东西摆放在办公室里，所以找到个人信息很容易。

在第一次会面的时候，让对方适当感受一下你能为其提供的服务以及你的经验水平。但是，大概80%的谈话你都要让潜在客户去说，因为你想对他们了解更多。你的目标就是询问一些他们过去没怎么了解过的问题，让他们不知道如何去回答，进而让他们把你定位成专家。你可以问下述问题：

- 您有针对集中持股的策略吗？
- 您制定了长期的财务规划吗？
- 在您退休后，您需要什么样的现金流来养老？
- 您制订了养老金计划吗？计划的时间表如何？
- 您有制定遗产规划吗？
- 公司有给您股权激励计划或者认股权证吗？
- 谁是您信托计划的受托人？

要通过强调综合规划流程的重要性来结束会面。在会面结束的时候，你可以说："为什么不让我们帮您分析一下您当前的理财境况？我们会就您规划里不太高效的地方提出一些意见。"或者你说："感谢您抽空与我分享这些信息［重复优先级最高的信息］。接下来，我们会回顾并仔细思考一下您的现状，看看我们能否在以下几个方面［重复优先级最高的方面］，为您提供最好的服务。您意下如何？"然后拿出你的日程表，安排与企业高管的会面，等你回办公室之后发送一份会面提醒给他。

第二次会面

第二次会面的目的在于兑现你上次的承诺，向企业高管简述你的策略，并且提出一些有助于他实现长期理财目标的建议。这样做是为了让他更加深入地思考理财规划。第二次会面时，最重要的话题是基于高管自身的目标进行规划，根据高管退休后的现金流需求制定相应策略。遗产规划及其相关策略是大多数企业高管的重中之重，他们需要遗产的代际转移方法来让子孙后代能拥有他的财富，另一个潜在话题是为他们持有的股份设置剩余资金慈善信托，了解相关赠与策略和赠与免税制度。

这次会面的目标是你要把自己定位成高管全家的首席财务官，把自己定位成打理他们所有金融事务的人员，满足他们的所有投资需求，这样他们好专心自己的工作。通过讨论这些不同的问题，逐渐说明全面的理财规划步骤，让他们参与到制定自己的理财规划中，并且让他们的配偶也参与进来，你成功赢得企业高管客户的机会也大大提高。

小结

- 企业高管都非常忙碌，很难联系到，需要坚持不懈才能吸引到他们的注意。
- 企业高管往往有秘书、助理等人协助处理事务，让你难以轻易见到他，电子邮件是避开这些"把关人"的有效工具。
- 通过公开发布的报告很容易收集到关于企业高管的信息。
- 使用该高管所在公司的最新研究报告是和目标客户增进关系的有效途径。

- 高管对自己持有的受限制股份、期权、相关税收政策和投资策略普遍缺乏了解。
- 理财顾问想要深耕企业高管这一细分市场,必须精通企业高管的独特需求。

第 29 章　有影响力的人士

这一章所讲述营销行动计划的目标是**建立一个影响力人士的关系网**。有影响力的人士包括注册会计师和律师，这两种人都属于转介绍客户的最佳来源。因为这类专业人士对于自己的客户影响力很大，如果他们愿意向客户推荐某个理财顾问，客户往往比较容易听从。

这一策略的关键在于质量而非数量，举个例子，如果你可以构建一个属于自己的关系网，其中包括几位注册会计师、地产律师，而且这些人愿意持续地给你转介绍客户，这就会是一个非常强有力的关系网。

如何实现这一目标呢？你可以跟这些有影响力的人士分享自己的财务观念和理财方法，并且证明自己比他们客户的现有理财顾问（如果有的话）更专业、更有效。但是这里你要注意，因为向自己的客户推荐你，很可能会关系到他们自己在职场的声誉，所以他们肯定会谨慎推荐。因此，你需要向他们说明，你会尽一切可能配合和帮助他们，例如为他们提供持续的教育机会、他们所需要的一些涉及费用的调研，以促进你们之间的关系在专业互助的方向上进一步发展。

对于有影响力的人士，你要尽力在他们感兴趣的领域给予帮助，让他们在自己的客户眼里看起来更加睿智、富有洞见。一般有影响力的人士也会对资本市场和当前时事热点感兴趣，因为在他们的工作实践中也会涉及这些方面。帮助他们加深对这些事件的了解，指导他们如何向自己的客户更好地去阐述，如此一来，你不仅可以为这些有影响力的人士创造价值，而且可以让他们看到你的专业能力。他们对你的认可与欣赏越强，将来把自己的客户转介绍给你的可能性就越大。

如何打造有影响力人士的关系网

在第 12 章"裂变式获客"中，我用了一个章节来阐述如何与现有客户的会计师和律师建立关系。这里可以重新温习那部分内容，并结合本章观点加以运用。

在这里给大家提供三个有助于建立关系网的建议。

退休人士[①]讲座

在为退休人士举办讲座时，可以邀请一位注册会计师或者律师一同参与。这样做不仅能够使讲座的内容更有深度，同时可以让这些"有影响力的人士"看到你的现场表现，有助于你与他们建立联系，达成合作。在实践中，这不失为一个搭建影响力人士关系网的起步好方法。

每季度举办继续教育相关讲座

这一方法既可以用于搭建关系网的初期，也可以用于扩大你的关系网。找到目标区域的所有注册会计师，建立你自己的"会计师

---

① 随着社会老龄化的进程，老年人也逐渐成为市场参与者，尤其是退休人群。

库"。亲自与他们一一联系，并邀请他们来参加与税务知识相关的讲座，这对他们自身也有好处。记住要提前一个月就发出邀请，在讲座开始之前再跟进几次。可以在每季度针对不同主题举办讲座，定期邀请这些会计师来参加。

还有一些细节值得注意：要保证讲座专家的内容质量；讲座中要记得提供午餐；注意安排讲座举办的日期，因为会计师通常在报税季会特别忙碌；讲座中尽可能自己也做一些展示，这样可以直观地向他们展示你的专业能力与专业精神；讲座可以进行课程设计并提供继续教育认证的学分；比较理想的讲座规模是可以邀请到 20~25 位参与者。

举办这类讲座，是为了给会计师提供有效资源，同时给他们一个回报你的理由。他们给你介绍客户，但是你很难用同样的方式回报他们，这类教益性讲座可以合理合法地弥补这一点。每月跟进那些来参加讲座的会计师，与他们分享你的专业知识，教育他们，让他们了解并熟悉你的财富管理流程。

请注意，此类讲座应避免直接涉及投资产品类的主题（以免让人反感）。哪些话题比较合适呢？这里提供了一些例子供参考：

- 税法中的哪些变动将会影响他们的客户？
- 期权及有限合伙制会如何受到税法的影响？如何向客户解析报告？
- 固定收益计划养老金。
- 遗产规划相关的税务问题。
- 医疗保险和医疗补助的纳税申报。
- 养老金计划和退休相关事宜。
- 与税法相关的企业价值评估。

如何获得继续教育认证

在美国想要使会计师参与讲座并获得继续教育认证的学分，你需要提前联系所在州的会计师理事会申请会计师继续教育学分。给律师的讲座则需要向所在州的最高法院提供讲座日程安排。

讲座开场话术

"非常感谢您前来参加我们的讲座。在此我想重申我们的承诺，我们旨在为会计师提供当下热点时事相关的干货知识，竭尽所能地为大家服务，以感谢大家帮助我们带来的业务。请您抽空填写反馈问卷表，我们将再接再厉，把讲座办得更好。我们愿意竭诚为您提供任何资源。如果有适当的机会，当您需要向您的客户推荐理财顾问时，希望您会想到我们。"

面对面会见

找到目标区域的注册会计师和律师。你可以把你所有客户的会计师和律师列一张名单，找到他们的电话号码，亲自给他们致电。通过这样的方法来获得与这些有影响力的人士面对面一谈的机会。

致电时自我介绍话术

"［会计师/律师］先生/女士，我是来自XYZ金融机构的理财顾问简。我希望可以结识市场里最优秀的注册会计师/律师，因此找到您，希望可以和您建立业务合作关系。我觉得未来我们所在的领域，建立金融法律专业人士之间的关系网是很重要的，将来我们之间可能会有一些共同的客户。希望有机会可以去拜访您，了解一下贵事务所的发展情况。不知道您什么时候方便，可否见面聊聊？"

"［影响力人士］先生/女士，我是来自XYZ金融机构的理财顾问乔，目前正在拓展财富管理业务。虽然目前我们还没有共同的客户，但我相信将来一定会有。您在这个行业享有很高的声誉，是领域内非常成功的专业人士，我非常希望能够有机会和您见上一面，进一步了解您的公司，也跟您汇报一下我这边的情况。不知道您下周是否有空，我是否可以过去拜访您？"

如果有共同客户，致电时自我介绍话术

"［影响力人士］先生/女士，我是来自 XYZ 金融机构的理财顾问简，×××是我们共同的客户。现在在我们所处的领域，建立金融法律专业人士之间的关系网是很重要的。您在业内享有很高的声誉，我也非常希望能够与您面对面地交流一下，进一步了解您现在的业务发展情况，希望以后在共同服务×××的过程中可以更好地配合。您什么时候有时间，我们碰个面如何？"

建议在第一次见面的时候，多花一些时间去了解所拜访会计师或律师的业务情况，了解清楚他们的目标客户是哪类人群；同时，简要地向他们介绍一下你自己的业务情况及财富管理理念。建议在第二次会面时，进一步详细介绍你的业务，以及你如何可以为他们及他们的客户创造更多的价值。

在第二次会面中，重点讲述你的财富管理流程和价值主张（请参考第 10 章"财富管理"），突出你在财富管理方面的个人特点和擅长领域。第二次会面的关键，是要打出自己的个人品牌，把自己与别人眼中典型的"股票经纪人"区分开。尽可能多地花时间去了解会计师和律师的工作内容，使他们真正认识到你的财富管理方法的独特之处，以及你的这些专业能力可以怎样为他们的工作带来更多的价值。这些有影响力的人士之所以很少给理财顾问转介绍自己的客户，常常是因为他们并不了解理财顾问到底在做什么，也没有与理财顾问之间建立起互信的关系。

第一次会面之后，你就要开始竭力为这些有影响力的人士提供有价值的信息，这样他才会视你为真正的资源。为他们提供感兴趣、有帮助的信息，例如你们公司对税法及其变化、市场前景、财富管理工具、时事及其对市场的影响、资本市场如何运作、创新债权产品的见解。定期梳理并提供此类信息，每月至少安排一次正式会面或非正式的顺道拜访。

采用这个方法，每年应该至少可以产生几位转介绍影响力人士。如果每个人每年给你转介绍两位潜在客户，而你能够把其中90%的潜在客户转化为正式客户的话，每年你至少可以增加4位新的高净值客户，这将是你的纯新增客源。

如何巩固和善用你的关系网

转介绍

影响力人士关系网一旦建立，最有效的巩固方法就是把他们介绍给你的客户。想要从影响力人士关系网那里获得转介绍，当然也要给他们推荐客户。最好的时机是当你与客户讨论理财规划的时候，你们之间一定会谈及税收和法律问题，如果他们没有会计师和律师，或者对现有的服务不满，你就可以在恰当的时候，推荐自己关系网里的人。

讲座

善用会计师的关系网。告诉与你合作的会计师，你想为他们的客户举办财务知识相关的讲座，主题如"退休规划：财富管理流程"。提出你可以给他们的客户发邮件、打电话来邀请他们参加讲座，并提供午餐。在讲座结束后跟进每位参与者，并与会计师讨论这些客户的情况。很多会计师并不知道如何转介绍客户，这样的方式可以很好地推动他们。

年度更新

与关系网中的每个人都至少分别安排一次年度更新会面。吃个午餐，交流一下，互相引荐，加强联系。

会计师的个人账户

善用会计师的个人账户，即便账户金额未达到你的最低账户管理标准。举个例子：

"［会计师］先生/女士，通常我只为25万美元以上的账户户主服务，但我愿意为您提供服务，并且不设最低标准，希望您能够亲自体验我们客户所尊享的优质服务。"

在纳税季提供午餐服务

在报税截止日之前的一周里，持续每天为会计师及其同事购买午餐，并请专人递送到办公室，并附上问候卡片以示友好。这个举动很小，但收效很好。

公司拜访

要请关系网里的人们来你的公司参观拜访，路演并展示客户可获得的体验。讲述你的财富管理流程和工具，介绍你们的团队和你们公司的专家。

季度晚会

每个季度为你最优质的客户举办一次高级晚宴或酒会，地点要选在知名、高档的餐厅。晚宴设在下午 6：00 开始，开始之后，由关系网中的一位权威人士（一直或者可能为你转介绍客户的人）做一个 30 分钟的演讲，主题是客户感兴趣的话题。你也需要做一个 15 分钟投资相关的简短演示。如果有赞助商赴宴，也请他对相关主题发表讲话。

在季度晚会上，你最优秀的关系网有机会与你最优质的客户之间对话。有影响力的人士会感谢这样的机会，并会以转介绍更多客户来回报你；客户也会感谢你邀请他们参加这样的高级晚宴，听到专家的观点讨论。你还可以借此机会鼓励高净值客户邀请他们的朋友一同前来，以此发展更多的潜在客户。

第 30 章 校友营销

对校友进行营销是一个非常有效的策略。通常来说,成功人士总是对母校充满感情、心怀感激。大学岁月能够唤起他们诸多美好的回忆和强烈的共情,因此很多成功人士都愿意投入时间,并在经济上反哺母校。参与校友活动,你便有机会结识成功校友并与之建立联系。另外,通过校友机构进行营销,不仅能够让你多与成功校友接触交流,而且能够获取宝贵信息。

在校友营销上投入时间是很有意义的,原因有四个方面:

(1) 接触富裕人群(潜在高净值客户)。
(2) 获取重要信息。
(3) 找到共同兴趣。
(4) 从融入校友群体中获益。

接触富裕人群

校友组织通常都是为了推动校友间互动而设立的,大家出于母校的天然联结而走到一起,共同反哺母校,这其中包括了不同年龄、经济水平、职业经历的人。如果你能够参与校友组织,便会有机会接触到一群成功、富裕、慷慨、乐于奉献和分享的校友。你们之间有着校友这一层天然纽带，这是业务关系拓展的良好基石。

获取重要信息

建立校友组织的一个重要目的是实现信息共享，推动校友之间的联系。想要做校友营销的理财顾问可以通过校友组织获取相当多的重要信息。信息来源包括校友杂志、网站和年报。[①] 从这些信息来源中你可以获取以下信息：哪里有流动资金，校友圈中的重大事件，校友对母校的捐献情况，以及潜在的人际关系和机会。校友组织中所含的信息之多，是其他的营销手段很难与之相媲美的。

找到共同兴趣

无论是校友会的体育项目、以往共同的专业、曾经一同参加过的活动、共同上过的导师的课，还是仅仅出于共同的对母校的热爱，校友之间总有一个连接彼此的强大纽带。金融服务行业最有效的营销方式就是找到与成功人士的共同志趣，建立互信关系。对于理财顾问而言，校友组织是与成功人士建立、巩固关系的绝佳途径，因为彼此间拥有天然而强烈的校友纽带。

从融入校友群体中获益

各个高校都想推动校友间的联系，因为校友组织不仅可以加强校友与校友之间的关系，更可以加强校友与母校之间的联系，并推动校

---

① 国内的话，可能是校友微信群、微博、官方微信公众号等来源。——译者注

友为母校做贡献。如果你有意参与母校活动，并担任领导者职务，这并非难事。很多学校都设有校友发展部，致力于有志于此的校友多多融入，你尽可联系，提出自己的想法。

以下有三种营销方法，可参照主动建立与成功校友之间的关系：
（1）主动加入已成立的校友组织并积极参与活动。
（2）自己成立一个校友组织。
（3）阅读校友杂志，主动联系其中提及的杰出校友。

主动加入已成立的校友组织并积极参与活动

在大部分存在潜在市场机会的人群中，都已经有现成的校友网络覆盖。无论你身处哪个市场，总有可以接触到的校友组织。如果你负责的市场距离母校很近，一般都有很多机会参与当地的校友团体活动，如一起观看体育比赛、社交活动、聚餐、成立校友董事会、组织外出旅行等。如果你负责的市场距离母校较远，比如不在一座城市，那么你可以参与的校友活动以及你可以接触到的校友可能较少，但校友之间的联系反而有可能更加紧密。参加校友组织的目的是融入团体，并担当起领袖角色。

你所负责的市场离母校越近，你所能接触到的校友就越多；你在校友活动中投入的时间越多，你能得到的机会也就越多。还有一点值得注意，你本专业的校友关系往往更加密切（比如商学院、金融专业、新闻专业等）。加入这种聚焦于本专业的小群体，因为大家之间的经历更为接近，有共同朋友圈的人数更多，关系更为紧密。你可以回忆一下生命中对你产生过重要影响的人们——某位同班同学、某位特别的老师或者助教，这些共同的回忆和影响可以将你与拥有同样经历的其他校友紧密地联系在一起。

随着你在校友群体中的深入，你获取信息的能力也会更强。学校网站，包括学院网站上会有大量成功校友的信息，甚至包括对学院做出贡献的校友的邮箱地址。

如果你就生活工作在母校所在的城市,身边的校友可能很密集,甚至会按照籍贯或者居住区域有自己的校友组织。这样一来,你便有机会获取同乡或者居住地和工作地附近的成功校友的信息,与之建立联系。出于同乡或者生活工作在附近区域,你们的联系可以更加紧密。

与当地校友组织取得联系的最佳途径就是去学校网站,查找学校的校友关系部。直接联系校友关系部,表达希望进一步融入校友组织的愿望,详细咨询哪些校友组织可以加入。在联系本学院或者本专业的校友组织时,也可以采用这个方法。

在这里给大家提供一个典型案例:有一位兄弟会成员从毕业那年开始就积极参与母校的各项校友活动。他居住在学校附近,为校友活动投入了大量时间和资金。他成立了一个青年毕业生组织并长期投入其中,最终将其打造成了学校最优秀的校友组织。持续的 30 年中,他在学校的地位逐渐提高,影响力也越来越大。最近,他被任命为全国校友联合会主席。在这个位子上,他可以与母校的校长直接对话,可以与学校校友关系部的负责人直接合作,还能与最成功、最有影响力的校友直接互动。他长期的付出换来的是与最成功的人物直接交往的机会,而这一切正是一个优秀的理财顾问所需要的。

如果你所在的区域距离母校较远,可能校友及身边的校友活动会较少,但这并不代表没有相应的营销机会。通常,距离母校越远,校友之间的联系反而会越紧密;因为大家都距离母校很远,校友本来就很少,所以彼此之间的关联和支持会显得更加宝贵。大学时代的经历是每个人心中难以磨灭的记忆,远离母校的人会更希望与身边的校友紧密地联系在一起。

绝大部分知名高校都会在各个城市建立校友会分会。这些分会都非常需要当地的校友加入,你可以主动申请加入并担任领导者角色。你应该立志成为分会主席，虽然这一目标并非可以速成，但也绝不是难以企及的高枝。若想赢得这一职位，你必须从一开始便主动参与分会领导层的活动，并承担责任，让大家知道你愿意更多地投入。

比如，我居住在科罗拉多，这里距离我的母校有200多千米，但我们有近2 000名校友。最初我刚刚得知科罗拉多有这么多校友时简直大吃一惊，因为在参加校友组织之前，我只见到过一位校友。通过联系学校的校友办公室，得知本州校友中的10%，也就是近200个人，要么已经捐献给学校10万美元，要么是学校正在争取的目标捐赠人。因此不难估计，他们手中可供支配的投资资产不会低于100万美元，才可能有能力捐赠10万美元。可以推测，这200个人将是理财顾问潜在的目标客户。

作为分会主席，你可能无法确切地知道这200个人是谁，但是你可以获得所在州所有校友的名单和联系方式。通过调研，你可以初步了解他们的职业及职位，对于你希望联系的校友进行资格预审。另外，作为分会主席，很多场合下你都可以代表校友会分会与你目标名单上的人主动联系。简而言之，成为校友会分会主席，你便有机会便利地开发潜在客户。

自己成立一个校友组织

如果你所在地距离母校较远，并且在当地没有设立校友会分会，或者分会的规模很小，这对你而言是一个绝佳的机会：你可以领导大家成立/扩展一个当地的校友组织。如果你足够积极主动，可以联系母校的校友关系部，提议成立一个校友分会，或者扩大现有的分会规模。一般经过审查和培训，学校会给你提供支持，包括所在地的校友名单，以及为建立分会或扩大规模所需的一切资源。

阅读校友杂志，主动联系其中提及的杰出校友

努力获取学校提供的一切刊物和信息。这并非难事，一般来说，你只需要捐一小笔钱，就能够向校友会获取全部的校友刊物。记住优先访问学校和学院的官方网站。

大部分学校的校友杂志种类繁多，建议每种都参阅一下，因为其中可能蕴含潜在客户的重要信息。下面是对一份校友月刊的详细分析，以展示有多少有价值的信息可以将你与潜在客户联系起来：

- 头条中关于在各自领域做出杰出贡献的校友报道。
- 对个人和团体的认可——10大企业及所有获得提名者。
- 学校教职员工获得的国家级课题报道。
- 一位从教38年退休教授富有人情味的故事。
- 校友故事专题报道。
- 校友风采——从1940级至2012级的校友更新，以及10位成功和有影响力的校友简介。
- 全国及各地校友活动日历。
- 校友出版的新书一览。
- 2012年校友会颁奖午餐会邀请。
- 最杰出的"40位40岁以下"校友提名。

> 要善于查找和称赞成功校友，除了浏览校友杂志之外，你还可以浏览和查阅其中提及的网站。了解获奖的10大企业很重要，但在100位提名的企业家中，还有另外90位提名但未获奖的企业家尚待挖掘。他们也会为提名感到自豪，这是巨大的潜在机会。

除了纸质刊物，很多学校还会为校友提供强大的搜索引擎，可根据校友职衔进行搜索。有些名校提供的校友搜索引擎十分强大，例如，直接输入"首席执行官"，便可以把全国范围内毕业于该校的 CEO 全都找出来。有名校背景的理财顾问应善用这一点。

各大高校的院系也会有自己的网站、校友办公室及筹资计划。前面也提到过，注重加强与同院系校友之间的联系，随时查看这些网站上的校友活动、校董会及参与机会等详细信息。

此外，学院的年度报告中一般会报道捐赠信息，尽管不一定会提及具体金额，但级别还是会写的。从赠与的级别上不难判断这些校友的成功程度。

在美国，领英也是一个可以帮助你与全国校友建立联系的强大工具。我们已在第 22 章做过详细探讨，在此就不再赘述。

如何找到成功人士

大部分校友出版物都会有一个专门的栏目，叫作"校友风采"。一般是按照年级排列校友名单，其中记录了每个年级取得成就的校友、具体成就、所获奖项或荣誉。这些信息一般是由校友自己提供的，很显然，会花时间整理这些信息的校友，必然很在意和爱惜自己的声誉。这是理财顾问的绝佳机会，查看这些信息，从中筛选，并在适当的时机表达称赞。

以下是节选的"校友风采"范例（姓名已做改动）。

- 吉姆·史密斯（1954 届理学学士）：入选田纳西州名人榜。
- 李·琼斯（1959 届工商管理学士）：当选犹太人道主义 2011 年度人物。
- 瑞克·史密斯（1972 届工商管理学士）：任职于×××董事会。

- 史蒂夫·史密斯（1979届理学学士）：当选为州财政部长。
- 格雷格·琼斯（1976届工商管理学士）：当选为东南部创新年度人物。
- 汤姆·罗杰斯（1980届工商管理学士）：担任某大型医院的高级副总裁和首席执行官。
- 迈克·米勒（1987届文学学士）：担任某大型公司的高级副总裁和总顾问。

想要与这些成功校友取得联系，你可以在"校友风采"栏目中用不同颜色标记他们的名字，将这页纸压膜，然后寄给他们，并附上便笺："热烈祝贺您所取得的成就载入我们的校友杂志，我为您多制作了一册作为留念。希望可以与像您这样优秀的校友多多联系，有机会的话能与您合作。下周想与您通电话，做个简单的自我介绍。再次祝贺您所取得的成就，期待与您联系！"

建议在寄件后的一周再做电话跟进：

"[校友]先生/女士，我是在XYZ金融机构工作的理财顾问简，也是您在ABC大学的校友。在校友杂志上拜读到，您最近取得了[晋升、提名、获奖、出版物等成就]，再次祝贺您！之前我将您获奖风采的那篇特写文章压膜寄给了您，希望您已经收到了。希望能够有机会向您这样优秀的校友多多学习，所以想邀请您[会面、午餐、喝咖啡]，相互认识一下。有机会的话，您可以了解一下我们的财富管理理念，看看我是否能够为您目前的投资创造更多的价值。不知是否可以在我们都方便的时候见个面？"

打电话的话，也可以这么说：

"我是在XYZ金融机构工作的理财顾问乔，希望您已经收到我寄给您的纪念版校友杂志。再次对您的成功表示祝贺！希望能够有机会向您这样优秀的校友多多学习，一起喝个咖啡、聊聊天，看看我是否能够为您目前的投资创造更多的价值，最起码可以让您多听取一种意见。不知是否可以在我们都方便的时候见个面？"

先花点时间留意一下成功校友所取得的成就，给他寄送一篇精心准备的报道文章，然后再打第一通电话，这样你赢得见面的机会就会大大增加。成功的校友都会为自己的成就感到自豪，而你花时间去赞扬他们，无疑会给他们留下良好的印象。

对于你获得的所有校友信息都可以按照上述方法去处理，无论是校友风采里提及的校友、收集到的杰出企业家校友，还是你得知的取得其他成就的校友。任何人都喜欢被肯定、被称赞，只要你足够活跃、足够主动，你一定可以获得相应的信息，向这些成功校友发出信号，你会获益匪浅。

小结

- 校友组织是提供新晋潜在客户的沃土。
- 距离母校较近（例如在同一城市）的校友组织拥有的校友人数最多，校友联系的机会也多。
- 距离母校较远（例如外地）的校友组织拥有的校友人数较少，但这些校友之间的联系也往往更紧密。
- 各种校友杂志和刊物提供了大量潜在客户的信息。
- 你应立志成为当地校友会分会的主席，以便有机会可以获取更多校友的信息，与更多杰出校友建立联系。

第 31 章　养老金计划

在瞄准养老金市场的过程中，建议关注以下三点。

（1）**聚焦**。聚焦目标养老金市场，你应把重点放在 100 万—5 000 万美元规模的养老金计划。这是最优细分市场。

（2）**专业**。在开始挖掘潜在客户之前，你必须全身心投入、培养超强的专业能力。在金融市场中，专业知识是至关重要的。公司中负责养老业务的部门以及共同基金的合伙人培养项目都可以给你提供相关培训和知识储备，另外你还可以阅读养老金计划的相关书籍。你为了提高专业能力而不断付出的努力，一定会赋予你相应的竞争优势，让你有机会争取到养老金计划的相关业务。很多养老金计划在计划制订或受托人责任方面都存在问题，所以在自我介绍时说自己是这个领域的专家，将会是赢得约见机会的绝佳途径。此外值得关注的是，养老金计划相关的法律规定、监管要求和受托人责任方面的内容也一直在不断更新、增加。

（3）**联系**。打电话给已签署 5500 表格①的人，介绍自己是养老

---

① 5500 表，是依照美国《雇员退休收入保障法》，由美国劳工部、国内收入署和养老金利益担保公司联合编制的，用于合格养老金计划披露年报信息的一系列表格。它要求提供关于养老金计划财务状况、投资和运营等多方面的信息，是养老金计划监管的重要内容。——译者注

金计划方面的专家，询问对方是否预备把养老金计划拿出来投资。另一种方法是主动提供免费的养老金计划评估，对比对方的养老金收益率与基金收益率以及其他理财计划之间的优劣。如果对方有意，就正好可以借机约见。请记住，你的目标是赢得一位可以为自己养老金计划做决策的听众。

营销养老金计划话术

"［企业主］先生/女士，您好！我是XYZ金融机构的副总裁吉姆·史密斯。您也知道，充分利用贵公司养老金计划资产是很重要的，因此我特向您致电。我发现，其实很多养老金计划的回报都远远低于市场平均收益。作为受托人，我相信您一定也希望最有效地利用您及员工的养老金计划。我想为您提供一次免费的养老金计划评估服务，看看是否有可能以更少的成本获取更高的收益。我们能否安排一个双方都方便的时间，我去您的公司拜访，做个自我介绍，并进一步了解您公司的养老金计划？"

"我是XYZ金融机构的理财顾问简，专门提供有关养老金计划的理财服务，想问问您是否预备把养老金计划拿出来投资？（或者，您最后一次修改您的养老金计划是在什么时候？）希望有机会跟您见个面，介绍一下我司的养老金计划理财理念，在业内还是具有一定优势的，相信也能为您带来收益。下周四我会到您公司附近去，希望可以拜访一下您，做个自我介绍，看看是否能为您的养老金计划方案带来更多的收益。"

"我是XYZ金融机构的理财顾问乔，专门从事养老金规划，想问问您最近是否关注过您的养老金计划的业绩表现呢？如果您愿意多听取一些意见，我司有很多投资方案和投资经理，我也希望能够向您介绍几种备选方案供您参考。本周四您有时间安排一次简短的会面吗？"

红区营销：拟退休人士

人口结构从来没有像现在这样有利于金融服务行业。在美国大约有8 000万人，也就是"婴儿潮一代"将要达到退休年龄。50岁以上的这一批人，在退休前的10年里，最重要的事情之一就是制订自己的养老金计划和退休后的现金流策略。在我看来，退休前的10年可能是一个人投资生涯中最为重要的阶段，我把这个阶段称为"红区"（Red Zone）时段。

红区营销的第一步是在你所负责的区域找出规模较大的用人单位，制定红区策略，列出这些公司里的潜在客户名单。另外，有必要调查清楚，这些公司的养老金计划是否是员工在职期间进行提取。最好找你认识的公司员工了解情况，如果一个人都不认识，就直接打电话到这些公司的人力资源部门询问。

一旦锚定目标公司，接下来你就可以继续寻找目标公司里50岁上下、临近退休的员工了。要找到这些人，你最好在目标公司内部先找到一位联系人。如果你已经有认识的人，当然可以直接去问他认识哪些50岁上下、即将退休的同事。如果你不认识任何人，那就从获取公司通信录着手。以下提供几个方法供参考：

- 询问公司前台，你想要找负责销售（因为销售最容易取得联系）、采购、客服的同事，想要了解公司信息，可以与哪些人联系。然后给这些人或者所在部门打电话，介绍自己想在公司内部发展潜在客户、拓展合作关系，问他们是否可以与你共享公司通信录。
- 查看公司网站，或许也可以找到通信录的线索。
- 很多公司在构建通信录时，会公布主要员工的姓名，你可以通过查阅这些名字来获取信息。
- 查阅当地的报纸（尤其是可供检索的电子版本），找一找晋升消息以及其他公告，获取有效信息。

- 在美国，你可以从主要代理商那里购买通信录。

用社交媒体来查询红区潜在客户名单也是一个很好的办法。以领英为例，在领英主页的高级搜索栏中输入目标公司的名称，该公司所有的联系人和二级联系人都会显示出来。你可以查看他们的个人资料，确定他们的年龄层（查看大学毕业日期），再看看他们是否换过公司，以此确定有无机会为他们办理个人退休账户转存业务。

如果你曾有在目标行业或目标公司从业的经历，那么在识别合格的红区潜在客户方面便具备真正的优势。你会比较容易知道哪些人持有养老金计划，哪些人是临近退休且符合条件的，你还比较容易获得公司的通信录。

接下来，你需要找出公司内部有影响力的人士并努力与之建立联系。这些人都可以为你转介绍公司里的潜在客户。先与一位十分熟悉公司内情的人建立联系，他可以帮助你找到若干位5年内即将退休的员工，或者至少可以告诉你哪些人是公司内部有话语权和影响力的人。这意味着你必须自发地去指导那些5年内即将退休的员工，这样做或许无法马上为你带来业务量，但是能够让你在公司内部构建起良好的口碑，为将来的业务发展打下坚实的基础。5年后才退休的员工一般不太有机会接触到推销服务，因此如果有人愿意花时间来指导他们未来的退休规划，他们会深受感动。

一旦你联系上了这五六位员工，不妨一一邀请他们共进午餐，与他们一起探讨401（k）计划的配置以及你的财富管理理念。通常这些员工除了养老金计划之外并没有太多的资产，他们会非常乐于接受你对养老资产配置所提供的免费咨询。关键点是你要与这些员工建立良好的关系，然后让他们把你推荐给其他人。你的目标是经过一段时间，公司里即将退休的员工都视你为自己人。

还有一个好办法可以帮你扩展公司里新的潜在客户：你可以邀请

最初联系上的这批客户来参加一个养老资产配置的讲座，给这些员工每人分发五六份讲座邀请函，请他们分发给公司里其他即将退休的员工。这样可以大大扩展你在该公司的客户圈。记住每次讲座都要发放邀请函＋反馈卡来跟进，这样还可以拿到潜在客户的邮箱地址，就可以给他们发送相关的市场调研、各种研究报告、公司调研结果，并通过邮件来邀请首次见面。

当你在公司内部拥有一定数量的潜在客户之后，就可以安排一些有意思的活动，这是建立关系和提高声誉的好办法。

被裁员工

刚刚被裁掉的员工手里一般都有一些现钱，因此急需投资指导。他们的当务之急是处理自己的养老金计划，因此必须去了解IRA复杂的转存和税务信息。

想要在这一细分市场中获得成功，你必须具备一定的专业知识和能力，可以帮助被裁员工应付财务问题和一些其他的关键问题，例如，如何找到另一份工作？如何承担自己退休后的经济压力？让他们知道，在应付刚刚被裁掉的种种状况时，可以来找你。你可以帮助他们，或者向他们提供其他的信息和资源（这也是建立人际关系的绝佳机会）。

一般来说，你可以用以下几个方法来找到被裁员工的信息：

- 与正在裁员的公司建立联系，看看能否了解到该公司的裁员计划是否包含一次性总支付。
- 从联系上的现有及潜在客户那里获取信息，定期询问他们近期被裁员的同事或朋友的信息。
- 关注本地报纸上的公司裁员信息，向在这些公司工作的现有客户打听是否有他们认识的人可能会被裁员。

● 与帮助被裁员工的法律顾问和服务机构合作，你可以从黄页电话簿上找到这些机构，或者请你认识的人事经理推荐。

成为外部专家

想要有效实施养老金计划主导的营销方案，准备工作必不可少。你必须建立养老金分配相关专业知识储备，包括 NUA（netunrealized appreciation，净未实现增值）和 IRA 转存账户相关的专业知识。此外，你还得至少瞄准一家本地的大型公司，成为该公司养老金计划方面的专家。人力资源专员的流动率通常都很高，因此如果你可以成为该公司养老金计划方面的专家，员工们会感觉到你对于他们的重要性，你也会有一张天然的"专家名片"。

红区营销话术

"［潜在客户］先生/女士，您好！我是来自 XYZ 金融机构［城市名］分部的理财顾问大卫·琼斯。您知道，退休规划其实是人们投资生涯中最重要的一个阶段，我专注于这个领域，也具备相应的专业知识。您在退休前 10 年内做的经济决策可以说都对您长期的财务健康至关重要，相信我所制定的养老金规划可以为您带来正向收益。我发现，拥有 25 万美元以上的养老存款的客户理财效果更好，这种情况对您适用吗？"

如果答案是肯定的：

"我想为您提供一次免费的咨询，先向您介绍一下我自己，并进一步了解一下您的情况，同时向您大致介绍一下我们的养老金规划理念，相信它可以为您带来正向收益。不知您什么时候方便，我们见个面聊聊如何？"

如果答案是否定的：

"好的，还是非常感谢您，请问您的公司是否有哪位同事5年后即将退休，可能会需要我的服务的？"

"［高管（对方职务）］先生/女士，您好！我是来自XYZ金融机构的理财顾问乔·史密斯。我专注于为像您这样成功的高管提供养老规划服务，工作经验丰富，同时我还是一名［说出专业资格/证照名称］。我的工作重点是帮助高管为他们最关键的几年——退休前后的10年做好理财规划。这个阶段所做的理财决策对您的养老规划至关重要，将会直接影响到您的退休生活质量。我把这一阶段称为投资红区。下周四我会到您公司附近去，希望能够有机会跟您见一面，做个自我介绍，并为您做一次免费的养老金计划评估，看看我是否能够为您目前的养老金投资创造更多的价值。您下周四有空吗？"

"［潜在客户］先生/女士，我是XYZ金融机构的理财顾问乔。我专门为50岁以上、有意了解更多养老金方案的人士服务。我希望能拜访您，向您介绍一下我司的养老金理财方案，看看是否能帮到您。周四我会到您公司附近去，也可以根据您的时间来做调整，不知您什么时候有空？您还有哪些即将退休的熟人吗？我是否可以跟他们一起聊一聊？"

或者邀请对方来参与讲座：

"我们团队为像您这样需要养老金规划的人士专门举办了讲座，我想邀请您前来参加。讲座是关于［提供讲座具体内容］，将会针对一些您实际面临的问题作解答，保障您顺利退休。您有兴趣来参加我们的讲座吗？"

"［潜在客户］先生/女士，我是XYZ金融机构的理财顾问简。我专门为您公司50岁以上、有意了解更多养老金方案的人士服务。下周四晚上［附上时间和地点］，我们会举办一个有关退休规划潜在问题与挑战的讲座，我想邀请您夫妇二人一同前来参加，您有兴趣吗？您也可以邀请身边其他可能需要了解相关知识的朋友一同前来参加。相信讲座的内容会对您有所助益。"

"［人力资源总监］先生/女士，我是XYZ金融机构的理财顾问乔。来电是因为我们希望可以为贵司举办一个退休理财规划的讲座，专门针对那些5年内即将退休的员工，帮助他们了解相关的知识，解决他们可能遇到的问题。讲座免费为贵司提供。根据我们的经验，过去的讲座都收到了不错的成效。希望有机会能请您一起看看我们的讲座大纲，您有兴趣吗？"

第 32 章　退休人士

理想的已退休人士同时拥有时间和金钱两大资源,但是退休人士一般有个特点:如果他们还不了解你,一般不太愿意接受见面的邀约。鉴于退休人士的这一特点,教益型讲座和活动应该是结识理想退休人士最有效的方法。

讲座

瞄准退休人群市场时,要关注这一人群的特点。他们有充裕的时间,也会对你的提议感兴趣,但这些都有一个前提,即他们必须首先对你有所了解,才会愿意约见。讲座是一条非常理想的途径,作为专业人士向退休人群提供讲座,在讲座中建立初步了解,这样后续的约见就会容易得多。在这类场景中,讲座是最佳匹配的营销行动方案。

首先要收集潜在客户姓名。在美国,你可以请一位名单经纪人来帮你预审、收集、整理姓名清单。例如,你可以问经纪人索要一份10 万美元以上或者可投资资产 50 万美元以上的退休人士名单,并对名单进行筛选,删除那些标记为"拒绝商业骚扰电话"的人。

亲自联系这些退休人士,邀请他们来参加讲座,告诉他们讲座是专门针对他们的情况准备的,将对他们助益良多,吸引他们前来参加,并且提供一顿免费的午餐。联系之后发送一份书面邀请函,并在讲座前一天再次致电提醒。

讲座最好安排在上午9:30—10:30,地点最好设在一个有些名气的场所。讲座前提供咖啡和点心,讲座后可酌情供应早午餐,以便借机与参会者多多交流。

很多讲座主题都会引起退休人士的兴趣,例如"影响退休人士的三大因素:税收、费用及通胀""退休之后如何维持现金流"。讲座可以分成两个部分:第一部分陈述事实,第二部分可以提供给听众三四个实用的方法。每个部分各占15~20分钟。

讲座结束时告诉听众,你希望可以了解他们每个人的具体情况以提供更专业的建议,本场讲座是完全免费的,只需要在讲座后接听一通跟进电话即可。如果以上你都做到了,一般至少每场活动都可以获得一位25万美元资产级别的客户。

其他已实践策略

- 联系退休社区和辅助生活社区(不是养老院)的活动总监,向他们提供有关退休人群感兴趣的投资主题讲座或系列课程。
- 在退休人群中,转介绍是另一个非常实用的方法。请老客户、潜在客户和会计师把你推荐给其他退休人士。
- 为已退休的老客户举办各种活动,如打高尔夫、品酒或者烹饪课,请他们再带一位退休的朋友一同前来。
- 寻找退休人士俱乐部和团体组织,提议可以为他们举办讲座。许多公司都有专门的退休人士社群,组织得很好,比如贝尔公司的"先锋者"。找到这些退休人士社群,通过讲座提供投资信息,并安排好跟进工作。你也可以考虑自己组织一个退休人士社群。我见过有人这么做，效果很好。

- 建立一个影响力人士关系网。邀请他们来打高尔夫，并请他们再邀请自己已经退休的优质客户一同前来；或者与你关系网中的会计师和律师一同为退休人士举办讲座。这样的场合可以让会计师和律师以一种比较舒服、自然的方式将他们的退休客户转介绍给你。

- 在美国退休军官一般都有两个养老金计划（军队和他们退役后的职业）。有两种方法可以接触到这一人群：一是在退伍军人协会的简报上宣传自己是养老金计划方面的专家；二是举办"如何充分利用你的养老金计划"主题的讲座。

邀请退休人士话术

"［潜在客户］先生/女士，我是XYZ金融机构的理财顾问乔，来电是想邀请您参加一个有关税法改革及其对养老金计划影响的讲座。讲座是免费的，并且我们会提供早午餐。请问您现在有退休账户吗？"

如果答案是肯定的，接着说：

"我们发现有很多退休的客户都不是很清楚税法如何影响法定分配以及受益人委托相关的内容，这些都会在我们的讲座里详细讲述，您有兴趣来参加讲座吗？"

"［退休人士］先生/女士，我是XYZ金融机构的理财顾问简，来电是因为我们即将举办一场有关退休人士投资话题的免费讲座，想特邀您参加。讲座将于下周四在［酒店名称］举办，并且提供早餐。请问您有兴趣参加吗？"

"［活动总监］先生/女士，我是XYZ金融机构的理财顾问乔，来电是想为您所负责的社区举办一次专门针对退休人士投资的特别讲座。我们的讲座内容新、信息量大，过去的讲座都收到了非常好的反馈。您是否愿意和我一起评估一下该讲座，看看是否有兴趣一起举办呢？"

"［退休人士］先生/女士，我是XYZ金融机构的理财顾问简，来电是想邀请您参加一个讲座，内容是关于退休人士都会关心的三个问题：通胀、税收和费用。讲座将于［提供日期、时间和地点］举办。您有兴趣来参加吗？"

第 33 章　流动资金

流动资金（money in motion）指的是由于富裕人士的个人状况或职业情况发生变化而突然流入大笔资金。 比如，由于企业并购、高管离职、获得遗产、与富裕配偶离婚以及富裕配偶去世而产生大笔资金流。这些变动都会带来流动资金，本章的营销行动计划正是为了赢得这类资金。

如果你决定采用营销行动计划占领流动资金市场，那就必须准备投入时间来培养自己的专业能力。这一市场的竞争异常激烈，你必须具备相应的专业知识，尤其是关于企业并购、高管变动，以及 144 规则①中有关交易等领域的知识。在这个细分市场里，如果没有达到相关的专业水准，会很容易露出短板而流失客户，这无疑也是对自己时间的浪费。

常规方法示例

每种经济状况的变动都会有专门的对策，但是采取的常规措施大

---

① 144 规则（Rule 144）是美国证券交易委员会（SEC）制定的一项规定，旨在规范限制性证券的出售，特别是涉及未公开发行证券（如私人配售）和受限证券（如内部人员持有的股票）的交易。只有遵循 144 规则，持有者才能合法地将限制性证券转换为流通证券，在公开市场上进行交易。——译者注

同小异。为了便于举例，我们假设某位企业主的公司正在被兼并收购。

当兼并收购的消息公布之后，一旦你获知消息，必须立即采取行动——因为你获得消息的同时，你的竞争对手很可能也已得知。如果你是第一批着手联系的人（无论是电话联系或是连夜寄送材料），你说服决策者的可能性都会比那些后来联系的人大得多。

一旦获知交易信息，当天就要连夜寄出材料包裹。同时要打电话、发送消息给潜在客户，即使客户没有回复你的第一通电话，但看到你的号码和名字，接着又收到你隔夜寄送的材料包裹，他会有印象。两天后当你再次打跟进电话时，他就有可能会接听。

你的竞争对手可能会因为潜在客户的无视而丧失信心，放弃营销，但你一定要坚持不懈地联系客户。只要你一直坚持，最终总会有几位潜在客户接听你的电话，哪怕只是简单地回复他们不感兴趣。如果你能提高潜在客户的电话接听率，最终一定会有机会向你的目标潜在客户展示方案。你的目的是赢得面对面谈话的机会，以便收集信息，以你的专业知识征服潜在客户，让他们相信你有能力为他们的经济状况带来积极的变化。

对于离任或退休的高管，以及涉及144规则交易的人，可以采用同样的方法。

准备工作及按需定制

准备工作至关重要。你必须提前准备，整理好不同的信件与材料包。信件的第一段和最后一段要根据不同的情况专门撰写，但正文部分可以是一样的，视具体流动资金的类型而定。还需要提前确定材料包的顺序，按需定制。

以下是我针对几种不同的流动资金类型给出的具体建议。

兼并收购

彭博是一个很好的并购交易资讯来源。你可以按照地理位置进行筛选，获取并购交易以及所涉人员的全部信息。彭博的主要优点在于资讯的时效性，并购交易发生的当天就可以在彭博上查到相关消息。每个具体行业的商业出版物也可用上，你可以在图书馆或者网上找到这些刊物。上述提及的这两个消息来源的优点在于使用频率不高，可以在你的竞争对手得知前为你提供有用信息，对于规模较小的并购交易尤其如此。

重要的是，你要重点聚焦几个行业，真正深入钻研，才能积累优势，始终占据先机。比如，某位专注这一细分市场的理财顾问每天能发现多达 25 个流动资金的潜在机会。

高管离职

上市公司的离职高管也是流动资金市场的极佳潜在客户，而且他们没有并购交易的潜在客户那么抢手。工作变动的高管要面对 IRA 转存账户和股票期权等事宜。离职之后，他们对原公司的忠诚度也会有所变化，因此会更倾向于对集中持仓做多元化配置。

如果高管即将退休，他会有较多的时间来评估不同的方案，也会更有意愿做多元化配置。因此理财顾问作为退休人士与商业世界、投资资讯之间的纽带，其角色也会随之变得更加重要。与在职时相比，高管在退休之后对理财顾问会更加重视。

想要查找即将离任或者退休的高管信息，最佳来源是当地报纸、彭博和商业刊物。同样，聚焦于具体行业尤为重要，长时间的追踪将使你对该行业的变化了如指掌。

144 规则交易

在美国，你可以通过以下几个来源查找 144 规则交易，如 www.freeedgar.com。当高管或者前雇主抛售股票时，就为你带来了各种机会（如纳税义务、规划、多元配置等）。并购部分所提到的营销方法也适用于 144 规则交易。

遗产继承及离婚

你可以通过查阅过去 12 个月内超过预定金额的遗嘱认证记录，找到涉及继承交易的流动资金。建立一个房产和离婚律师的关系网，可以让你方便地联系到涉及继承遗产或离婚的富裕潜在客户。

死亡

处理富裕人士的死亡问题时，你必须非常谨慎。最佳信息来源是你的影响力人士关系网（如前面章节所述，包括注册会计师和遗产律师）。或者，在富裕人士去世 6 个月之后，再与其配偶联系。一般来说，遗产处理需要 9 个月的时间，所以 6 个月之后再电话联系。此时对方的情绪会缓和很多，而你仍留有 3 个月时间进行税务方面的安排。

房产出售

一旦有人买卖房产，就会出现大笔的流动资金。这些交易都属于公开记录的事项，很容易就能查到。你可以按照交易金额和日期来筛选清单。在买卖双方那里都可以找到潜在机会（由于买方往往是刚刚搬到此地，通常对该地也不熟悉）。当地的报纸通常都会列出各项房产交易信息。

高管搬迁

调动工作的高管在新的任职地通常都需要各种服务的信息来源，这个营销技巧可以让你从竞争者中轻松脱颖而出。翻阅当地的商业期刊以及报纸，查找出迁来本地的公司高管信息公示。将最新的"最佳"评选（发布于当地报纸上的最佳服务机构、最佳餐馆、最佳专业人士以及其他相关供应商的名单）摘要材料连夜寄给这些高管，随附一张个性化的自我介绍便条。随后打一个跟进电话，最好直接打去高管的办公室。与成功的房产经纪人合作也有助于发现搬迁的高管，优秀的房产经纪人对这些消息都非常灵通。

话术

"［企业主］先生/女士，我是 XYZ 金融机构的理财顾问乔。您最近可能有一些财务上的变动，我常与像您这样的企业主合作。希望您已经收到我寄给您的材料包裹，里面有我的理财经验和方法介绍。希望能在您方便的时候，可以有机会与您及您的顾问见个面，向您详细介绍一下，看看我的服务是否能够帮到您。"

"［高管］先生/女士，我是 XYZ 金融机构的理财顾问简，常常与像您这样的高管合作。在调换工作的过程中，您可能会考虑不同的方案组合来处理前公司的股票和期权。我之前给您寄送了一个材料包裹，里面有我们的专业亮点和经验方法。如果有机会的话，非常希望能够和您见个面，向您汇报一下我们的方法，看看是否能够帮到您，非常感谢。我们最早可以在什么时候碰面呢？"

"［即将退休的高管］先生/女士，我是XYZ金融机构的理财顾问乔。我常常与退休高管合作，工作经验丰富。我之前给您寄送了一个材料包裹，里面有我们的专业亮点和经验方法。您接下来的资金状况势必会由于退休产生一些变动，我相信我们可以给您提供最好的投资咨询。非常希望能有机会尽早与您会面，向您当面汇报一下我们的方法，看看是否能够帮到您，非常感谢！"

"［144规则交易］先生/女士，我是XYZ金融机构的理财顾问简。我常常与您这样涉及144规则交易的高管合作，工作经验丰富。我司在大量执行贵公司股票的机构中名列前茅，这说明我们可以为您的股票争取到最好的执行价格。此外，我们还有很多产品和服务都会对您的纳税义务和投资业绩产生积极影响。非常希望能有机会尽早与您会面，向您当面汇报一下我们的方法，看看是否能够帮到您，非常感谢！"

"［继承者］先生/女士，我是XYZ金融机构的理财顾问乔。您最近可能有一些财务上的变动，我常与像您这样的重大财产继承人合作。我之前给您寄送了一个材料包裹，里面有我们的专业亮点和经验方法。相信我们可以为您提供有用的资源和专业的指导。非常希望能有机会尽早与您会面，向您当面汇报一下我们的方法，看看如何能够更好地具体帮助到您。您下周有空吗？"

"［离异者］先生/女士，我是XYZ金融机构的理财顾问简。我的一些客户也有与您类似的经历，在处理离异事件方面我有比较丰富的经验，可以为您在离婚中遇到的问题提供专业咨询。您或许会想在前妻/前夫的顾问之外，再多听取一种意见。如果近期能够与您会面聊聊，进一步了解一下您的具体情况，相信我们的服务和咨询能够更加有效。这周您有时间见面吗？"

"［鳏夫］先生／［遗孀］女士，我是XYZ金融机构的理财顾问乔。我知道，在过去的6个月里，您痛失配偶，请您节哀顺变！您现在可能面临一些财务上的变动，这通电话是希望我的建议和经验能为您所用。下周您有空安排一个会面，以便我进一步了解您的情况并提供咨询吗？"

第 34 章　非营利组织

由于很多高净值客户都从事慈善工作，因此，**通过慈善机构发展业务**是进入高净值市场的良好途径。他们从事慈善工作的原因主要是想为社会做贡献，也有可能是因为税法的抵税作用，或兼而有之。

慈善捐款是可抵税的，因此理财顾问可以帮助客户来谋划出最好的捐赠策略。很多高净值客户采用各种方法，如剩余资金慈善信托（Charitable Remainder Trust）、慈善信托、私人家庭基金会、捐赠者建议基金（Donor-Advised Funds）和已增值证券赠与（Appreciated Securities Gifting）。受益人大多是公共和私人慈善机构。

理财顾问有两种途径发展业务：

（1）与董事会成员和其他的社团领导等富裕客户建立关系。

（2）管理非营利组织的资产。

两种途径并不相互排斥，而是可以同时实施的。但必须明白，在非营利组织中寻找潜在客户的时间比其他营销行动计划都要长。

做好充足准备

若想在非营利组织中发展客户，你必须了解它们的投资规划，管理投资的方法以及管控投资绩效的策略。此外，了解它们的需求、竞争对手，以及该市场已有的产品和服务也非常重要。如果目标市场是较大的非营利组织，你还得拥有高水平的专业知识与技能。面向非营利组织的客户竞争非常激烈，很多竞争对手都持有特许管理会计师（CIMA）证书，在美国，可访问投资管理咨询协会（Investment Management Consultants Association）网站查阅如何获得特许管理会计师证书。

无论是以什么方法在该市场发展客户，提前做好充足的准备都是必要的。

（1）了解你所在区域有哪些非营利组织。从当地商会获取信息是很好的出发点，有些商会是会刊印"志愿者名址录"来列明该区域内所有的非营利组织的。

（2）将区域内所有非营利组织的信息进行整理归纳，这将为后续的资料查找和方案规划提供极大的帮助。

（3）尽量多地收集目标组织的相关信息。比如，在美国，可登录 GuideStar.com 网站或是直接访问组织官网查询组织内董事会成员及主要捐赠人。

你必须了解：

- 该组织的工作内容。
- 董事会成员、执委会成员和筹款及财务委员会成员的名称、地址，以及电话号码。
- 主要捐赠人信息（捐款达 5 000 美元以上，通常包含董事会成员）。
- 流动资金存放处。
- 捐赠总规模。
- 重大募资活动和行程安排表。
- 与其他金融机构的商务合作信息。

- 机构宣传和时事信息。

（4）将非营利组织按类别划分。

①大规模非营利组织，包括：公共慈善机构、公立大学和私立大学。

②小规模非营利组织，包括：社区大学和小型私立大学。

③私人慈善机构。

与高净值董事会成员建立联系

那些在组织里积极参与捐赠活动的成员通常也是组织的董事会成员。大多数情况下，你是没有机会管理捐赠资金的，而能做的更多的是与董事会成员及其他的社团领导建立联系。这类成员同时是公司财务管理服务和慈善捐款规划服务的潜在客户。

虽然你需要在慈善机构中开立最低金额账户，但是小小的捐款却能带来大大的高净值潜在客户业务发展机会。

成为董事会成员

在实施该营销行动计划之前，前文已提到要了解所有的非营利组织，对它们一一调研并分门别类。在确定所有信息之后，则开始进行以下步骤。

（1）对所有组织里的成员信息进行分析，找出在多家组织中担任董事会成员和捐赠人的成员。这些成员就是你的目标潜在客户（最好有150~200个目标客户）。

（2）列出可以最大限度与目标客户建立联系，同时你也可以负担得起捐赠金额的非营利组织机构（大多数非营利组织都设有最低捐赠数额，只有达到标准才能任职董事会成员）。

（3）进一步细分，找出你真正感兴趣的组织机构。因为有限的时间和精力无法让你应对所有机构组织事宜。

（4）成为每种类型组织的一员并担任领导者角色。担任领导职位对于业务的发展十分重要，如果不是领导者，你付出的时间和精力或许就白白浪费了。（最好能成为董事会成员。若无法满足董事会最低要求，则也可尝试担任组织内其他领导者角色）。

（5）进入董事会后设法担任领导者角色。最好是担任能发挥自己专长的财务或筹款委员会委员。对于女性理财顾问尤为重要的一点是，要努力成为董事会一员，而不是去组织社交和演出活动。坚持自己的立场，成为一个合情合法、对组织有贡献的领导者。

（6）在树立良好的董事会领导者形象之后，接下来就是运用自己的专业去帮助团体发展。大多数金融机构都有擅长慈善规划领域的专家，可通过剩余资金慈善信托、慈善信托、已增值股票和其他类似方法来为筹集资金出谋划策。具体来说，邀请所在公司内部已增值股票赠与、剩余资金慈善信托和慈善信托方面的专家（如果自身具备此方面专业知识也可以）来讲解如何利用这些方法运营捐款资金。在宴会上可以这样表达："我想通过各方面资源来帮助大家（非营利组织）筹集资金。我的客户都是富裕人士，因此他们十分注重慈善事业，想将钱捐给他们信任的慈善机构并从捐赠中获得其他效益。如果您认识的人中有这方面专业服务的需求，请联系我们为他们提供帮助。我十分愿意介绍本公司里能帮助我们筹集资金的专家。"

（7）设法与可能成为你潜在客户的董事会成员建立联系。邀请他们及其家人共进晚餐，去了解他们的兴趣爱好，其目的是和同样热爱慈善事业的高净值人群建立联系。随着关系的建立，他们也会邀请你进入他们的社交圈从而去结识新的高净值人群。此外，在交往过程中，他们可能会就财务和投资方面的问题向你进行咨询。不妨让他们先提起此类话题，例如，他们可能会说："我有一位长期合作且关系良好的理财顾问。"或者"我对我的理财顾问很满意。"你可以这样回答:"我十分希望能在这边发展我的工作业务,如果您想咨询或是了解我们,我很乐意去和您分享我们的专业领域和工作内容。"或者"如果您想听取多方意见,我非常乐意去和您详细解释我们的工作细则和服务内容。"或者"如果您认识对我们业务感兴趣的人,请联系我。"

非营利组织资产管理

大规模非营利组织

该类组织的资产管理决策多半由董事会做出,但偶尔也会外包给其他咨询公司处理。主要有以下两种方式进行客户挖掘。

(1)寻找有咨询需求的组织。所有非营利组织都有责任定期了解市场状况,以确保自身了解可供选择的咨询服务及其价格。致电询问非营利组织机构、捐赠人、基金会、市政公债、塔夫特－哈特莱(Taft－Hartley)计划[1]以及警察和消防员有关养老金计划相关事宜并询问他们是否需要财务咨询顾问。如果他们需要,则可以向他们提出合作意愿。即使他们不需要,也应该多保持联系,因为市场是在不断变化的,要抓住一切可能出现的机会。如果提出了10次合作意愿,那么最终成功的概率就能提高4倍。此外,只要能提供有竞争力的产品且同时具备专业素养,那么最终成功的概率就大大增加。

(2)感兴趣的其他非营利组织。在规模较大的非营利机构里,由投资委员会决定各项决策的实施,首席财务官或业务经理处理日常

---

[1] 塔夫特－哈特莱计划是指根据美国《1947年劳资关系法案》(通常称为塔夫脱－哈特莱法案)创建的多雇主退休福利计划。这些计划通常由工会与多个雇主联合管理,旨在为参与工会的工人提供退休福利。——译者注

运作的捐款事宜，而其中的财务官或业务经理就是需要去建立联系的人。据我的经验，与财务官取得联系最简单的方法就是拨打该机构的官方电话并询问捐款事宜负责人的联系方式，他们每天都会接到大量电话来访，其中有推销员，也有想要捐赠的人。

一旦取得与主要负责人的联系，以下话术可供参考：

"尊敬的［决策人］先生/女士，我是乔，是 XYZ 金融机构的一名理财顾问。我们在过去帮助了很多非营利机构获得了更好的回报，而且在很多情况下，成本更低。我希望有机会和您见面，并基于贵组织近况就财务方面为您提供帮助和咨询服务。请问您最近有时间吗？"

你现在需要的是一次会面，在会面时可以就自己公司的竞争优势做进一步探讨。

小型市政基金以及警察和消防员固定收益养老金

这些也是很好的潜在客户挖掘市场。通常情况下，此类基金的资产规模为 2 000 万~1 亿美元，它们往往不会引起同类机构竞争者的重视。如果拥有相应的专业知识和产品，你就能轻而易举地在竞争中占据优势。致电目标市政基金并获取其年报，报告中将会显示该组织有多少退休基金（包括警察和消防员），以及他们的董事会和投资委员会成员名单，对大规模非营利组织也可使用此方法。

询问非营利组织是否需要相关专业服务话术

"尊敬的［潜在客户］先生/女士，我是乔，是 XYZ 金融机构的理财顾问，也是一名特许管理会计师。之前我们经常和你们这样的非营利/养老金组织合作。此次来电是想询问您需要理财顾问为贵机构提供相关专业服务吗？"

如果拒绝，则回复：

"请问您现在合作的金融机构是哪家呢？您会考虑换一家吗？如果需要，希望您能优先考虑 XYZ 金融机构。不知您是否方便我再次致电咨询呢？"

如果有意愿，则回复：

"我十分希望有机会与您见面并进一步了解您的财务规划和相关背景资料，以便为您提供有效方案。请问您这周有空和我详细探讨吗？"

机会留给有准备的人

本书旨在让读者了解本行业有多少成功的理财顾问成就了百万乃至千万美元的业绩，他们之中有很多都阅读了本书的第 1 版并从中学到了很多知识。现在是你们把握机会的时刻了，同时，我也希望你们明白，将自己的事业提升到新的高度是完全有可能的。

在我 30 多年的职业生涯中，我曾当过理财顾问，团队主管，现在是一名理财顾问培训师，见过很多通过遵循本书做法而实现百万美元业绩目标的成功专业人士，而我的培训方式和技巧也通过了很多顶级顾问的验证，他们当中的很多人都实现了每年 2 500 万美元的新增资产。所以我相信，只要有对成功的渴望和动力，任何人都能掌握并灵活运用本书中的内容从而成就一番事业。

一旦能将本书内容进行整理归纳并做到着手实施，工作业务将会迅速得到有效发展。首先要做的是，灵活运用本书提供的方法和策略对现行工作方式进行改进，先去实施最重要的营销计划环节，做到区分任务的轻重缓急，不要急于求成。实现百万美元的业绩没有那么容易，但如果有强烈的成功欲望和工作热情，以及做到全心投入并结合本书提供的正确方法和策略，事业成功的目标并非遥不可及。

致谢

感谢32年来与我共事过的理财顾问：你们既是我的学生，也是我的老师。没有你们，我不可能完成本书。

感谢帮助过我的导师们：阿尔·桑顿、莫里斯·科普兰、比尔·克劳福德、吉姆·比林顿、拉里·比得曼、罗伯·克纳普、鲍勃·谢尔曼、戴夫·米德尔顿、迈克·汤普森、鲍勃·马尔霍兰和约翰·多齐尔。你们是我学习的榜样，也塑造了我的经理生涯。

感谢简·琼斯（Jan Jones）在各方面给我提供的支持。

感谢我的合伙人乔·扬诺夫斯基（Joe Yanofsky）在我编写此书时提供的宝贵见解。

感谢帕姆·里夫兰德（Pam Liflander）为编辑此书的辛勤付出。

感谢我的业务合伙人与好友吉姆·杜兰蒂（Jim Dullanty）在我编写本书第2版时的协助。他对我们行业有深刻的理解，富有洞见，感谢他的鼎力相助。

感谢我的经纪人温迪·凯勒（Wendy Keller）对我的支持和信任。

感谢我的出版人鲍勃·尼克兰（Bob Nirkind）对我编写本书第2版的鼓励。没有他的耐心劝导，新版本就不会推出。最后，感谢爱默康出版公司，不仅对本书的第1版给予充分的信任，而且也成功出版了本书的第2版，让我有机会提供有关成就百万美元金融服务业务的最新信息。